D1657406

Disertacije in razprave 27
Dissertationen und Abhandlungen 27

DIETMAR LARCHER

FREMDE IN DER NÄHE

Interkulturelle
Bildung und Erziehung –
im zweisprachigen Kärnten,
im dreisprachigen Südtirol,
im vielsprachigen Österreich

Drava 1991

Die Deutsche Bibliothek – CIP-Einheitsaufnahme
LARCHER, Dietmar:
Fremde in der Nähe : interkulturelle Bildung und Erziehung – im zweisprachigen Kärnten, im dreisprachigen Südtirol, im vielsprachigen Österreich / Dietmar Larcher. [Hrsg. vom Slowenischen Institut zur Alpen-Adria-Forschung]. – Klagenfurt : Drava, 1991
(Dissertationen und Abhandlungen / Slowenisches Institut zur Alpen-Adria-Forschung ; 27)
ISBN 3-85435-189-5
NE: Slowenisches Institut zur Alpen-Adria-Forschung<Klagenfurt>:
Disertacije in razprave

 • Herausgegeben vom Slowenischen Institut zur Alpen-Adria-Forschung/Slovenski inštitut za proučevanje prostora Alpe-Jadran, Klagenfurt/Celovec • Umschlaggestaltung: Tomo Weiss • Satz und Layout: /// Zebra Computer Publishing, Klagenfurt/Celovec • Druck: Tiskarna / Druckerei Drava, Klagenfurt/Celovec •

ISBN 3-85435-189-5

FREMDE IN DER NÄHE

INHALTSVERZEICHNIS

DAS BEDROHLICHE FREMDE

PÄDAGOGISCHE ANTWORTEN AUF DIE MULTIKULTURELLE HERAUSFORDERUNG

SOZIOKULTURELLE BEDINGUNGEN FÜR DAS ÜBERLEBEN KLEINER MINDERHEITEN

DIE SITUATION DER KÄRNTNER SLOWENEN - EINIGE SCHLAGLICHTER

BLICK ÜBER DEN ZAUN – MINDERHEITEN AUßERHALB KÄRNTENS

BILDUNGSARBEIT IN KÄRNTENS ZWEISPRACHIGER REGION

VORWORT

Die Aufsätze in diesem Buch gehen davon aus, daß Interkulturelles Lernen der neue Modebegriff der Pädagogik geworden ist; ein Begriff, der seine Hochkonjunktur dem unaufhaltsamen Wandel der Nationalstaaten in multikulturelle Staatsgebilde verdankt. Dieser Wandel wird zwar von der offiziellen Politik verdrängt oder durch Maßnahmen, Gesetze, Militäreinsätze etc. abzuwehren versucht. Aber er ist schon jetzt, obwohl wir uns erst in seinem Anfangsstadium befinden, im Begriff, unser gesamtes gesellschaftliches Leben zu verändern. Die mit dem Stichwort »Neue Völkerwanderung« bezeichnete weltweite Wanderungsbewegung von vier Fünftel der armen Länder des Erdballs in das einen reiche Fünftel, in dem wir leben, setzt derzeit schon jährlich 9 bis 15 Millionen Menschen von Osten nach Westen und von Süden nach Norden in Bewegung. Die Tendenz ist jedoch steigend, und zwar in dem Maß, als Armut, Hungersnot, Seuchen, Bürgerkriege, ökologische Katastrophen die Lage des größten Teils der Menschheit immer unerträglicher machen, sodaß sie in der Flucht ihre einzige Rettung sehen. Daran werden Visapflichten, Einreiseverbote und Einschränkungen der Menschenrechte, ja selbst Militäreinsätze der reichen Industrieländer wenig ändern können.

Angesichts solcher Szenarios, die bei den reichen Nationen Angst vor dem Verlust von Wohlstand, Sicherheit, Heimat und Identität wecken, kann Pädagogik bestenfalls eine untergeordnete Rolle spielen. Gefragt sind globale politische Lösungen: eine gerechtere Weltwirtschaftsordnung, partnerschaftliche Nord-Südbeziehungen, langfristige Entwicklungsprogramme. Nur sie können den Migrationsstrom in Grenzen halten und in Bahnen lenken, die für die Menschen verträglich sind. Die Aufgabe der Pädagogik, insbesondere der interkulturellen Pädagogik, wird es sein, den damit notwendig verbundenen Umbau der nationalstaatlichen in eine multikulturelle Gesellschaft für die Betroffenen, vor allem für die heranwachsende Generation zu erleichtern. Positiv formuliert: Sie müßte helfen, das Aufwachsen und Leben mit mehreren, sich überlagernden, zum Teil sogar konfligierenden Kulturen als eine Herausforderung zu begreifen, die neue Lebensentwürfe und neue Formen des Zusammenlebens ermöglicht, die im Paradigma der nationalstaatlichen Einheitskultur nicht vorgesehen sind. Das setzt freilich voraus, daß es der interkulturellen Pädagogik gelingt, die weitgehend irrationale Angst vor der Bedrohung durch das Fremde – die nicht zuletzt eine Angst davor ist, sich selbst fremd zu sein und der komplexen modernen Gesellschaft fremd gegenüberzustehen – zum Gegenstand des Lernens zu machen; diese Angst durchschaubar zu machen, ihre realistischen Momente von den irrealen zu trennen, sie zu bearbeiten, kurz, mit der Fremdheit leben zu lernen und hinter der Angst auch die Lust zu entdecken, die mit dem Fremden genauso untrennbar verbunden ist. Denn das Fremde ist immer auch ein Faszinosum, ein Geheimnis, ein Wunschbild, ein Traum ...

Dem Buch liegt die Auffassung zugrunde, daß diese neue Multikulturalität nicht so neu ist, sondern nur neu scheint, weil knappe zweihundert Jahre nationalstaatlicher Ordnung die Erinnerung an ein jahrhundertelanges Zusammenleben von Menschen verschiedener Sprachen und Kulturen verschüttet hat. In vielen Regionen Europas haben sich sprachlich-kulturelle Minderheiten der nationalstaatlichen Vereinheitlichungspolitik mit Erfolg widersetzt, nicht zuletzt in Österreich. Die Nationalstaaten haben sich mit diesen Volksgruppen schwer getan, politisch und kulturell. Sie haben Strategien des Umgangs mit der Multikulturalität entwickelt, die von Vernichtung, Assimilierung, Ghettoisierung bis zu geglückten Integrationsversuchen reichen. Aus den Wirkungen und Konsequenzen dieser Strategien, vor allem jener im Bereich des Bildungswesens, der Beschulung sowie des mehrsprachigen Unterrichts kann die interkulturelle Pädagogik viel lernen. Die Auseinandersetzung mit diesen Erfahrungen eröffnet ihr zukunftsweisende Erkenntnisse für das neue Arbeitsfeld.

Die wichtigste These des Buches jedoch ist es, daß der interkulturellen Pädagogik die Aufgabe zukommt, das Aggressionspotential der Fremdenfeindlichkeit – untrennbar mit der Fremdenangst verbunden – zu entschärfen. Damit würde jenen abenteuerlichen Politikern, die solche Ängste schüren, um sich als Retter anzubieten, die Ausbeutung der Gefühle erschwert.

Der Autor hat in verschiedenen Staaten der Welt gelebt und gearbeitet. Seit zehn Jahren ist er ein Fremder in Kärnten. Diese eigenen Fremdheitserfahrungen haben seinen Blick für die subjektive Seite des Problems geschärft. Selbst am Rande zu leben, schärft freilich auch den Blick für die objektiven Strukturen der Gesellschaft. Die hier versammelten Texte verdanken sich diesem Blick des Fremden.

Klagenfurt/Celovec, im Sommer 1991

DAS
BEDROHLICHE
FREMDE

Das Bedürfnis nach Bedrohung

Zur Entstehung, Erscheinungsformen und Funktion von Fremdenfeindlichkeit

Während ich diese Zeilen schreibe, höre ich in den Nachrichten, daß der Innenminister 12.000 Rumänen zurückschikken will, daß vor der Shopping City Süd eine Geldsperre zur Abschreckung tschechischer und ungarischer Touristenbusse eingerichtet wurde (pro Bus öS 2.500,– Parkgebühr, der Manager der SCS sagt im Interview mit dem österreichischen Fernsehen offen, daß solche Touristen zu wenig kaufen und daher Eintritt zahlen müßten), daß die Serben im Kosovo 50.000 Albaner von ihren Arbeitsplätzen vertrieben haben und daß in Moldawien rumänische Nationalisten den russischen Bewohnern der Region in einem Bürgerkrieg gegenüberstehen, nachdem sie die Gargausen bereits niedergeschlagen haben. Und ich lese im britischen Boulevardblatt »The Sun«, daß die Franzosen Frösche seien und nach Knoblauch stinkende Feiglinge. Und so weiter und so weiter. Seit einem Jahr überschlagen sich die Medien mit Berichten über Fremdenfeindlichkeit in Österreich, in Jugoslawien, in den ehemaligen Ostblockstaaten, in der UdSSR, in Asien, in Afrika.

Nicht auf diese Berichte will ich die Aufmerksamkeit lenken, sondern auf viel kleinere, alltäglichere und unscheinbarere Phänomene der Fremdenangst und der Fremdenfeindlichkeit sowie des Ethnozentrismus. In vier winzigen Episoden möchte ich die Mikrophysik der Fremdenfeindlichkeit vor Augen führen.

Der vierjährige Norbert kommt mit seinen Eltern aus den USA in das heimatliche Österreich zurück. In den USA hat er gelernt, wie man mit Gleichaltrigen Kontakt aufnimmt, wie man tun muß, damit sie einen mitspielen lassen, was man sagen muß, damit sie einen mitreden lassen. Er stürmt also gutgelaunt in den Hof, wo eine Gruppe von ca. fünf bis sieben Kindern in seinem Alter spielt, hebt die Hand lässig zum Gruße und ruft erwartungsfroh: Hi everybody! Alle glotzen ihn an. Niemand reagiert. Er wiederholt: Hi everybody, I am Norbert. Nun lachen sie ihn aus und wenden sich von ihm ab. Mitspielen darf er natürlich nicht. Eine Woche lang steht er weinend im Eck des Hofes. Aber das ändert nichts an seinem Ausgestoßensein. Doch aus der Ferne und unter Tränen beobachtet er, wie sich die anderen verhalten. Er lernt gut und schnell. Bald kann er deutsch sprechen, sich verhalten wie die anderen auch, und jetzt darf er mitspielen, denn er ist so wie sie. Englisch wird er übrigens in seinem späteren Leben nie mehr freiwillig sprechen.

Der fünfzigjährige Sozialwissenschaftler aus Österreich treibt sich in einem gottverlassenen Winkel Lateinamerikas herum, um seinem entwicklungspolitischen Auftrag nachzugehen. Er sorgt sich sehr um seine Hygiene und Gesundheit, möchte selbst im tiefsten Dschungel minimale Standards der Sauberkeit bewahren, so schwierig das auch sein mag mit dem fauligen Wasser, das man mühsam aus Tümpeln schöpfen muß und den seltsamen Toiletten in den Büschen, wo die Giftschlangen lauern. Er denkt, daß die Verbesserung der hygienischen Verhältnisse sehr viel dazu beitragen könnte, die Menschen hier vor Krankheit und frühem Tod zu bewahren. Umso größer ist sein Erstaunen, als er von den Einheimischen erfährt, daß die Europäer – was Hygiene betreffe – richtige Schweine seien und daß er im besonderen nicht annähernd die Sauberkeitsstandards der Einheimischen erfülle, denn er wasche sich nur zweimal täglich und zöge immer dieselben Jeans an. Dies sei eine Mißachtung, ja geradezu eine Beleidigung der lokalen Bevölkerung und zeuge von typischer Arroganz des Gringo.

Der Nachbar in meinem Dorf, ein grundgütiger Mensch voll freundlicher Hilfsbereitschaft, kommt aufgeregt in unseren Garten. »Professor«, sagt er, »Professor! Sie können ja fremde Sprachen. Was wollen denn die zwei?« Er deutet auf zwei junge Männer, die ganz offensichtlich auf Trampreise in Europa sind. Sie sprechen mich auf französisch an, entschuldigen sich, sagen, es sei sehr unwichtig, sie hätten sich nur bei der Nachbarin erkundigt, wie spät es sei, der Herr

Nachbar hätte sich nicht bemühen müssen ... Ich sage ihnen, wie spät es ist. Sie verabschieden sich freundlich und gehen hinunter zur Hauptstraße. Der Nachbar will nun ganz dringend wissen, wonach sie sich erkundigt hätten. Nach der Uhrzeit, erkläre ich. Da schreit er ganz wütend, das sei nicht wahr, seine Frau hätten sie haben wollen, man sollte sie am besten mit der Schaufel erschlagen.

Sonntag vormittag. Ich mache mich auf den Weg zu unserem Milchbauern, um Eier einzukaufen. Da sitzt er breit und behäbig vor seinem Haus, neben ihm die Altbäuerin, im Schatten der Obstbäume weiden die Gänse, aus dem Stall dringt das gemütliche Muhen der Kühe. Ein Bild des Friedens. Freundlich werde ich gegrüßt und zum Niedersetzen eingeladen. Wie es mir denn gehe, wollen beide wissen. Gut, sehr gut sogar, nur neulich habe jemand in unserer kleinen Hütte hoch droben auf dem Berg eingebrochen. Da kriegen plötzlich beide rote Köpfe und glasige Augen. Gleichzeitig beginnen sie, die ich sonst als sanfte Leute kenne, lauthals zu schreien: »Die Rumänen! Diese Gfraster, diese Gauner, diese Schweine, diese Diebe ...« und so weiter, ganz im Stil der Heiligenlitaneien, aber mit veränderten Vorzeichen. Mein bescheidener Einwand, daß es im Umkreis von 30 Kilometern keinen einzigen Rumänen gebe und daß ohnehin nichts gestohlen worden sei und daß der Einbrecher bereits gefaßt sei und aus der Umgebung stamme, hören sie nicht einmal, weil sie so intensiv damit beschäftigt sind, immer neue, immer unflätigere Beschimpfungen gegen die Rumänen auszustoßen.

Kleine Episoden, die ich meinen Ausführungen deshalb vorausschicke, um gleich eingangs deutlich zu beleuchten:

Angst vor Fremden ist ein universales Phänomen. Auch Kinder sind keineswegs frei davon und selbst Bevölkerungsschichten, die eigentlich vom Fremden Positives zu erwarten hätten, sehen im Fremden zunächst etwas Negatives. Mit realer Bedrohung durch Fremde hat dies wenig zu tun, viel eher mit Angstphantasien. Die Fremdenangst - also die Xenophobie - ist keine realistische Einstellung zur Fremdheit, wie ich zeigen möchte. Mir geht es vor allem darum, Erscheinungsformen, Ursachen und Funktionen dieser Fehlhaltung aufzuzeigen und zu kritisieren und eine Perspektive zur Kultivierung dieser Angst vorzuschlagen.

Die grundlegenden Thesen sind so einfach, daß sie sich in wenigen, kurzen Sätzen formulieren lassen:

1. Angst vor Fremden - Xenophobie - ist unser phylogenetisches Erbe. Es steckt in uns wie ein Stück Natur. Äußerlich betrachtet, teilen wir es mit den Tieren. Wenngleich die Ursache der Fremdenfeindlichkeit nicht biologisch begründet werden kann, so ist doch erstaunlich, daß es eine über Jahrtausende alte Tradition der Fremdenfeindlichkeit und des Ethnozentrismus gibt, die sich, oberflächlich betrachtet, wenig von tierischen Instinktreaktionen unterscheidet. Humangenetiker, wie z. B. Gerhard Jörgensen, deuten die Xenophobie (= die Fremdenangst) als eine der menschlichen Gattung angeborene Reaktion: »Die ... häufig zu beobachtende Zurückhaltung, ja das Mißtrauen gegenüber Fremden, Andersartigen, und besonders Fremdrassigen, hat in ganz unterschiedlichem Maße psychologische Wurzeln, ist vermutlich entwicklungsgeschichtlich bedingt, der Rest einer ursprünglich gegenüber jedem Fremden erhaltenswürdigen und notwendigen Reaktion und somit ›vernünftigen‹ Verhaltensweise« (Jörgensen 1983, S. 224).

Obwohl mich angeborene Verhaltensmuster sozialwissenschaftlich nicht überzeugen können, glaube ich doch, daß Jörgensen damit Recht hat, wenn er die Abstoßungsreaktionen gegenüber dem Fremden weit zurück in die Menschheitsgeschichte verlegt.

2. Fremdenangst äußert sich auf zweifache, äußerlich widersprüchliche Weise: als Fremdenfeindlichkeit oder als Exotismus. Aus der Sicht der Fremdenfeindlichkeit »erscheint das Fremde als das, was außerhalb der Kultur steht: die Ausländer, ›Natur‹-völker, Wilde, Verrückte, und manchmal werden auch Frauen, Homosexuelle und Anarchisten dazugezählt. Mit ihnen gibt es keine Gemeinsamkeiten mehr, nichts, woraus man lernen könnte, um das Eigene zu verändern. Das Verhältnis zum Fremden ist in erster Linie ein Macht- und Verteidigungsverhältnis, so als ob vom Fremden nur Zerstörung drohen könnte« (Erdheim 1988, S. 261 f.). Exotismus dagegen ist die unrealistische Verherrlichung des Fremden, weil der soziale Wandel in der Nähe Angst macht.

3. Das phylogenetische bzw. gattungsgeschichtliche Erbe der Fremdenangst ist uns nicht schicksalhaft auferlegt. Im Gegensatz zu den Tieren können wir unser »Natur«-schicksal beeinflussen. Wir können unsere Ängste und Aggressionen dämpfen und kultivieren. Bereits das zentrale christliche Gebot »Liebe deinen Nächsten wie dich selbst« hat eine kulturelle Forderung erhoben, die der abendländischen Kulturarbeit die Richtung gewiesen hat. Sigmund Freud hat es in seiner Kulturtheorie als jenes Gebot bezeichnet, welches die Aufgabe hat, »das größte Hindernis der Kultur, die konstitutionelle Neigung der Menschen zur Aggression gegeneinander wegzuräumen« (Freud 1930, zit. nach FTV 1972, S. 126). Obwohl er das Gebot in seiner Strenge letztlich für undurchführbar hält, so sagt er doch, dieses Gebot kommentierend: »Die Schicksalsfrage der Menschenart scheint mir zu sein, ob und in welchem Maße es ihrer Kulturentwicklung gelingen wird, der Störung des Zusammenlebens durch den menschlichen Aggressions- und Selbstvernichtungstrieb Herr zu werden« (ebd., S. 128). Das Projekt der Moderne, die menschliche Gesellschaft als eine vernünftige, gerechte Ordnung einzurichten, in der Freiheit, Gleichheit und Geschwisterlichkeit die Beziehungen regeln, dieses Projekt, das Geschichte als einen Prozeß der kommunikativen Willensbildung einer Weltgesellschaft einzurichten trachtet, kann nur gelingen, wenn es gelingt, die äonenalte Angst und Abwehr des Fremden zu überwinden.
4. Das phylogenetische Erbe der Fremdenangst ist ein gefundenes Fressen für abenteuerliche Politiker und politische Parteien, zumal in unserem Land, in dem Arbeitszuwanderung ein zentrales Element der politischen Struktur bildet (als exemplarische Untersuchung vgl. Greussing 1988, S. 188, für Vorarlberg!). Sie appellieren ohne Rücksicht auf die prekären und zerbrechlichen Errungenschaften der Kulturarbeit an die mühsam gebändigte Urangst vor allem Fremden. Damit finden sie insbesondere bei jenen Bevölkerungsschichten Gehör, die der Unterschicht sozial benachbart sind und sozialen Aufstieg wünschen. Sie gewinnen Macht und Einfluß, indem sie vom eigenen Volk, vom eigenen Blut, von der eigenen Rasse als Schicksals-

gemeinschaft sprechen: derzeit die Pamjat-Bewegung in der Sowjetunion, die Vatra Romanesca in Rumänien, die Nationalisten in der Slowakei, aber auch Gruppen in Österreich.

Ausländerfeindliche Politik findet international steigende populistische Resonanz. Das Rezept ist denkbar einfach: Man verwende sämtliche Stereotype aus Biertischgesprächen, die geeignet sind, Ausländer als Gruppe von gefährlichen Okkupanten darzustellen, die den Job, das Einkommen, die Lebenschancen, die Kultur und die Identität der Einheimischen zerstören wollen. Da solche Ängste ohnehin latent in den Menschen, vor allem in sozialen Aufsteigern, vorhanden sind, haben Populisten einfaches Spiel. Sie brauchen ihre Katastrophenvisionen nur drastisch genug auszumalen, ohne Rücksicht auf die Wirklichkeit, in krasser Übertreibung und Verzerrung der Wirklichkeit, oft auch im Gegensatz zur Wirklichkeit. Geglaubt wird ihnen allemal, weil das, was sie vorbringen, wie ein Opiat die unter der Oberfläche des Bewußtseins lauernden irrationalen Ängste hervorlockt und weil es das Verdrängte, das man sich öffentlich nicht sagen traut, salonfähig macht, kurz: weil es ein Ventil öffnet für Abgewehrtes und Verdrängtes aus dem Unbewußten, das in mühsamer Kulturarbeit gebändigt wurde.

Der zweite Teil des Rezepts besteht darin, sich genau jenen, denen man Angst eingejagt hat, als Retter anzubieten. Die »Boot-ist-voll-Politik« hat vermutlich die letzten Wahlen mitentschieden. Kurz vor den Wahlen das Bundesheer an die Grenze zu schicken, um Österreich vor Flüchtlingen zu beschützen, war in erster Linie ein Manöver, um Wähler zu gewinnen. Es gehört also zur Technik der Machtgewinnung und Herrschaftsausübung, mit der latenten Fremdenangst zu spielen und sie im Bedarfsfall manifest zu machen. Die durch solche Politik mobilisierte Angst dient manchen Unternehmern, dem Staat, zum Teil sogar gewerkschaftlichen Interessen aber auch zur Stabilisierung jener Arbeiterschaft, die wegen ihrer hohen Qualifikation unersetzlich geworden ist und an ihren Arbeitsplatz gebunden werden soll (= man nennt sie »Einheimische«), und der Flexibilisierung jener Arbeiterschichten, die man, je nach Schwankungen des wirtschaftlichen Bedarfs, kurzfristig einstellen, schlecht bezahlen und wieder entlassen kann, da sie kein Heimatrecht haben (man nennt sie Saisonniers, Gastarbeiter etc.).

Ich fürchte, daß uns noch weit Schlimmeres bevorsteht, als wir es in letzter Zeit erlebt haben, weil bei uns viel zu wenig Vorbereitungen getroffen werden, um für diese kommende Entwicklung Vorsorge zu treffen - weder im ökonomischen, noch im psychischen, noch im sozialen und auch nicht im bildungspolitischen Bereich, um die Fremdenangst zu verringern, um Österreich integrationsfähiger zu machen. Wir schaffen dies ja kaum mit unseren eigenen Minderheiten. Sobald die Sowjetunion ihre Grenzen öffnen wird, sobald Asiens und Afrikas Menschenmassen nicht mehr nur in Italien einwandern werden, wird Österreich nur mehr die Wahl haben zwischen Barbarei und Humanität, um entweder den totalen Krieg gegen die einströmenden Fremden auszurufen oder humane, demokratische, kulturangemessene Formen der Integration zu entwickeln.

In Österreichs gegenwärtiger politischer Lage ist eine Politik der Fremdenfeindlichkeit ein gefährlicher Schritt nach rückwärts, der jahrzehntelange Kulturarbeit bedroht. Fremdenfeindlichkeit ist nicht so sehr das Produkt bösartiger Ausgrenzung durch spontane Reaktionen ängstlicher Individuen, sondern eher die Folge eines politischen und medienpolitischen Experiments mit der Angst; mit der Angst, Arbeitsplatz, Einkommen, Wohlstand, Wohnung, Identität und Heimat zu verlieren. Erfolgreich kann das Experiment nur deshalb sein, weil dicht unter der zivilisierten Oberfläche noch immer die schlecht bearbeitete irrationale Angst vor dem Fremden liegt. Diese Angst besser zu kultivieren, scheint nicht unbedingt das Interesse aller politisch Mächtigen zu sein. Im Gegenteil: Es scheint, als wären manche froh und dankbar für die Bedrohung, da ihr politischer Stil auf Feinde angewiesen ist, Feinde die von draußen kommen oder - schlimmer womöglich - Feinde in den eigenen Reihen, Fremde in der Nähe - Slowenen in Kärnten, Zigeuner im Burgenland.

Eine solche Politik, die Fremdenangst in ihr Kalkül einbaut, kann nur deswegen erfolgreich sein, weil es tatsächlich in den Individuen eine hohe Angstbereitschaft gibt. Woher kommt sie? Woher stammt ihre irrationale, geradezu psychotische Dimension? Wie kann sie kultiviert werden? Wie kann verhindert werden, daß sie zum ausbeutbaren Motiv für politisches Verhalten wird?

Von allen theoretischen Erklärungsversuchen für die irrationalen Wurzeln dieser Angst scheint mir jener der sozialwissenschaftlichen Psychoanalyse, wie sie am Frankfurter Sigmund-Freud-Institut und im Zürcher Psychoanalytischen Seminar betrieben wird, am plausibelsten. Demnach ist Fremdenangst nichts Angeborenes. Sie ist vielmehr ein Abkömmling der Todesangst des Kleinkindes (vgl. Horn 1972, S. 202). Erdheim weist darauf hin, daß der Säugling nicht nur ein Bild der Mutter aufbaut, sondern auch eines der »Nicht-Mutter«. Margaret Mahler betont, daß dieses Bild der »Nicht-Mutter« bei Säuglingen ganz unterschiedlich aussehen kann und dementsprechend zu unterschiedlichen Reaktionen gegenüber Fremden führt. »Bei Kindern, deren symbiotische Phase optimal verlief und bei denen ›vertrauensvolle Erwartung‹ vorherrschte, sind Neugier und Verwunderung ... die hervorstechendsten Elemente bei der Erforschung Fremder. Im Gegensatz dazu kann bei Kindern, die kein optimales Urvertrauen erwerben konnten, ein abrupter Wechsel zu akuter Fremdenangst auftreten ...« (Mahler 1975, S. 79; hier zitiert nach Erdheim 1988, S. 259).

Erdheim führt diese Überlegungen weiter. Er stellt fest, daß »an der Repräsentanz des Fremden ... immer die Erinnerung an die ursprüngliche Trennung von der Mutter (haftet). Die damals gemachten Erfahrungen bilden den Grundstock für die Bedeutungsvielfalt, die das Fremde im Verlauf der Lebensgeschichte entwickeln wird. Daß das Fremde immer auch an Trennung gemahnt, bleibt eine der Quellen von Angst- und Schuldgefühlen, deren Abwehr durch die Xenophobie, durch die Vermeidung des Fremden ermöglicht werden soll« (Erdheim 1988, S. 260). Dieses angstbesetzte Fremde wird in der weiteren Lebensgeschichte zum Sündenbock. Alles, was mich an mir selbst stört, was mich an meinen nächsten Bezugspersonen stört, also die bösen Anteile des Ich, die bösen Anteile an meinen Beziehungen zu Mutter, Vater, Geschwistern, Fremden, projiziere ich auf das Fremde. Das Fremde draußen ist nichts anderes als das Fremde drinnen, das ich partout nicht wahrnehmen will. Das Fremde und der Fremde werden solchermaßen zu einem wahren Gruselkabinett, zum Inbegriff des Bösen, Gemeinen, Häßlichen.

Wie einst das Mutterbild vom Unangenehmen entlastet wurde, wird später die Gruppe, die Heimat, das Vaterland durch Projektion vom Negativen befreit: »Das Böse ist draußen«. Böse sind die Barbaren, die Vandalen, die Juden, die Rumänen, die Polen. Das Feindbild kann wechseln, ist beliebig austauschbar. Nächstes Jahr werden es vermutlich die Russen sein, sehr bald die Senegalesen und die Marokkaner, die derzeit noch nicht die Brennergrenze überschritten haben, aber in Südtirol genau jene Funktion erfüllen, die bei uns derzeit die Asylanten und Flüchtlinge aus dem Osten innehaben: bedrohliche Menschenmassen, welche die Heimat überschwemmen. Die Rolle der Kriminaltouristen wird allerdings derzeit in Südtirol von ganz anderen Fremden ausgefüllt, nämlich von den Österreichern, von denen gar nicht wenige Südtiroler glauben, daß sie autobusweise in die Obstplantagen des Etschtals fahren, um dort kistenweise Äpfel zu stehlen, so wie wir zu wissen glauben, daß unsere östlichen Nachbarn autobusweise kommen, um unsere herrlichen Supermärkte zu plündern. (Ich erinnere mich übrigens sehr gut, daß es am Beginn der 60er Jahre an der Uni Innsbruck einen Aushang gab, der an die Moral der Studenten appellierte, doch bitte bei Schwedenaufenthalten in den Warenhäusern weniger zu klauen, denn Schweden habe mitgeteilt, daß die Österreicher in der Statistik der Warenhausdiebstähle vor allen anderen Nationen in Führung lägen - offenbar trotz des Handicaps der numerischen Unterlegenheit).

Dieser psychische Mechanismus der Projektion des Bösen auf die Fremden hat also, wenn man psychoanalytischen Erklärungsansätzen folgt, in der frühen Kindheit seinen Ursprung. Renggli, der Schweizer Zoologe, Psychoanalytiker und Ethnologe, verglich die Mutter-Kind-Beziehungen im ersten Lebensjahr in den verschiedensten Kulturen und kam aufgrund dieser Untersuchung zum Schluß, daß ursprünglich alle Menschen ihre Kleinkinder ständig auf dem Körper herumgetragen haben, daß aber in allen Hochkulturen, von den Ägyptern, den Griechen, den Chinesen bis zu unserer abendländischen, das Kind die meiste Zeit des Tages von seiner Mutter getrennt an einer Schlafstelle liegt. Er weist auch darauf hin, daß alle Veränderungen in der Kinderbehandlungstechnik seit dem Mittelalter bis zur Gegenwart letztlich nur ein gemeinsames Ziel haben - nämlich die immer frühere Trennung, und das heißt, die immer konsequentere Entfremdung zwischen Mutter und Kind zu erreichen (vgl. Renggli 1974, S. 247). Dadurch wird es immer weniger möglich, jenes Urvertrauen und jenen stabilen Persönlichkeitskern zu entwickeln, der zum Fundament einer Ich-starken Identität werden könnte. Dadurch werden aber auch alle jene Mechanismen verstärkt, von denen zuvor die Rede war: die Angst vor Fremdem, die Benützung des Fremden als Projektionsfläche für das Negative im eigenen Selbst und in der eigenen Gruppe, das Bedürfnis nach Bedrohung durch das Fremde, um die eigene Identität überhaupt noch erfahren zu können. Die Chance, Fremdenangst und Fremdenfeindlichkeit zu überwinden, bietet uns nach psychoanalytischer Interpretation die zweite große Entscheidungsphase unseres Lebens, die Pubertät bzw. die Adoleszenz, die die Weichen für unser Leben neu stellen kann. Ihr Sinn ist es, die Lösung von der intimen Gemeinschaft der Familie zu betreiben. Gerade das ist ja die Bedeutung des Inzestverbotes, daß der Sexualtrieb zum Motor für die Begegnung mit dem Fremden wird. Daher ist es eine zentrale Kulturvorschrift, da es uns zwingt, uns auf Neues einzulassen, neue Entwicklungen zu beginnen, um die Sexualität ausleben zu können. Durch das Lösen der engen Bindung mit der Familiengemeinschaft, durch das Eingehen neuer Bindungen mit »Fremdem«, entstehen neue Synthesen von Eigenem und Fremdem, welche die Entwicklung der Kultur vorantreiben und fördern, die das Individuum von der Gemeinschaft zur Gesellschaft voranschreiten lassen. Erdheim (1990, S. 111): »Es gibt also einen Antagonismus von Familie und Kultur - einen notwendigen, positiv zu beurteilenden Gegensatz zwischen Gemeinschaft und Gesellschaft, dessen Funktion vergleichbar ist der Unruhe mechanischer Uhren«.

Wenn Familien ihre Kinder zu stark binden, wenn das Loslassen nicht und nicht gelingen will, verpassen Heranwachsende die Chance, sich auf den lebendigen Prozeß der Auseinandersetzung mit dem Fremden der Gesellschaft einzulassen. Auch hier ist die Folge Fremdenangst. In der frühen Kindheit bedarf es also besonders enger familialer Bindung, um einen starken Identitätskern entstehen zu lassen; in der Pubertät und Adoleszenz jedoch bedarf es der Trennung von der Familie, um sich auf Fremdes einzulassen und eine eigenständige Rolle in der Kultur und in der Gesellschaft einzunehmen.

Disposition zur Fremdenangst entsteht dann, wenn es in der frühen Kindheit zu wenig, am Ausgang der Kindheit zu viel Bindung gibt.

Es wäre freilich schlechter Psychologismus zu behaupten, daß man damit alleine Fremdenangst und Fremdenfeindlichkeit erklären könnte. Dadurch entstehen latente Potentiale, aber sie bleiben weitgehend unbewußt, solange kulturelle Regeln und demokratische Politik sie im Zaume halten.

Eine solche Herleitung der Fremdenangst aus dem Schicksal der Kindheit und Jugend kann also nur die Dispositionen zur Xenophobie erklären, nicht aber die Kulturformen, die sie dämpfen oder steigern können. Daß sie latent und unerkannt in uns allen stecken, daß sie selbst in großen Geistern zum Ausbruch kommen können, das beweist ein kurzer Streifzug durch die abendländische Geistesgeschichte. Herodot zum Beispiel machte sich über die Ägypter lustig, weil dort die Männer im Sitzen ihr Wasser lassen, die Frauen dagegen stehend. Die Leser von Marco Polos sehr realistischer Reisebeschreibung waren nicht imstande, das, was sie lasen, zu begreifen, sondern verbanden mit dem Orient trotz seiner genauen Schilderungen weiterhin Ungeheuer mit mehreren Köpfen und Schnäbeln, ganz nach dem alten Vorurteil der Schreibtischorientalisten, insbesondere des Physiologus. Selbst der große Philosoph Kant neigte zur Xenophobie, wie sein Traktat über die »Neger« eindrucksvoll beweist. »In den heißen Ländern reift der Mensch in allen Stücken früher, erreicht aber nicht die Vollkommenheit der temperierten Zonen. Die Menschheit ist in ihrer größten Vollkommenheit in der Race der Weißen. Die gelben Indianer haben schon ein geringeres Talent. Die Neger sind weit tiefer und am tiefsten steht ein Theil der amerikanischen Völkerschaften« (Kants Physische Geographie. Auf Verlangen des Verfassers, aus seiner Handschrift herausgegeben und zum Theil bearbeitet von Dr. Friedrich Theodor Rink. Zweyter Band, Königsberg 1802; hier zitiert nach I. Kant/E. Henscheid: Der Neger [Negerl] Frankfurt/M: Fischer 1985), weiß der große Gelehrte, der Königsberg nie verlassen hat. Auch Hegel hat sich über die Geschichtslosigkeit und Bildungsunfähigkeit des »Negers« geäußert, und zwar unter dem

Titel »Fanatismus«: »Diese Völker sind lange Zeit ruhig, aber plötzlich gären sie auf, und dann sind sie ganz außer sich gesetzt. Die Zertrümmerung, welche eine Folge ihres Aufbrausens ist, hat darin ihren Grund, daß es kein Inhalt und kein Gedanke ist, der diese Bewegung hervorruft, sondern mehr ein physischer als ein geistiger Fanatismus« (Hegel, Grundlinien der Philosophie des Rechts, Werkausgabe Band VII, F/M 1970, S. 320). Viele Größen der europäischen Geistesgeschichte sind über Xenophobie nicht erhaben, auch wenn sie selbst ihr ganzes Leben nicht mit Fremden in Kontakt gekommen sind. Wenige dagegen sehen klar. Grillparzer zum Beispiel im »Goldenen Vließ«, wo er Fremdenhaß und Rassismus anprangert, indem er dessen Fratze vorzeigt: Grillparzer hat schon vor 170 Jahren geahnt und dichterisch gestaltet, wieviel Leid und Schrecken Fremdenhaß und Ethnozentrismus den Menschen bereiten werden. Seine eindrucksvollste dramatische Darstellung der Xenophobie und ihrer Auswirkungen gelang ihm in »Medea«, wo Jason, der Grieche, seine Geliebte aus Asien mit in die Heimat bringt, nur um dort zu entdecken, daß sie eine Wilde ist, daß er seine griechische Geliebte aus früheren Zeiten lieber hat und der Wilden rät, so bald wie möglich abzuhauen, die Kinder aber dazulassen. Hören wir Medea in ihrer Verzweiflung:

»Morgen, wenn die Sonne aufgeht,
Steh ich schon allein,
Die Welt eine leere Wüste,
Ohne Kinder, ohne Gemahl,
auf blutiggeritzten Füßen
Wandernd ins Elend. – Wohin? –
Sie aber freuen sich hier und lachen mein!
Meine Kinder am Halse der Fremden,
Mir entfremdet, auf ewig fern.
Duldest du das?
Ist's nicht schon zu spät?
Zu spät zum Verzeihn?
Hat sie nicht schon, Kreusa, das Kleid
und den Becher, den flammenden Becher?
– Horch! – Noch nicht! – Aber bald wird's erschallen
Vom Jammergeschrei in der Königsburg.
Sie kommen, sie töten mich!«

(Medea, Vierter Aufzug)

Ein tschechischer Asylant der achtziger Jahre hat die Einstellung der modernen Österreicher gegenüber Fremden so geschildert, wie Grillparzer es in seinem sensiblen Kunstwerk literarisch gestaltete. Der Asylant, den ich hier zitiere, hat sich allerdings in die Psyche des Einheimischen versetzt, der über die Fremden räsoniert:

»Fremde sind Leute, die später gekommen sind als wir, in unser Haus, in unseren Betrieb, in unsere Straße, in unser Land. Die Fremden sind fremd. Die einen wollen so leben wie wir. Die anderen wollen nicht so leben wie wir. Beide sind widerlich. Alle erheben dabei Anspruch auf Arbeit, Wohnung - als wären sie Einheimische. Manche wollen unsere Töchter heiraten. Manche wollen sie sogar nicht heiraten, was noch schlimmer ist. Fremd sein ist ein Verbrechen, das man nie wieder gutmachen kann« (zit. aus Erwachsenenbildung in Salzburg, Regionalkonferenz 1990, Tennengau, S. 5).

Daß Fremdenangst gerade in unserer modernen Gesellschaft so leicht zum Ausbruch kommen kann, liegt nicht nur darin begründet, daß die alten Ordnungen Europas und der Welt über Nacht zusammengebrochen sind, sondern vielmehr in der Struktur dieser modernen Gesellschaft selbst: Moderne Technologien und ihre politische Organisation erzwingen einen immer schnelleren sozialen Wandel. Die einzelnen Menschen müssen sich ständig neu an geänderte Verhältnisse anpassen: an neue Maschinen, an neue Arbeitsverhältnisse, an neue Konsumordnungen, an neue Verkehrsformen, an neue Lebensstile. Und während sie sich mühsam anpassen, hat sich bereits ein neuer Innovationsschub durchgesetzt. Wer als Absolvent eines Informatikstudiums hochqualifiziert seine Arbeit antritt, muß damit rechnen, in wenigen Jahren bereits hoffnungslos ins Hintertreffen zu geraten, wenn er nicht jede Chance der Fortbildung nützt. Wer heute noch den Lebensstil der siebziger und achtziger Jahre vertritt, muß sich als Zombie bezeichnen lassen, der hoffnungslos den Anschluß verpaßt hat. Auf der Strecke bleibt die Identität der Individuen. Die Komplexität und der rasche Wandel des Systems verlangen vor allem Flexibilität und Anpassungsenergie, Akzeptanz des Vorgegebenen. Wer dazugehören will, muß seine Identität aufgeben zugunsten der Pseudoidentität immer wechselnder Rollen, die ihm die Gesellschaft vorschreibt. Nicht eigene

Beurteilung, Problembewußtsein und sachlich fundierte Entscheidung sind gefragt, sondern Anpassung an die Sachzwänge des Produktionsprozesses, des Gesellschaftsprozesses im Ganzen. Daraus entspringt Angst; abgrundtiefe Angst, nicht mehr dazu zu gehören, Angst, ins gesellschaftliche Abseits der Zweidrittel-Gesellschaft zu geraten. Diese Angst - und hier schließt sich der Kreis meiner Argumentation - ist die Nachfolgerin der Todesangst des Kleinkindes vor dem Verlust der Mutter im Erwachsenenalter. Man braucht private Refugien, kleine Gemeinschaften, um sich psychisch zu stabilisieren. Man igelt sich ein in Idyllen, die niemand von außen stören darf.

Ich habe versucht, zu zeigen, wie die Hilflosigkeit des Kleinkindes in panische Angst vor dem Fremden umschlagen kann, wie hier eine gefährliche seelische Grundstimmung entsteht, die Urvertrauen und einen starken Persönlichkeitskern erst gar nicht sich entwickeln läßt. Die Undurchschaubarkeit und der rasche Wandel der modernen Gesellschaft steigern diese Angst, statt sie zu dämpfen. Gastarbeiter, Flüchtlinge, Asylanten als Ursache dieser Angst zu identifizieren, die Aggression auf sie zu lenken, ist ein gefährlicher Taschenspielertrick populistischer Politik, der latente Angstpotentiale ausbeutet. Nicht nur, weil er Schuldlose und Hilfsbedürftige zu Sündenböcken macht, sondern weil er verhindert, daß die Menschen aus ihrer politischen Apathie heraustreten und politisch handeln, und zwar in Solidarität und Humanität. Selbstverständlich brauchen Menschen kleine Gemeinschaften, aber auch größere. Sie brauchen ein Wir-Gefühl. Aber nicht in einer »Schicksalsgemeinschaft«, sondern in einer Nation ohne Nationalismus, d. h. in einer Nation, die sich als ein Vertrag ihrer Mitglieder versteht, einer Nation, in der vorgefundene Traditionen überprüft werden, einer Nation, die kritischen Umgang mit dem Nationalgefühl pflegt.

Das Vakuum an eigener Identität, an dem so viele leiden, für das die Kälte und Abstraktheit unserer Gesellschaft keinen Rat weiß, läßt sogar den Wunsch aufkommen, Bedrohung von außen zu spüren, um die Leere und die Angst und die Isolierung im Kampf gegen fremde Feinde zu bearbeiten. Ich wiederhole, daß derzeit in Österreich und in vielen Teilen Europas dieses Bedürfnis nach Bedrohung nicht kulturell bearbeitet, sondern politisch ausgebeutet wird. Es wäre eine der dringendsten politischen und bildungspolitischen Aufgaben, jenen Raum für Reflexion und Selbstreflexion, für demokratische Mitgestaltung der Institutionen einzurichten, der dem einzelnen Individuum gesellschaftlichen Durchblick, gesellschaftliche Mitbestimmung, ökonomische Sicherheit und gesellschaftliches Dazugehören ermöglicht. Nur die Kultivierung der Ängste in humanen, solidarischen und demokratischen Lebensformen erlaubt die Hoffnung, daß Fremdenangst und Fremdenhaß eingedämmt werden können und daß wir wieder Mut und Kraft finden, um jenen zu helfen, die unserer Hilfe am meisten bedürfen, weil es ihnen sehr viel schlechter geht als uns: den Arbeitsmigranten, den Flüchtlingen und Asylanten. Sie sind uns nicht wirklich fremd, sondern wir machen sie fremd.

Eine kritische Anmerkung gegenüber der Xenophilie (= dem Exotismus) der gegenwärtigen österreichischen intellektuellen Elite kann ich mir allerdings nicht ersparen. Zunächst einmal wird sie, wie Günther Nenning (Profil Nr. 43, 22. Okt. 1990, S. 38) zu Recht hinweist, weder an ihrem Arbeitsplatz noch in ihrer Wohngegend mit den Fremden konfrontiert. Es ist zu befürchten, daß die Nächstenliebe vieler Bildungsbürger nur eine Fernstenliebe ist, die nichts kostet. Wenn man psychoanalytisch etwas tiefer gräbt, so zeigt sich, daß Xenophilie bzw. Exotismus, wie Mario Erdheim sagt, lediglich eine andere Spielart der Fremdenangst darstellt; eine Angst vor der Nähe, die sich verändert; ein zwanghaftes Abhauen in die Ferne, in das Exotische, das genauso idealisiert wird, wie es von weniger Gebildeten dämonisiert wird, um die schmerzhafte Veränderung der Nähe, der geographischen und sozialen Heimat, nicht akzeptieren zu müssen. Also auch eine wahnhafte Lösung eines Nicht-zu-Rande-Kommens mit sozialem Wandel, ein Erretten der eigenen Haut durch Flucht ins Irreale. Glaubwürdig wird diese Xenophilie erst dann, wenn ihre Betreiber sich selbst in der Praxis engagieren: also in der konkreten Arbeit mit Gastarbeitern, Flüchtlingen, Asylanten; wenn sie bereit sind, Wohnraum und Arbeitsplätze zur Verfügung zu stellen, Freizeit mit Fremden zu teilen. Ich weiß, daß es eine engagierte Minderheit gibt, die das tut. Ich fürchte aber, daß die Mehrheit der Bildungsbürger sich nur schwer für ein solches Progamm wird begeistern lassen.

Abschließend seien nochmals in geraffter Form die Kernpunkte meiner Aussagen zusammengefaßt:

1. Fremdenangst ist ein uraltes Phänomen, vor dem selbst große Geister der abendländischen Geschichte nicht gefeit waren.
2. Fremdenangst hat irreale, projektive Züge. Sie haben ihren Ursprung in einer frühen Kindheit mit schlechter familialer Bindung, in einer Pubertät und Adoleszenz mit zu starker familialer Bindung.
3. Die Fremden waren immer schon Projektionsflächen für alles, was in der Nähe, in der Heimat, im Inneren der eigenen Persönlichkeit nicht wahrgenommen werden darf: Das Böse, Gemeine, Häßliche. Es wird den anderen zugeschrieben.
4. Die irrationale Fremdenangst hat einen rationalen Kern, ein Wahres im Falschen: Die moderne Gesellschaft mit ihrem rasanten Wandel bedroht unsere materielle Sicherheit und unsere Identität. Statt uns mit dieser, unserer Gesellschaft auseinanderzusetzen und sie zu humanisieren, stürzen wir uns auf die Fremden und machen sie zu Sündenböcken, die uns als Feinde von außen bedrohen. Wir entwickeln geradezu ein Bedürfnis nach Bedrohung, um vor der Realität fliehen zu können und wahnhaft unsere Ängste zu bearbeiten.
5. Nicht nur einfache Gesellschaftsmitglieder entwickeln dieses Bedürfnis nach Bedrohung. Auch die Träger der gesellschaftlichen Macht haben ein Bedürfnis nach Bedrohung - aber nicht nach eigener Bedrohung, sondern nach Bedrohung der gesamten Gesellschaft, um sie gefügig zu machen, um Macht zu gewinnen und zu sichern.
6. Der politischen Macht kommt die irrationale Fremdenangst gelegen. Sie nützt sie, um Menschen lenkbar zu machen. Sie malt Gefahren an die Wand und bietet sich selbst als Retter an.
7. Die Antwort darauf kann unter anderem eine politische und bildungspolitische Offensive sein, die alle Menschen vorbereitet auf die ökonomischen, ideellen und psychischen Bedingungen für die Integration von Fremden.

Individuelle und strukturelle Diskriminierung

Modernisierte Strategien der Fremdenfeindlichkeit

Der Blick des distanzierten Beobachters auf Umgangsformen einheimischer Bevölkerungen mit ethnischen Minderheiten im eigenen Siedlungsgebiet oder mit zugezogenen Wanderungsminderheiten zeigt deutlich, daß es historische Unterschiede, zugleich aber auch weltumspannende Gemeinsamkeiten des Umgangs mit der Fremdheit gibt. Was etwa im vorigen Jahrhundert mit Kärntens Slowenen geschah: daß sie zu Objekten einer Politik der inneren Kolonialisierung des Reiches wurden, eben dies geschieht heute in vergleichbarer Weise mit den Albanern in Kosovo, mit den Indianern in Brasilien und vielen anderen Minderheiten. Die Kärntner Slowenen sind heute mit etwas ganz anderem konfrontiert: nämlich mit dem Angebot eines sich als national verstehenden Landespolitikers, gleichsam eine kleine Parallelgesellschaft zur Mehrheitsgesellschaft einzurichten. Eben dieses Modell des Ethnopluralismus, das als »demokratische Segregation« der schwächeren Gruppe zur Vermeidung von Berührungen, Reibungen und Konflikten mit der Mehrheit dienen sollte, wird an vielen anderen Orten der Welt gerade derzeit in Frage gestellt, in Südafrika zum Beispiel, aber auch in Südtirol, oder ist schon seit Jahren überholt, wie etwa in den Südstaaten der USA oder in Singapur.

Theoretisch kann man vier Modelle des Umgangs der Mehrheitsbevölkerung mit ethnischen Minderheiten (autochthonen oder zugewanderten) deutlich unterscheiden:

Modell 1: Vernichtung/Austreibung/Umsiedlung

Das weltweit bekannteste Beispiel ist das nur zum Teil realisierte Genozidprogramm der Nationalsozialisten, das auch gigantische Umsiedlungen ganzer Völker projektiert hatte und durchzuführen begann. So sollten zum Beispiel alle Slowenen aus Kärnten ausgesiedelt werden (was auch tatsächlich 1942 in Angriff genommen wurde, als man insgesamt 1097 Personen in Sammellagern im Inneren des sogenannten Altreichs internierte), um die entvölkerte Region mit Südtirolern zu besiedeln. Es war geplant, in das Gebiet vom Schaidasattel über Zell Pfarre bis nach Ferlach die Bevölkerung des Grödnertales hinzuschicken, um den aus Südtirol Ausgesiedelten eine Landschaft zu bieten, die ihrer Heimat möglichst gleiche.

Ebenso bekannt ist die nunmehr schon Jahrhunderte währende Vernichtung der Indianer Nord- und Südamerikas durch die Europäer bzw. deren Nachkommen. Schon im Jahre 1541 berichtete einer der Chronisten der spanischen Conquista, Bartolomé de las Casas, voller Empörung, wie die weißen Eroberer aus Spanien zur Verpflegung ihrer Hunde »auf ihren Märschen eine Menge Indianer bei sich führten, die in Ketten gehen und wie eine Menge Schweine einhergetrieben werden. Man schlachtet dieselben und bietet Menschenfleisch öffentlich feil« (zitiert nach Heidi Dumreicher: »Der Dunst tötet uns und dann die Weißen«. Vom Elend der Indianer. In: Profil Nr. 3, 14. Jänner 1991, S. 72).

Die Genozidpolitik Stalins, der Massenmord an den Kurden durch den Irak sowie deren Unterdrückung und Austreibung durch die Türkei und den Iran sind weitere bekannte Beispiele dieser Form des Umgangs mit Fremdheit.

Ich setze die Liste des Grauens nicht weiter fort, obwohl sie längst nicht vollständig ist. Statt dessen verweise ich auf die Kehrseite der Medaille, die statt der Vernichtung die Exotisierung des Fremden betrieben hat und noch betreibt. Berühmtestes Beispiel sind die im 19. Jahrhundert erfundenen »Völkerschauen«. Es handelte sich dabei um Abteilungen in zoologischen Gärten großer europäischer Tierparks, z. B. Hagenbeck in Hamburg, in denen - zumeist neben Affenkäfigen - Käfige mit sogenannten »Wilden« zu bestaunen waren, die man gegen Bezahlung von Eintritt besichtigen konnte, deren Verpflegung, Paarung und Kampfverhalten ebenso bestaunt werden konnte wie das der Raubtiere.

»Ein zeitgenössischer Reporter schilderte die Vorstellung der Amazonen in ›Umlaufts Weltmuseum‹ auf der Hamburger Reeperbahn wie ein eruptives Naturereignis: ... Schilder prallen aufeinander, Schwerter blitzen und wirbeln durch die Luft, man überkugelt sich, umklammert einander, stürzt nieder, fährt heulend empor. Immer fieberhafter, wahnsinniger, beängstigender rasen die furchtbar anzuschauenden Krieger aufeinander los. Immer blutrünstiger, betäubender gellt ihr Kiegsschrei ...« (Benninghof-Lühl 1984, S. 61). »Wie ein Besessener sprang der Schwarze herum, mit Armen und Beinen in fortwährender Bewegung, den Speer bald wie zum sicheren Todesstoß auf den einen Feind zielend. Bei dem Gesang, der von Raub- und Kriegszügen berichtet, ... bemächtigte sich eine so gewaltige Ekstase, eine Art von grauenhaftem Fanatismus des Tanzenden, daß die harmlose Komödie in seiner Phantasie mehr und mehr zur Wirklichkeit wurde. Schaum trat vor seinen Mund; weitgeöffneten stieren Auges stürzte er sich auf seinen eingebildeten Gegner, um ihn zu töten - dann auf einen zweiten, dritten und so fort, bis er vor Erschöpfung zusammenbrach« (Benninghof-Lühl 1984, S. 62).

Modell 2: Die Assimilation

Die Mehrheitsgesellschaft »verschlingt« gleichsam diejenigen, die sie als fremd und anders betrachtet, in einem Akt der Sprachenfresserei und Kulturfresserei. Weniger metaphorisch formuliert: Sie betreibt eine Politik der völligen Anpassung des Fremden an das Eigene. Es lassen sich dabei verschiedene Strategien der Anpassungspolitik unterscheiden: Sie reichen von einer positiven Verstärkung der Anpassung durch Belohnung mit Karriere im Beruf, Erfolg auf dem Kredit-, Wohnungs- und Arbeitsmarkt sowie im Bildungssystem bis zur negativen Verstärkung, der Bestrafung des Andersseins durch Verspottung, Mißachtung, Ignorieren etc. Deutschsprachige Südtiroler, zum Beispiel, die vor 1970 mit Staatsbeamten deutsch zu sprechen versuchten, mußten sich sagen lassen:

»Siamo in Italia, parliamo italiano!« und wurden so lange stehen gelassen, bis sie eben italienisch sprachen.

Auch für die Assimilationsstrategie gibt es eine Unzahl von Beispielen aus Vergangenheit und Gegenwart, und zwar aus allen Teilen der Welt. Es gehörte etwa zum typischen Deutschnationalismus des 19. Jahrhunderts in Österreich, in allen Grenzregionen mit dem Slawischen »klare Verhältnisse« zu schaffen, und zwar im Sinne der nationalistischen Ideologie die gemischtsprachigen Regionen, wie zum Beispiel Südkärnten, zu germanisieren, aber ohne direkte Gewalt und nur mit der sanften, aber sehr wirksamen Technologie der positiven oder negativen Verstärkung. Wer bereit war, deutsch zu sprechen, hatte eben mehr Chancen im Leben. Slowenisch konnte man ja zu Hause sprechen. Besonders in der Ersten Republik jedoch war in der Schule, am Arbeitsplatz, beim Militär, vor Ämtern oder vor Gericht das Slowenische verpönt, wenn nicht gar verboten. Spiegelbildliches geschah in der ungarischen Reichshälfte, wo der magyrische Nationalismus im Burgenland die deutsch- und kroatischsprachige Bevölkerung zu assimilieren trachtete.

Die österreichische Sozialdemokratie hat diese sanfte Technologie der Anpassung bis in die achtziger Jahre unseres Jahrhunderts als politische Linie gegenüber allem vertreten, was sie als fremd empfand, seien es österreichische Volksgruppen oder Arbeitsmigranten aus der Türkei oder anderen Ländern. Erst die neuen Verhältnisse, also der verschärfte Selbsterhaltungskampf und das neue Selbstbewußtsein der österreichischen Volksgruppen sowie die Entstehung neuer sprachlich-kultureller Minderheiten aufgrund von Arbeitsmigration und Flucht ließ sie von dieser Linie abgehen.

In anderen Ländern und Kontinenten läuft oder lief in vielen Regionen zu verschiedenen Zeiten ein ähnlicher Prozeß ab. Nicaragua, zum Beispiel, hat nach der sandinistischen Revolution des Jahres 1979 eine sehr irritierende Entwicklung durchgemacht, die gar nicht in unser Bild der edlen Revolutionäre paßt. Ein Jahr lang wurden damals alle Schulen geschlossen, wurde die Jugend in die Dörfer des Hinterlandes geschickt, um die Bevölkerung zu alphabetisieren. Dies führte dazu, daß die spanischsprachigen Stadtkinder einen Kulturschock erlebten, als sie in die verkehrsmäßig nicht erschlossene Ostregion vordrangen. Sie erschraken, weil sie, so ihre eigenen Worte, Primitivität und Armut »wie im finstersten Afrika« vorfanden. Aber sie erschraken auch, weil sie mit den Leuten nicht spanisch sprechen konnten. Denn diese sprachen entweder das karibische Englisch oder eine Indianersprache. Die Somoza-Diktatur hatte die Ostregion ignoriert. Sie war zu entlegen, um dort ein System des Überwachens und Strafens aufzubauen. Dort ließ sich also auch in Zeiten der schlimmsten Tyrannei des Somoza-Clans, trotz der Armut, ein wenig Freiheit genießen. Und nun kam die neue Zentralgewalt in Gestalt dieser Jugendlichen, um der Region endlich jene Freiheit zu bringen, die sie immer schon gehabt hatte, und verlangte dafür noch die Hispanisierung. Die Mesquitos, Abkömmlinge von Indianerstämmen, die sich mit karibischen Seeräubern und den beim Sklavenaufstand von Santo Domingo entlaufenen Schwarzen vermischt hatten, waren die am wenigsten Anpassungswilligen. Sie leisteten Widerstand gegen die Zwangsbeglückung aus der Metropole. Zur Strafe wurden sie umgesiedelt. Die Sumus und Ramas dagegen mußten brav Spanisch lernen. Erst die Intervention von international bekannten Wissenschaftlern, die mit den Sandinisten sympathisierten (Chomsky gehörte dazu), machten diesem Assimilationsprogramm ein Ende. Anstelle der Assimilationsbemühungen richteten die Sandinisten mithilfe der UCA (Universidad Centro Americana) zwei Institute zur Erforschung, Entwicklung und Förderung der Zweisprachigkeit ein und realisierten eine vorbildliche Praxis der Zwei- und zum Teil sogar Dreisprachigkeit in der Region um Bluefields.

Selten enden Assimilationsexperimente so glücklich wie im Nicaragua der Sandinisten. Meist haben sie unangenehme Folgen für die Assimilierten, die sehr viel psychische Energie darauf verschwenden müssen, die alte Identität zu verdrängen und die Sprache der Kindheit zu vergessen. Der Alkoholismus und die Selbstmordraten in Regionen mit hoher Assimilantenquote sind zumeist beeindruckend. Die Beispiele für Assimilation ließen sich beliebig fortsetzen und ausweiten auf Afrika, Australien, ja selbst politisch so moderate Regionen wie Norwegen, wo die Sami (= Lappen) der herrschenden Kultur mit sanfter Gewalt angepaßt werden.

Assimilation ist der weltweit verbreitetste Umgang der politischen Mächtigen mit denjenigen, die sie als fremd identifizieren, wobei die Sprache und die Kultur dieser Fremden nicht ausgerottet, sondern in die Privatheit abgedrängt werden. Als Folklore im Rahmen von bunten Abenden dürfen Versatzstücke der alten Kultur zur Schau gestellt werden: Wenn die Touristen kommen, setzt der Häuptling im Reservat seinen Federschmuck auf und zeigt den Regentanz; wenn die Touristen kommen, musiziert und tanzt die Tamburizzagruppe von Wulkaprodersdorf; wenn die Touristen kommen, spielen die Zigeuner traurige Weisen von Liebe und Tod. Der bitter-süße Totentanz von Kulturen, die dem Untergang geweiht sind.

Modell 3: Die Segregation – Das Modell des Ethnopluralismus

Aus verschiedenen Gründen kann die gesellschaftlich mächtigere Gruppe alle jene, die sie als fremd und bedrohlich empfindet, statt sie in eine gemeinsame Gesellschaft mit verschiedenen Sprachen und Kulturen zu integrieren, in Reservate abdrängen, wo sie in einer Art Parallelgesellschaft zu leben gezwungen ist - einer Parallelgesellschaft mit unvollständiger Sozialstruktur (meist besteht sie nur aus dem Subproletariat und ein paar Akademikern, in der Regel Lehrer oder Priester) und mit Ressourcen, die von dem mächtigeren Segment der Gesellschaft genehmigt und kontrolliert werden.

Das Beispiel des südafrikanischen Apartheidsmodells drängt sich auf. Ich möchte aber auf Südtirol verweisen. Dort hat sich nach der versuchten Vertreibung bzw. Aussiedlung der Deutschsprachigen und Assimilation der Dableiber seit den Autonomiebestimmungen des Südtirolpakets das Kräfteverhältnis zwischen Italienern und Deutschsprachigen gewandelt: Seither haben die Deutschsprachigen das Sagen, und sie bzw. ihre Politiker haben die Segregation als Leitlinie der ethnischen Koexistenz gewählt. Der ehemalige Kulturassessor formulierte das Motto dieser Politik: »Je besser wir trennen, desto besser verstehen wir uns.« Und: »Mischkultur ist Mistkultur.« Tendenziell wurden alle interethnischen Berührungspunkte vermieden, indem möglichst viele öffentliche Einrichtungen in italienische und deutsche Sektoren geteilt wurden. Sogar die Pfarrkirchenräte und die Schulen wurden segregiert. Man richtet allerlei Mauern auf, um das Treffen italienischsprachiger mit deutschsprachigen Kindern während der Pausen zu verhindern. Eine solche Segregation machte die Starken noch stärker und die Schwachen noch schwächer. Konkret: Sie trieb viele Italiener in rechtsextremes politisches Fahrwasser. In Bozen wurde deshalb der MSI, die neofaschistische Partei, zur stärksten politischen Kraft der Italiener. Derzeit jedoch ist dieses Segregationsmodell aufgrund politischer Änderungen innerhalb der Südtiroler Volkspartei im Begriff zu erodieren. Es scheinen möglicherweise doch noch bessere Zeiten für ein multikulturelles Miteinander in diesem Lande anzubrechen.

Ein anderes Beispiel für solche ethnopluralistischen Parallelgesellschaften bietet die Schweiz, in der vier Gruppen jeweils ziemlich autonom und ohne allzuviel Berührung miteinander als relativ eigenständige Gesellschaften koexistieren.

In modernen Großstädten wie New York, Los Angeles, Sidney oder Paris und London organisieren ethnische Minderheiten ihr sprachlich-kulturelles Überleben zumeist selbst nach dem Segregationsmodell, um nicht von der Mehrheitskultur assimiliert werden. Sie richten sich ein eigenes Ghetto ein, eine Chinatown oder ein Little Italy, ganz nach dem Modell ihrer Herkunftsgesellschaften, um dem Mainstream zu trotzen. Die Bewohner pendeln zwischen den Kulturen, da sie ihren Arbeitsplatz zumeist in der Mehrheitsgesellschaft haben, sich aber am Feierabend in die Welt ihrer Subkultur zurückziehen. Solche selbstgewählten Enklaven verlangen ihren Betreibern sehr viel Kontroll- und Disziplinierungsarbeit ab, vor allem gegenüber der heranwachsenden Generation, die dazu neigt, sich der herrschenden Kultur anzupassen.

Modell 4: Multikulturelle Gesellschaft

Idealiter ist sie eine Konstruktion, in der alle Bewohner ohne Ansehen ihres Geschlechts, ihrer ethnischen, kulturellen, sprachlichen Zugehörigkeit, ihrer Religion und ihrer sozialen Klasse dieselben Rechte genießen; wo nicht per Gesetz ein existenzieller Unterschied zwischen Angehörigen der Mehrheit und der Minderheit bzw. zwischen In- und Ausländern, zwischen Staatsbürgern und Nicht-Staatsbürgern gemacht wird; wo es also kein Ausländergesetz gibt, das alle jene diskriminiert, die nicht zur »Volksgemeinschaft« gehören; wo Arbeit, Wohnen, soziale Sicherheit, Bildung, aber auch politische Beteiligung für Arbeitsmigranten, Asylanten, Flüchtlinge prinzipiell möglich ist, selbst dann, wenn sie nicht assimialtionswillig sind. Dies ist zwar keine Gesellschaft ohne Grenzen, wohl aber eine mit durchlässigeren Grenzen als der Nationalstaat und ohne dessen Insistieren auf die Blut- und Schicksalsgemeinschaft mit einer Sprache und einer Kultur.

In der Realität gibt es solche multikulturellen Gesellschaften mit der beschriebenen Offenheit für Vielfalt der Sprachen, Kulturen und Lebensformen nicht oder noch nicht. Zwar hat die Implosion des Ostens, also der totale Zusammenbruch des Kommunismus als ökonomisches und admimistratives System, und die Explosion des Südens, das rasende Bevölkerungswachstum in Afrika, Südostasien und Lateinamerika bei gleichzeitiger Verelendung, zu einer Völkerwanderung geführt, die jährlich 9 bis 15 Millionen Menschen in Bewegung setzt und in die reichen Metropolen des Nordens strömen läßt; zwar leben in den reichen Ländern Westeuropas und Nordamerikas jetzt schon viele Millionen Menschen aus der Dritten Welt, aber immer noch verhalten sich die meisten dieser Länder, als wären sie reine Nationalstaaten mit einer ethnisch-sprachlich-kulturell einheitlichen Bevölkerung. Sie schließen die Augen vor der nicht aufzuhaltenden Veränderung, beschließen Abwehrstrategien oder Kampfmaßnahmen gegen das, was sie als größte Bedrohung empfinden: eben das Eindringen der Fremden in die Behaglichkeit der privilegierten Wohlstandsgesellschaften. Statt die real bereits existierende multikulturelle Gesellschaft demokratisch zu organisieren, werden Formen der Abwehr und der Diskriminierung reaktiviert, die man am Ausgang des zweiten Jahrtausends eigentlich überholt glaubte. Dies könnte zum Gesetz des Dschungels führen, dann nämlich, wenn sich die Diskriminierten zu wehren beginnen. Demokratische Errungenschaften würden dadurch nicht nur für die Zuwanderer, sondern auch für die autochthone Bevölkerung der Nationalstaaten zurückgenommen werden müssen. Wie etwa derzeit in London, wo es einer Terrorgruppe gelingt, eine der größten Städte der Welt nahezu lahmzulegen, indem sie das System zu Kontrollmaßnahmen zwingt, die demokratische Selbstverständlichkeiten, wie die freie Bewegung, verhindern und den städtischen Verkehr zum Erliegen bringen.

Etwas abstrakter und stärker konflikttheoretisch formuliert, lassen sich die hier kurz skizzierten Lösungsmodelle als Stufen des Fortschritts in einer Hierarchie der Konfliktlösungen begreifen:

Modell 1: Der Konfliktgegner wird vernichtet.
Modell 2: Der Konfliktgegner wird besiegt. Der Sieger bemächtigt sich des Unterlegenen und seiner Habe.
Modell 3: Die Konfliktgegner gehen auf Distanz, um voreinander sicher zu sein.
Modell 4: Die Konfliktgegner bleiben in Kontakt, um in friedlicher Verhandlung konsensuale Lösungen zu finden, in denen das Eigene im Fremden sichtbar wird.

In diesem in den reichen Gesellschaften Westeuropas sich anbahnenden Umbau der Nationalstaaten in postmoderne multikulturelle Gesellschaften werden alle die vorhin geschilderten politischen Strategien des Umgangs mit Fremdem/Fremden wieder reaktiviert. Überholt geglaubte Konfliktlösungsmodelle werden aus dem Müllhaufen der Geschichte wieder ausgegraben. Aber auch neue, bislang zu wenig beachtete bedrohen unsere demokratische Regelung des Zusammenlebens.

Die folgenden Unterscheidungen sollen den Blick für die Dschungelkämpfe hinter der demokratischen Fassade schärfen und auf abstrakte Formen der Gewalt gegenüber Fremden aufmerksam machen, die den Menschenrechten widersprechen und die friedliche Entwicklung unserer Gesellschaft gefährden.

Persönliche und strukturelle Diskriminierung

	Individuelle, direkte Gewalt/ Diskriminierung	Strukturelle, indirekte, institutionelle Gewalt/ Diskriminierung
Inten- dierte Gewalt/ Diskrimi- nierung	Ortstafelsturm in Kärnten. Betrunkener Wiener haut Türken Bier- flasche über den Kopf. Fußballrowdies verprügeln in der U-Bahn einen Araber.	Ausländergesetzgebung; Etablierung eines öffentlichen ausländer- feindlichen Diskurses (»das Boot ist voll«, »Man sieht ihnen die Abstammung an« ...).
Nicht inten- dierte Gewalt/ Diskrimi- nierung	Sprachgewohnheiten (»bis zur Vergasung« ... »Wir Kärntner und ihr Slowenen« ... »Durch den Rost fallen« ...) Rassismus, Ethnozentrismus, Fremdenangst	Wirtschaftssteuerung Wirtschaftskrisen Weltmarktentwicklung

Es scheint, als gäbe es eine Entwicklung von der direkten physischen Gewalt (vgl. die spanischen Conquistadoren) in Richtung zur anonymen strukturellen Gewalt (vgl. den Absturz der Preise für Kakao und Kaffee auf den großen Börsen der Welt; die Einführung der Visapflicht für Türken, Rumänen, Polen); daß also die Diskriminierung der Fremden zu Hause und in der Dritten Welt immer weniger durch Einzelpersonen ausgeübt, sondern vielmehr durch den Apparat des Staates und die anonymen Mechanismen der Wirtschaft erfolgten. Der Beamte, der den Asylwerber zurückweist, mag persönlich tief betroffen vom Schicksal des armen Teufels sein, dem er gerade eben das Leben in Freiheit verbietet. Doch er kann es nicht ändern, da er verpflichtet ist, Gesetze zu exekutieren, die ihm das vorschreiben. Frank Olaf Radtke hat in diesem Zusammenhang von einer Modernisierung der Diskriminierung und von einer verstaatlichten Fremdenfeindlichkeit gesprochen (vgl. Radtke 1988, S. 107 ff.).

Die Graphik oben will so gelesen werden, daß die Dialektik zwischen allen Gewalt- und Diskriminierungsmomenten mitgedacht wird, wobei jedoch zunehmend die strukturelle Diskriminierung an Bedeutung gewinnt und die individuelle zum Reflex und zur Rechtfertigung wird. Die Vorurteile und die Äußerungen der Fremdenfeindlichkeit der kleinen Leute werden immer mehr zur kakophonen Begleitmusik eines im Grunde anonymen Prozesses.

Das Arsenal der Waffen für nicht-intendierte individuelle Diskriminierung - die Ideologie des Rassismus und des Ethnozentrismus - ist ein längst unbewußt gewordenes Erbe europäischer Kultur, das in den Fremden Barbaren, Exoten oder Heiden gesehen hat, die es zu bekehren gelte, und die biologisch-genetische Überlegenheit der Einheimischen (schöner im Aussehen, klüger im Kopf, besser im Charakter) zu einer unhinterfragbaren Selbstverständlichkeit gemacht hat.

Da ich als Erziehungswissenschaftler von Berufs wegen angehalten bin, Optimismus zu verbreiten und friedliche Entwicklungsperspektiven anzuzeigen, auf die man durch Erziehungsmaßnahmen vorbereiten kann, möchte ich, trotz meiner Ohnmachtshgefühle angesichts der immer mehr in Strukturen sich verlagernden Fremdenfeindlichkeit, folgendes vorsclagen:

1. Erziehung zu einer neuen Mentalität mit weniger Rassismus, weniger Fremdenfeindlichkeit ist nur eine Seite der Medaille. Sie ist wichtig, aber sie reicht nicht aus. Wenn sie das Subjekt kritisch gegenüber Ideologien und empathiefähig für die Probleme der Fremden macht, wenn sie darüber hinaus - als Interkulturelles Lernen - eine gewisse Vertrautheit mit deren Kultur und Sprache herzustellen imstande ist, hat sie einen ersten Schritt getan. Aber ein zweiter muß unbedingt folgen.
2. Erziehung zum Durchschauen des strukturellen Rassismus, also der in die Strukturen der Gesellschaft eingebauten Diskriminierung - und zwar der intendierten sowie der nicht-intendierten - ist noch wichtiger. Am allerwichtigsten freilich ist es, Einfluß auf diese Strukturen zu nehmen. Hier befinden wir uns allerdings im Grenzbereich dessen, was Erziehung und Bildung leisten können, wo Pädagogik aufhört und politisches Handeln beginnt. Das Ziel interkultureller Bildungsarbeit muß letztlich in der Organisation des Willens zur Veränderung der diskriminierenden Strukturen bestehen.

PÄDAGOGISCHE ANTWORTEN AUF DIE MULTIKULTURELLE HERAUSFORDERUNG

Multikulturelle Gesellschaft und Interkulturelles Lernen

Zukunft zwischen politisch organisiertem Rassismus und demokratischer Vielvölkerrepublik

Fallgeschichten

Im folgenden versuche ich, den gesellschaftlichen, psychosozialen, kulturellen und politischen Hintergrund der Problematik anhand von Fallgeschichten und kleinen Dokumenten zu beleuchten. Wie ein Scheinwerfer zeigen sie jeweils einen Aspekt des gesamten Bereiches, lassen aber auch vieles im Dunkeln. Sie wollen nicht sagen: Seht her, so ist es immer, so muß es sein! Sie sagen lediglich: So kann es sein. Oder: So war es in dem hier dargestellten Fall. Ich habe sie nicht ausgewählt, weil sie repräsentativ sind, sondern weil das, was sie aufzeigen, repräsentativ ist. Sie ersetzen also nicht eine quantitativ-empirische Studie, sondern sind Beispiele und Illustrationen für ein Thema, das ohne sie reichlich abstrakt behandelt werden müßte. Jeder dieser Fallgeschichten bzw. jedem Dokument werden thesenartige Erklärungen und gedankliche Weiterführungen angeschlossen. Deren Aufgabe ist es, wenn auch thesenhaft verkürzt, die konkrete Sicht des Problems in allgemeinere Zusammenhänge theoretischer Natur zu stellen.

Wie alles anfing: Tonio Schiavo

Der erste Text ist ein Lied, das Franz-Josef Degenhardt in der Zeit der Studentenrevolte 1968 geschrieben hat - ein Protest gegen die neue Politik des deutschen Kapitals, billige Arbeitskräfte aus Italien und Griechenland zu importieren und den deutschen Arbeitern als Billig-Konkurrenz gegenüberzustellen; ein Protest aber auch gegen den Rassismus der kleinen Leute, die ihre berechtigte Wut und Aggression in falsche Reaktionen umsetzen - gegen die falschen Personen, gegen Arme, Schwache, Fremde, und mit falschen, weil gewalttätigen Mitteln.

Tonio Schiavo

Das ist die Geschichte von Tonio Schiavo,
geboren, verwachsen im Mezzogiorno.
Frau und acht Kinder, und drei leben kaum,
und zweieinhalb Schwestern in einem Raum.
Tonio Schiavo ist abgehaun.
Zog in die Ferne,
ins Paradies,
und das liegt irgendwo bei Herne.

Im Kumpelhäuschen oben auf dem Speicher
mit zwölf Kameraden vom Mezzogiorno
für hundert Mark Miete und Licht aus um neun,
da hockte er abends und trank seinen Wein.
Und manchmal schienen durchs Dachfenster rein
richtige Sterne
ins Paradies,
und das liegt irgendwo bei Herne.

Richtiges Geld schickte Tonio nach Hause.
Sie zählten's und lachten im Mezzogiorno.
Er schaffte und schaffte für zehn auf dem Bau.
Und dann kam das Richtfest, und alle waren blau.
Der Polier, der nannte ihn »Itaker-Sau«.
Das hörte er nicht gerne
im Paradies,
und das liegt irgendwo bei Herne.

Tonio Schiavo, der zog sein Messer,
das Schnappmesser war's aus dem Mezzogiorno.
Er hiebs's in den harten Bauch vom Polier,
und daraus floß sehr viel Blut und viel Bier.
Tonio Schiavo, den packten gleich vier.
Er sah unter sich Herne,
das Paradies,
und das war gar nicht mehr so ferne.

Und das ist das Ende von Tonio Schiavo,
geboren, verwachsen im Mezzogiorno:
Sie warfen ihn zwanzig Meter hinab.
Er schlug auf das Pflaster, und zwar nur ganz knapp
vor zehn dünne Männer, die waren müde und schlapp,
die kamen grad aus der Ferne – aus dem Mezzogiorno –
ins Paradies,
und das liegt irgendwo bei Herne.

Franz Josef Degenhardt

These 1: Die große Völkerwanderung, die derzeit die ganze Welt erfaßt und sich vor allem auf Europa bzw. die Vereinigten Staaten zubewegt (15 Millionen Menschen sind pro Jahr auf Wanderschaft bzw. auf der Flucht), begann in den späten fünfziger, frühen sechziger Jahren, als die Unternehmer der reichen west- und nordeuropäischen Staaten in den ärmeren Ländern Europas und den Mittelmeerstaaten Arbeiter anzuwerben begannen.

These 2: Geplant war der Import von billigen, wenig qualifizierten Arbeitern für kurze Zeit, um den Arbeitskräftemangel auszugleichen. Später sollten die »Gastarbeiter«, wie sie in den sechziger Jahren hießen, wieder nach Hause geschickt werden. Bei neuem Bedarf wollte man neue Arbeiter aus der unerschöpflichen Reserve der europäischen Peripherie holen.

These 3: Die da ins Land gerufen wurden, brachten nicht nur ihre Ware Arbeitskraft mit, sondern waren zum Erstaunen aller West- und Nordeuropäer richtige Menschen mit Bedürfnissen, Gewohnheiten und Eigenschaften, mit Gefühlen, Hoffnungen und Ängsten. Damit hatte man nicht gerechnet. Sie störten die gewohnte soziale Ordnung, weil sie anders waren, weil sie eine andere Sprache sprachen, sich anders kleideten, sich anders verhielten, kurz: weil sie Fremde waren. Daß sie sogar sexuelle Bedürfnisse hatten, nahm man ihnen besonders übel. Schlimmer war nur noch, wenn sie ihre Familien mitbrachten.

These 4: Das Hereinströmen so vieler Südländer aus der sozialen Unterschicht brachte den Unternehmern - trotz der Probleme, die sich auch für sie aus der Fremdheit der Arbeiter ergab - Gewinne. Aber es machte vor allem jenen Menschen Angst, die in ihnen Konkurrenten sahen: Konkurrenten um den Arbeitsplatz, sexuelle Konkurrenten: Das waren die Arbeiter aus der Unterschicht der reichen Länder, aber nicht nur sie, sondern überhaupt alle, die leicht zu diskriminieren waren, also alle am Rand der Gesellschaft.

These 5: Die Reaktion war Regression; Regression in die überwunden geglaubte Haltung des Rassismus - also in jene wahnhafte Ideologie von der Überlegenheit der eigenen Gruppe und der animalischen Primitivität der Fremden. Dieser Rassismus äußert sich verbal in Stereotypen, Vorurteilen und Feindbildern. Aber er äußert sich auch in manifesten Gewalthandlungen gegen Ausländer.

These 6: Manche assimilierte Zuwanderer, welche die ersten Opfer dieses neuen Rassismus wurden, weil sie als erste in den Norden zogen, haben sich heute mit dem Aggressor identifiziert und geben die Verletzungen, die sie oder ihre Eltern erlitten hatten, heute an andere weiter - ebenfalls an Fremde, an arme Teufel, die in einer noch schlimmeren Lage sind, als sie es vor dreißig Jahren waren. Psychoanalytisch ist dies verständlich, trotzdem ist es für die Betroffenen nicht sehr tröstlich ...

Kulturschock - Schweinchen in Nicaragua

Wer als Fremde(r) in ein Land kommt, dessen Alltagskultur er/sie nicht kennt, erlebt nicht nur viele Überraschungen, sondern manchmal auch atemberaubende Mißverständnisse, die ihm/ihr das Leben schwer machen. Eben dies will die folgende Fallgeschichte zeigen.

Der österreichische Professor ist erst vor ein paar Stunden in Nicaragua gelandet. Man hat ihn sofort in einen kleinen Lastwagen gesetzt und 150 km weit durch die Wildnis transportiert, bis er endlich in der Provinzstadt Juigalpa ankommt. Diese Stadt ist witzig, denkt der Herr Professor, der sich unter Stadt etwas sehr Europäisches mit großen Häusern und vielen Autos vorstellt. Hier gibt es kleine Hütten und viele Pferde. Aber er hat wenig Zeit, drüber nachzudenken, denn schon steht er vor einer Schar von 30 Lehrerinnen und 3 Lehrern, denen er in einem Referat erklären soll, wie man richtig unterrichtet. Er ist nervös, sehr nervös sogar. Aber nicht wegen seines schlechten Spanisch – er hat ja einen Entwicklungshelfer als Dolmetscher zur Seite – sondern weil ihm die vielen schönen jungen Lehrerinnen alle lächelnd in die Augen schauen. Tiefe Blicke, herausfordernde Blicke! Ihm wird ganz warm und heiß. Manche blinzeln ihm sogar zu. Der 50jährige Herr Professor versteht die Welt nicht mehr. Wenn er in den Spiegel schaut, sieht er einen krummbeinigen, dickbäuchigen älteren Herrn mit einer Glatze, die immer größer wird. Doch diese schönen dunklen Frauen mit den schwarzen Augen blicken ihn an, als wäre er eine Kombination von Eros Ramazotti und Arnold Schwarzenegger. Er kann es nicht fassen, daß sich da offenbar 30 Frauen spontan in ihn verlieben. Wenn er noch jünger wäre, 35 vielleicht, ja dann ... Aber so? Seltsam, seltsam ...

Nachher, beim gemeinsamen Abendessen in der Hütte eines Nicaraguaners, erklärt ihm der österreichische Entwicklungshelfer, daß die nicaraguanischen Frauen immer so blikken, auch wenn sie einen Besenstiel anschauen. Schade, denkt der Herr Professor und legt sich enttäuscht in seine Hängematte. Er schläft ein. Aber bald reißen ihn drei reizende kleine Schweine aus dem Schlaf, die unter seiner Hängematte herumschnüffeln und aus seinem Hosensack mit freudigem Grunzen ein Stück Tortilla herausziehen, das er am Abend rasch dort verschwinden ließ, weil ihn davor ekelte, er das aber nicht zu sagen wagte. Er wollte niemanden beleidigen, wenn er die Tortilla nicht aß.

Am Morgen jammert er dem österreichischen Entwicklungshelfer vor, daß ihn die Schweine im Schlafzimmer gestört hätten. Was soll denn das? Wo bleibt denn da die Hygiene? Wieder rückt der alte Haudegen des Professors Sicht zurecht. Für die Nicaraguaner sei der Besuch der Schweine im Schlafgemach nichts Schlimmes. Er jedoch, der Herr Professor, habe sich im nicaraguanischen Verständnis sehr unhygienisch verhalten, weil er vor dem Schlafengehen nicht den ganzen Körper gewaschen hatte. Das hätten alle Anwesenden beobachtet, aber sie hätten sich gar nicht mehr gewundert, weil sie schon gewohnt seien, daß die Europäer sehr unhygienisch sind, viel weniger sauber als sie, die Nicaraguaner. Ach so, denkt der Herr Professor.

These 1: Das Zusammentreffen von Menschen verschiedener Kulturen produziert notwendig Mißverständnisse, weil jeder sein kulturelles Verhalten für natürlich, das der Fremden jedoch für unnatürlich hält. Die eigenen kulturellen Regeln und Normen, die den Alltag steuern, sind den meisten Menschen unbewußt. Die Sau ist immer der andere.

These 2: Meist sind es Kleinigkeiten, die sehr große Verwirrung produzieren. Zum Beispiel ist in Kulturen unterschiedlich geregelt, wie lange sich Mann und Frau in die Augen sehen dürfen, ob sie es überhaupt dürfen, ohne damit sexuelle Einladungen auszudrücken. In England ist diese Zeit sehr kurz bemessen, in Nicaragua ist sie sehr lange, in Arabien ist es überhaupt verboten. Wenn englische Männer nach Mittel- oder Südeuropa kommen, glauben sie zunächst, sie seien in einem Freudenhaus gelandet. Wenn arabische Männer nach Europa kommen, dann glauben sie, in einem sexuellen Supermarkt gelandet zu sein. Wenn österreichische Professoren nach Nicaragua kommen, glauben sie, auf wunderbare Weise zwanzig Jahre jünger geworden zu sein.

These 3: Dieses gegenseitige Mißverstehen aufgrund unterschiedlicher kultureller Orientierungen wird als »Kulturschock« bezeichnet. Kulturschocks können dazu führen, daß Vorurteile und Feindbilder entstehen, daß der Rassismus neue Nahrung bekommt, weil man das Verhalten der Fremden als »unnatürlich«, das eigene jedoch als »natürlich« betrachtet.

These 4: Kultur ist nichts Statisches. Sie ist durchaus wandlungsfähig, und zwar in Abhängigkeit von veränderten sozialen Kontexten. Migrantenkulturen zum Beispiel sind nie identisch mit Herkunftskulturen, sondern Ergebnisse des Zusammenlebens mit Menschen aus einer völlig anderen Kultur. Kulturschocks sind daher heilbar ...

These 5: Wenn die kulturellen Muster von ethnischen Gruppen systematisch aus einer herrschenden Kultur ausgesperrt werden, neigen solche Gruppen dazu, fundamentalistische Positionen zu entwickeln. Wenn sie keine Möglichkeit zur Bildung einer fundamentalistischen Subkultur finden, werden sie leicht von der herrschenden Kultur völlig assimiliert. Beide Varianten sind gefährlich. Sie vergrößern das Aggressionspotential einer Gesellschaft.

Völkerschau im Zoologischen Garten (nach Benninghof-Lühl 1984)

In einem interessanten Aufsatz weist Inge Benninghof-Lühl auf eine seltsame Phase des europäischen Rassismus hin: auf die Musealisierung der Fremden (vgl. Benninghof-Lühl 1984, S. 52 ff.). Schon im 16. Jahrhundert wurde in Frankreich an den Ufern der Seine ein brasilianisches Urwalddorf nachgebaut und mit »echten« Indianern besiedelt, die dort ihr Leben simulierten und Schaukämpfe demonstrieren mußten. In der Mitte des 18. Jahrhunderts öffneten sich die Stätten bürgerlicher Bildung, die Volkstheater und die Museen vor allem, für die Schaustellung von sogenannten »Wilden« zur Unterhaltung und Belehrung des Publikums. Hagenbeck in Hamburg begann Ende des 19. Jahrhunderts, »Wilde« auszustellen, und zwar im Tiergarten, in nächster Nähe zu den Affen, um Darwins Abstammungslehre zu konkretisieren. Dies war - sicher nicht zufällig - genau die Zeit, in der Deutschland Kolonien zu erwerben begann. Die Völkerschauen waren unter anderem auch als Werbemaßnahmen für die Kolonialwirtschaft gedacht. Die armen »Wilden« mußten vor den Besuchern, ähnlich wie die Tiere, in ihren Käfigen leben und fallweise Schlachten inszenieren, damit die Zuschauer auf ihre Rechnung kamen und ihr Bedarf an Exotik gestillt wurde.

»Ein zeitgenössischer Reporter schildert die Vorstellung der Amazonen in ›Umlaufts Weltmuseum‹ auf der Hamburger Reeperbahn wie ein eruptives Naturereignis: ... Schilder prallen aufeinander, Schwerter blitzen und wirbeln durch die Luft, man überkugelt sich, umklammert einander, stürzt nieder, fährt heulend empor. Immer fieberhafter, wahnsinniger, beängstigender rasen die furchtbar anzuschauenden Krieger aufeinander los. Immer blutrünstiger, betäubender gellt ihr Kriegsgeschrei ...« (Benninghof-Lühl 1984, S. 61). *»Wie ein Besessener sprang der Schwarze herum, mit Armen und Beinen in fortwährender Bewegung, den Speer bald wie zum sicheren Todesstoß auf den einen Feind zielend. Bei dem Gesang, der von Raub- und Kriegszügen berichtet, ... bemächtigte sich eine so gewaltige Ekstase, eine Art von grauenhaftem Fanatismus des Tanzenden, daß die harmlose Ko-*

mödie in seiner Phantasie mehr und mehr zur Wirklichkeit wurde. Schaum trat vor seinen Mund; weitgeöffneten stieren Auges stürzte er sich auf seinen eingebildeten Gegner, um ihn zu töten – dann auf einen zweiten, dritten und so fort, bis er vor Erschöpfung zusammenbrach« (Benninghof-Lühl 1984, S. 62).

These 1: Die sogenannten Wilden werden von den sogenannten Zivilisierten als Raubtiere erlebt: gefährlich, unberechenbar, mit Schaum vor dem Mund, wenn es ans Töten geht. »Wahnsinnig«, sagt der Augenzeuge wörtlich.

These 2: Die Weißen, die Europäer, genauer die Deutschen erhielten in den Völkerschauen die Illusion, sie seien den sogenannten Wilden weit überlegen an Geisteskraft und Zivilisation, denn die Anordnung des Käfigs mit den Wilden neben dem der Affen erweckte den Eindruck, daß sie den Affen näher stünden als den zivilisierten Deutschen.

These 3: Aber die biologische Kraft dieser sogenannten »Wilden« war auch faszinierend - und ist es bis heute noch. Wir wollen sie zugleich bewundern und verachten, ihnen nahe sein, aber doch durch Zäune und Mauern vor ihnen geschützt werden.

These 4: Diese Einstellung zu Fremden, die sich durch Sprache, Kultur, Aussehen und womöglich noch Hautfarbe von uns unterscheiden, ist uralte europäische Tradition. Sie geht zurück auf die griechische Hochkultur, die jeden Fremden als Barbaren betrachtete und ihm alle Rechte absprach.

These 5: In der Aufklärung wurde der Rassismus als eine Theorie der genetisch unterschiedlich ausgestatteten Menschenrassen formuliert (vgl. Mosse 1990, S. 28 ff.). Eine Hierarchie dieser Rassen wurde postuliert, die weiße Rasse zur wertvollsten erklärt. Diese Rassentheorie ist längst wissenschaftlich widerlegt (vgl. Mosse 1990, S. 269 ff.; Seidler 1983).

These 6: Dieser Rassismus wurde zu einer breiten Massenideologie, die in das Alltagsbewußtsein aller europäischen Menschen eindrang. Die Religion, die Literatur, sogar die Kinderliteratur, die Lieder, und selbst die Sprachen Europas waren und sind durchsetzt von Rassismus. Er steckt bis heute in unserem individuellen und kollektiven Unbewußten, von wo aus er jederzeit hervorbrechen kann, um wieder manifest zu werden.

These 7: Der Rassismus war/ist eine nützliche Ideologie zur Rechtfertigung der ökonomischen und kulturellen Ausbeutung der Kolonien bzw. der Dritten Welt.

These 8: Hitler bzw. der Nationalsozialismus hat den Rassismus nicht erfunden. Er hat ihn als Ideologie benützt und auf die Spitze getrieben, indem er jenen Menschen, die er als »wertlose Rassen« bezeichnete, das Recht absprach, auf dieser Welt zu leben.

These 9: Der Rassismus hat den Nationalsozialismus überlebt. Es gibt ihn noch immer. Geändert haben sich zum Teil seine Opfer. Aber immer noch sind vor allem Menschen aus der Dritten Welt davon betroffen: Sie werden stigmatisiert wegen ihrer Hautfarbe, ihrer Sprache, ihrer Kultur. Doch zugleich werden sie begehrt - als BallettänzerInnen, als Preisboxer, als Prostituierte. Dieser Exotismus ist lediglich die Kehrseite des Rassismus.

Salah putzt den Schweinestall

Salah Methnani, ein 27jähriger Tunesier, der an der Universität von Tunis mit Erfolg Italienisch, Französisch und Russisch studiert hat, macht sich auf nach Italien. Er sucht das Land seiner Träume, das er nur von Erzählungen seiner italienischen Freundinnen und von Fernsehsendungen der RAI her kennt. Die Gerüchte unter seinen tunesischen Freunden wußten immer von jemandem zu erzählen, der schon nach Italien aufgebrochen war und dort sein Glück gemacht hatte. Also probiert er es auch, landet in Sizilien und findet keine Arbeit, wie viele Nordafrikaner, die Arbeit suchen oder schon kurz vor der Verzweiflung sind. Hier beginnt die Geschichte vom Schweinestall.

»Am Ende eines mörderischen Tages haben wir zu zweit 30.000 Lire (= öS 300) verdient. Es ist wirklich zum Verrücktwerden. Deshalb akzeptiere ich, als mich ein Sizilianer ein paar Tage später zum Ausmisten seines Schweinestalles anstellte. Er bringt mich zuerst zu seiner Obst- und Gemüsehandlung in der Gegend des Vittorio-Emanuele-Platzes. Dort muß ich ein paar Kisten ausladen. Er schreit: ›Los! Beeil dich! Herauf! Herunter! Einladen! Ausladen!‹ Später,

sobald ich fertig bin, fahren wir aufs Land nach Monreale. Als wir dort ankommen, ist es fast elf Uhr Vormittag. Man gibt mir sofort Stiefel, Schaufel und Schubkarren. Der Schweinestall mißt sechs mal fünf Meter. Mir kommt das Kotzen. Ich denke mir: ›Ich bin Mohammedaner. Ich darf das Fleisch eines Schweines nicht essen, aber ich darf seine Scheiße wegräumen.‹ Ich beginne zu arbeiten. Um zwei Uhr nachmittags habe ich bereits fünfzehn Schubkarren voll Schweinescheiße aus dem Stall ins Freie befördert. Als ich fertig bin, frage ich nach dem Chef. Der ist nicht da. Der sagt mir, daß ich morgen kommen soll, um meinen Lohn abzuholen. Also fahre ich mit einem Autobus nach Palermo zurück. Dort komme ich ungefähr eine Stunde später an. Benommen, mit einem Gefühl der Übelkeit, betrete ich eine Imbißstube und bestelle einen Teller Spaghetti. Zwei kleine Gabeln voll bringe ich hinunter, dann zünde ich mir eine Zigarette an. Ich habe keinen Hunger mehr. Eine zirka fünfzigjährige Frau, die mir gegenüber sitzt, beginnt ein Gespräch mit mir. Sie sagt: ›Ihr tut mir leid. Ihr seid arme Teufel.‹ Die Frau hat zwei große Brüste. Ich starre auf sie mit halbgeschlossenen Augen hin. Mir gefallen ihre Brüste. Sie sagt jedoch, daß die ›Marocchini‹ (= die arabischen Migranten in Italien) gefährlich sind, weil sie wegen nichts und wieder nichts zum Messer greifen; die Inder dagegen nicht, die seien in Ordnung. Am nächsten Vormittag bin ich zum Schweinestall zurückgefahren. Der Besitzer ist auch heute nicht dort. Ich gehe zu seinem Obst- und Gemüseladen. Zu guter Letzt finde ich ihn, der aber, statt mir das verdiente Geld zu geben, fängt an zu brüllen ...«

(Aus Fortunato, M./Methnani, S.: Immigrato. Roma–Napoli 1990, S. 33, Übersetzung D. L.)

These 1: Not macht Brot. Überall, wo es Massenmigration gibt, gibt es den Arbeitsstrich. Um ein Minimum an Geld zum Überleben zu verdienen, müssen Migranten als Arbeitsprostituierte tätig werden. Dabei werden sie extrem ausgebeutet und betrogen. Außerdem verletzen sie das Gesetz des Gastlandes und können ausgewiesen werden. Aber andere verdienen sehr gut an ihrer Arbeit. Not macht Brot, aber nur für die, die schon Brot haben.

These 2: Gleichzeitig ruinieren die Schwarzarbeiter die

sozialstaatlichen Errungenschaften des Gastlandes. Wer nämlich Schwarzarbeiter beschäftigt, zahlt in der Regel viel weniger Lohn, keine Sozialabgaben, kein Urlaubsgeld, keine Versicherung. Die Arbeitslosen des Gastlandes freuen sich darüber nicht. Die Position der Gewerkschaft im Kampf um bessere Arbeitsbedingungen und besseren Lohn wird dadurch geschwächt.

These 3: Die (österreichische) Rechtsordnung - das Ausländerrecht, die beschränkte Arbeits- und Aufenthaltserlaubnis - schafft ungleiche Verhältnisse. Die Bürgerrechte sind ungleich verteilt. Dies zwingt Migranten geradezu in die Illegalität und macht sie gleichzeitig zu Objekten der Aggression all jener, die legal arbeiten und Steuern zahlen.

These 4: Die Ausländerpolitik Österreichs und vieler anderer europäischer Länder läßt sich als »Ethnisierung sozialer Probleme« bezeichnen. Statt Konflikte als Interessensgegensätze von Unternehmern und Arbeitern zu definieren, wird ihre Ursache in der ethnischen Herkunft der Migranten gesucht.

Krach im Jugendzentrum

Sigmund Kripp, ein ehemaliger Jesuitenpater, derzeit als Leiter von Sozialprojekten für Straßenkinder in Nicaragua tätig, hat zehn Jahre lang in Fellbach, einem Vorort Stuttgarts, ein großes offenes Jugendhaus aufgebaut. Sein Haus war immer voll mit sprachlosen Gastarbeiterjugendlichen, Gott schauenden Süchtigen, aggressiven Jungnazis, zu Egoisten getrimmten Gymnasiasten, kuschenden Lehrlingen und besorgten Eltern. Er hat mit einigem Erfolg diesem schwierigen Haufen bei der Organisation eines friedlichen Zusammenlebens geholfen. Unsere Fallgeschichte spielt in den Anfangszeiten dieses Jugendhaus:

»In der ersten Zeit entstanden die Konflikte hauptsächlich zwischen ausländischen und deutschen Fellbachern. Die Anlässe waren völlig nichtig. Regelmäßig wurde der Streit an der Nationalität hochgespielt. Zwei sitzen da und spielen Schach. Ein anderer geht vorbei und stößt ans Brett. Das wird als Provokation aufgefaßt, was wahrscheinlich stimmt.

Reden kann man nicht darüber, weil man sich nicht versteht. Ende durch Schuhabsatz auf Mund. – Drei sitzen auf einer Matratze. Ein vierter meint, auch noch darauf Platz haben zu müssen. Gezielter Schlag aufs Auge. – Ein anwesender älterer italienischer Familienvater meint: Es war nicht richtig von Giovanni, aber zuschlagen hat er gekonnt. Die Italiener werfen mir vor, ich hielte zu den Deutschen, die Deutschen behaupten, ich bevorzuge die Italiener. Das Thema wird in einer Hauptversammlung des Jugendhauses aufgegriffen. Bei der Einladung an die Italiener hatte ich dazugeschrieben, sie möchten bitte ohne Messer kommen. Einer hat mir das sehr übel genommen. Den Witz fand er gut, aber es hätte auch auf der deutschen Einladung stehen müssen. Man beschließt, ein paritätisch besetztes Jugendhausgericht (Schlichtungskommission) aufzustellen; über diese Einrichtung wird noch näher berichtet werden. Inzwischen hat sich auch herausgestellt, daß die Auseinandersetzungen meist durch dieselben Jugendlichen provoziert werden. Es sind verhältnismäßig wenige. Manchmal verlagert sich das Geschehen vor das Haus. Drei angetrunkene Mittzwanziger kommen herein. Nach einer Stunde gehen sie und fangen auf der Straße unten Streit mit einem Italiener an. Andere Italiener laufen zu Hilfe. Ich zwänge mich zwischen die Streitenden. Über mir geht ein Fenster auf – wir stehen vor dem Nachbarhaus –, und ein dort wohnender Bauarbeiter erzählt mir lauthals seine Meinung übers Jugendhaus. Er spricht mich immer mit Glatzkopf an. Es kommt die Polizei in zwei Funkstreifenwagen – die Lage war brenzlig geworden –, greift sich einen, der mit der ganzen Sache überhaupt nichts zu tun hat, weil sie sich von ihm beleidigt fühlt, und die Versammlung löst sich auf.«

(Aus Kripp, S.: Lächeln im Schatten. Das Abenteuer eines Jugendhauses. Düsseldorf 1976, S. 39 f.)

These 1: Fremde erleichtern den Einheimischen die Identitätsbildung. Wir, die Einheimischen, sind die »Normalen«, die Fremden sind nicht »normal«. »Wir sind wir!« und die anderen zählen gar nicht.

These 2: Bedrohung durch Fremde schweißt Gruppen zusammen. Wenn eine Gruppe fremde Feinde hat - oder zu haben glaubt -, muß sie zusammenhalten. Feinde sind nützlich.

These 3: Die Abwehr der Fremden erspart die Auseinandersetzung mit Problemen des eigenen Ich oder der eigenen Gruppe. Wenn man sich von außen bedroht glaubt, merkt man nicht, daß innen alles hohl ist. Die Angst, die von der inneren Leere ausgeht, wird dadurch überdeckt. Bedrohung erzeugt also Solidarität und Aggression nach außen.

These 4: Dies gilt nicht nur für Individuen und Gruppen, sondern auch für Staaten und Staatenbünde. Wenn es Feinde gibt (früher: der »Ostblock« als liebster Feind, heute der Irak und Saddam Hussein, die Serben, morgen die Dritte Welt), dann muß man zusammenhalten, nationale Einheit und Stärke zeigen, den Streit um eine gerechte Gesellschaft vergessen, um nach außen stark zu sein.

These 5: Man könnte sogar von einem Bedürfnis nach Bedrohung sprechen. Je schwieriger es wird, Identität und Solidarität zu entwickeln, desto notwendiger werden Feinde.

These 6: Wer mit diesem Bedürfnis nach Bedrohung Politik macht, betreibt ein gefährliches Experiment mit der gesellschaftlichen Angst. Er zerstört die Demokratie durch Wiederbelebung des Faschismus.

Wohin dies führen kann, sei mit dem nächsten Fallbeispiel gezeigt:

Größter Kärntner Fremdenverkehrsort wehrt sich gegen Fremde

Einer Kärntner Lokalzeitung (KTZ vom 17. 6. 1990, S. 7) entnehme ich den folgenden, von mir gekürzten Bericht über eine Bürgerversammlung der vornehmen Fremdenverkehrsgemeinde Velden (sie nennt sich selbst »Weltkurort«).

Begonnen hat es damit, daß der Gastwirt Ferdinand Tonitz aus Lind ob Velden aus ökonomischen Gründen beim Innenministerium um Zuweisung von 40 bis 50 Asylanten ansuchte. An die Gemeinde erging daraufhin die Aufforderung zu einer Stellungnahme. Die Gemeindevertreter beriefen deshalb eine Bürgerversammlung just am »Tag des Flüchtlings« ein. Der Bürger, und nur dieser, sollte zu Wort kommen.

Die Bürgerworte:

- *Die Kriminalität wird steigen (tosender Applaus).*

- *Wenn die ausländischen Kinder in die Schule gehen müssen, ist die Ausbildung unserer Kinder gefährdet.*
- *Die Asylanten drücken das Lohnniveau und nehmen uns die Arbeit weg.*
- *Unseren Frauen drohen Sexualdelikte (tosender Applaus).*
- *Das Ende des Fremdenverkehrs ist absehbar.*
- *Der Schulweg unserer Kinder führt beim Tonitz (= Name des Wirtes) vorbei.*
- *Die Pülcher und Falotten gehen Schwammerl klauben und wir gehen arbeiten.*
- *In unserem Fall steht Eigennutz vor Gemeinnutz.*

Zwei Frauen versuchten im Sinne des Sozialhirtenbriefes auf eine christliche Haltung hinzuweisen. Sie wurden niedergeschrien.

Rumäne sucht Asyl

»Nicolae Vasile hat in Brasov, der zweitgrößten Stadt Rumäniens, an den Demonstrationen gegen Nicolae Ceaucescu teilgenommen, später aber auch gegen dessen Nachfolger Iliescu demonstriert. Ein Bekannter hat ihn dringend gewarnt, daß er fliehen solle, weil er auf der schwarzen Liste der Securitate stehe. Er flieht nach Österreich und sucht um politisches Asyl an. Während er auf den Bescheid wartet, telefoniert er mit seiner Frau in Rumänien. Sie bittet ihn dringend, ja nicht nach Hause zu kommen, denn die Securitate sei schon in der Wohnung gewesen, um ihn zu suchen. Die Warnung seines Freundes und die Mitteilung seiner Frau zählen für die österreichischen Behörden nicht als Beweis für seine Asyl-Würdigkeit. Sein Gesuch wird abgelehnt. Er muß für das Verfahren 1.417,– Schilling Dolmetscherkosten bezahlen. Der Erlagschein ist beigelegt. In der Begründung der Ablehnung steht, daß er bereits in Ungarn hätte Asyl beantragen können. Er habe dies nicht getan, also sei es unglaubwürdig, daß er schweren Eingriffen in seine Grundrechte ausgesetzt gewesen sei. Ein Journalist befragte ihn, warum er nicht in Ungarn um Asyl angesucht habe. Sein Freund übersetzt: ›Nicolae hat geglaubt, Ungarn ist nicht

so demokratisch wie Österreich‹« (Gekürzt nach AZ vom 30. 11. 1990).

These 1: Wer als Flüchtling kommt, ist auf jeden Fall suspekt. »Das Boot ist voll«, heißt es, wie damals, zur Nazi-Zeit, als die Schweiz keine Flüchtlinge mehr aufnehmen wollte, die vor Hitler davonrannten.

These 2: Ausnahmen gibt es: die Asylanten. Aber die Asylpolitik der meisten europäischen Länder besteht darin, Flüchtlinge in die Flucht zu schlagen. Durchschnittlich werden ca. 5 % der Asylansuchen positiv erledigt.

These 3: Der Staat und seine Institutionen betreiben eine Ausländerpolitik, die man am besten mit »strukturellem Rassismus« beschreiben kann: als einen Rassismus der Regeln und Gesetze, welcher Rechte und Lebenschancen ungleich verteilt. Manche sind gleicher als andere. Wer Staatsbürger ist, hat mehr Rechte auf Arbeit, Wohnen, Aufenthalt, sozialen Schutz.

These 4: Arbeiten, Wohnen, der Aufenthalt im Lande, die sozialen Grundrechte, das Wahlrecht sind für Ausländer knappe Güter, die ihnen entweder vorenthalten oder jederzeit wieder entzogen werden können.

Zwischenbilanz

Seit zirka dreißig Jahren erleben wir eine neue Völkerwanderung. Sie begann scheinbar harmlos mit einer Einladung des reichen Nordens an den bevölkerungsreichen Süden, Arbeitskräfte zu schicken. Sie weitete sich aus, als die Arbeiter aus dem Süden ihre Familien mitbrachten und als in den armen Ländern rund um das Mittelmeer die Arbeitsmigration als ein Mittel zur Verbesserung der Lebenschancen für immer mehr Menschen attraktiv schien. Inzwischen ist die Zahl der wandernden Menschen mächtig gewachsen - geschätzte 15 Millionen jährlich, Tendenz steigend - und zur Wanderungsursache Arbeitslosigkeit sind neue dazugekommen: die Implosion der zweiten Welt (also der Zusammenbruch des kommunistischen Imperiums, seiner Institutionen, seiner Wirtschaft, seines Ökosystems) und die Explosion der Dritten Welt, also das rasende Bevölkerungswachstum vor allem Afrikas und die damit verbundenen, durch Klimakatastrophen und Bürgerkriege verschärften Probleme (vgl. dazu vor allem Chesnais 1991, S. 28; aber auch Oswald 1991, S. 29).

Diese riesige Migrationswelle hat aus den reichen Ländern Westeuropas de facto multikulturelle Gesellschaften gemacht. Zwar wollen diese Staaten keine Einwanderungsländer sein. Aber sie sind es in der Praxis längst geworden. Diese Strategie der politischen Realitätsverleugnung führt zu einem defizitären politischen und administrativen Umgang mit den Problemen des multikulturellen Zusammenlebens (vgl. dazu vor allem Nirenstein 1990, S. 149 ff. sowie Balbo/Manconi 1990).

Die offensichtlichsten Folgen werden von den Betroffenen in Alltagssituationen erlebt: Einheimische und Migranten treffen aufeinander, ohne sich verständigen, ja schlimmer, ohne sich verstehen zu können. Die Verschiedenheit der Sprachen, Kulturen und Interessen erzeugt notwendige Mißverständnisse und Kulturschocks, also überdimensionales Erschrecken über fremde Verhaltensweisen, die als bedrohlich interpretiert werden. Dazu kommt noch die Konkurrenzangst der Einheimischen, vor allem jener, die leicht diskriminierbar sind, also der Armen, Langzeitarbeitslosen, Obdachlosen, der sozialen Unterschicht insgesamt. Sie fürchten, daß ihnen die zugewanderten Fremden Arbeitsplätze wegnehmen, weil sie zu Billigstlöhnen Arbeit akzeptieren müssen, weil sie als Schwarzarbeiter aber auch die mühsam erworbenen sozialen Errungenschaften der Arbeiter gefährden, weil sie bei der Vergabe billigen Wohnraums möglicherweise bevorzugt werden könnten. Die Reaktionen auf Kulturschocks und Konkurrenzängste führen nicht nur zu verständlichen und notwendigen Konflikten, sondern zu Regressionen in die Wahnideologie des Rassismus (vgl. vor allem Mosse 1990; Balbo/Manconi 1990; Nirenstein 1990; Balibar 1989; Miles 1989; van den Broek 1988; Seidler 1983).

Diese Regressionserscheinungen werden zum Teil publizistisch und politisch ausgebeutet: Manche Massenmedien und manche Politiker machen mit der Fremdenangst und dem durch sie ausgelösten Rassismus Geschäfte. Sie beuten sie aus, indem sie Angst und Rassismus steigern, um sich dann selbst als Retter anzubieten.

Diesen Ausbeutern der sozialen Angst kommt entgegen, daß die Mitglieder moderner spätkapitalistischer Gesellschaften geradezu ein Bedürfnis nach Bedrohung entwickeln. Einen Feind zu haben, sich bedroht zu fühlen, erleichtert es, Identität zu finden, Solidarität zu entwickeln, sich als Mitglied einer verschworenen Gemeinschaft zu empfinden. Dies ist verlockend für Menschen in hochkomplexen Gesellschaften, denen die Unübersichtlichkeit der Verhältnisse kaum mehr Chancen gibt, sich zurechtzufinden, Geborgenheit in der Gesellschaft zu erleben. Die zu gefährlichen Gegnern hochstilisierten Fremden lassen nun aber plötzlich - gegen die Logik der Verhältnisse - gerade unter den sozial schwächsten Einheimischen ein starkes Wir-Gefühl entstehen, eine Illusion der Geborgenheit. Man könnte, etwas verkürzt, geradezu die These wagen, daß sie ein Bedürfnis nach Bedrohung entwickeln, um Identität und Solidarität zumindest in der Abwehr der Bedrohung zu spüren (vgl. dazu Horn 1972, S. 202 f. u. S. 224 f.).

Die staatlich administrative Reaktion auf die Migranten ist prinzipiell ähnlich: die Abwehrideologie des Rassismus wird in die Strukturen des Staates eingebaut. Man bezeichnet dies als »institutionellen Rassismus«. Institutioneller Rassismus bedeutet vor allem, daß die Bürgerrechte ungleich verteilt werden, daß nur Staatsbürger vollen Zugang zu allen Rechten erhalten, Zuwanderer jedoch in verschiedene Gruppen geteilt werden, die beschränkten oder gar keinen Zugang zu den Bürgerrechten erhalten. Die wichtigsten dieser ungleich verteilten bzw. verweigerten Rechte sind das Recht auf Aufenthalt, das Recht auf Arbeit und das Recht auf Wohnen (vgl. dazu Baker/Lenhardt 1988, S. 40 ff. sowie Leggewie 1990, S. 151-153). Solange die Ausländerpolitik in diesen und anderen Bereichen keine übergreifenden Zielvorstellungen entwickelt, die den Standards der Menschenrechte und der Humanität entsprechen, - solange sie so tut, als gäbe es keine multikulturelle Gesellschaft, werden die Probleme wachsen. Die Entwicklung von einer multikulturellen Gesellschaft zu einer demokratischen Vielvölkerrepublik wird meines Ermessens nur dann gelingen, wenn die notwendigen

Konflikte des Umbaus akzeptiert und ausgetragen werden, und zwar ohne Gewalt und Diskriminierung (vgl. Heintel 1982, S. 328), und wenn Integrationschancen für Zuwanderer eröffnet werden (vgl. Leggewie 1990, S. 161).

Was die Mitgestaltung der multikulturellen Gesellschaft betrifft, ist der Spielraum der Pädagogik gering. Sie kann nicht Politik ersetzen. Sie kann aber dafür sorgen, daß Heranwachsende auf eine demokratische Vielvölkerrepublik vorbereitet werden. Dazu ist viererlei notwendig:

1. Die Gestaltung der Schule als integrative Institution, in der die Kinder sowohl der Einheimischen als auch der Migranten gleichberechtigt lernen und gemeinsamen Unterricht genießen. Dies bedeutet die Ablehnung sogenannter Ausländerklassen.
2. Die Einrichtung von Unterricht, der die kulturellen Muster (Verhalten, Kleidung und andere Phänomene der Alltagskultur) der Einheimischen und der Migranten einander verständlich und füreinander verträglich macht. Es geht also um das didaktische Bewußtmachen von Gemeinsamkeiten und Differenzen der Kulturen, aber auch um das Akzeptierenlernen von Differenzen.
3. Die Spracherziehung muß so gestaltet werden, daß die Kinder der Migranten aktiv zweisprachig, die der Einheimischen zumindest passiv zweisprachig werden. Es müssen Organisationsformen des Unterrichts gefunden werden, die jeweils nur eine Migrantengruppe mit den Kindern das Gastlandes in Kontakt bringen, damit die Kinder nicht mehr als eine zusätzliche Sprache erlernen müssen (vgl. das Krefelder Modell und das »Mainzer« Modell, Friesenhahn 1988, S. 35 ff.).
4. Intensive Elternarbeit, um den Eltern aller Kinder die Integrationsbemühungen der Schule verständlich zu machen und sie zur Mitarbeit zu gewinnen.

Interkulturelles Lernen im engeren Sinn

»Interkulturelles Lernen« ist der Sammelbegriff für didaktische Maßnahmen zur Integration von Migrantenkindern. Sowohl in der Theorie als auch in der Praxis ist umstritten, welche Ziele, Inhalte und Methoden für dieses Interkulturelle Lernen angemessen seien. Im folgenden unterscheide ich im Anschluß an das neue Standardwerk über Interkulturelles Lernen von Auernheimer (Auernheimer 1990) vier Positionen, die sich zum Teil überschneiden, aber doch deutlich verschiedene Schwerpunkte setzen.

1. Position: Interkulturelles Lernen als soziales Lernen

Empathie, Solidarität und Konfliktfähigkeit werden als wichtigste Ziele anerkannt. Empathie wird als Fähigkeit verstanden, sich so in den anderen versetzen zu können, daß man seine Probleme mit seinen Augen sehen kann. Solidarität wird als die Organisation gemeinsamen Handelns im Wissen um die Verschiedenheit verstanden. Diese beiden Teilziele, Empathie und Solidarität, werden ergänzt durch die Fähigkeit des »fairen Streitens« - des Austragens von Interessenskonflikten ohne Gewalt. Darüber hinaus geht es um Verständnis für die Lebenssituation von Migrantenkindern, die Analyse von vorurteilsgeladenen Schüleräußerungen, die Einübung normativer Flexibilität statt Rigidität sowie die bewußte Arbeit an der Integration der lernenden Gruppe, also zum Beispiel der Schulklasse. Verwiesen sei vor allem auf Unterrichtsvorschläge von Hegele/Pommerin 1983, Pommerin

1988 sowie auf die theoretisch-empirische Studie von Schmitt 1979, in der anschauliche Fallgeschichten eines solchen Unterrichts vorgestellt und analysiert werden.

2. Position: Interkulturelles Lernen als politische Bildung

Mit »Politischer Bildung« ist hier das Thematisieren der sozialen und politischen Situation der Migrantenkinder im Unterricht gemeint. Angestrebt wird eine Erziehung gegen das Nationaldenken und die Fähigkeit zur Analyse staatlicher Strukturen und Institutionen auf strukturelle Gewalt bzw. strukturellen Rassismus hin. Darüber hinaus muß die monokulturelle Orientierung des gesamten Schulcurriculums - also Lehrpläne, Schulbücher, Unterrichtsmaterialien - zugunsten einer multikulturellen überwunden werden. So könnten zum Beispiel im Geschichtsunterricht die Kreuzzüge aus europäischer und arabischer Sichtweise dargestellt werden. Angestrebt wird eine multiperspektivische Sichtweise der Geschichte, der Religion, der internationalen Beziehungen, der Wirtschaft der Naturwissenschaft und Technik, wobei andere Völker nicht als Objekte, sondern als historische Subjekte begriffen werden sollen.

3. Position: Interkulturelles Lernen als antirassistische Erziehung

Dabei geht es um Veränderung einer tiefverwurzelten Mentalität, die in mehreren Schritten erfolgen sollte: zunächst im Bewußtmachen des eigenen Rassismus und im Erkennen des strukturellen Rassismus, sodann im Durchbrechen rassistischer Einstellungen und Verhaltensweisen sowie in der Organisation fruchtbarer Zusammenarbeit zwischen Jugendlichen unterschiedlicher kultureller Herkunft (vgl. van den Broek 1988, vor allem S. 111 f.). In den traditionellen Schulfächern geht es in erster Linie um kritischen Umgang mit der Alltagssprache, den Medien, der Trivialliteratur; insbesondere mit den in ihnen enthaltenen Botschaften des alltäglichen Rassismus.

4. Position: Interkulturelles Lernen als Identitätsentwicklung der Migrantenkinder

Die Identitätsentwicklung von Migrantenkindern vollzieht sich in der Konfrontation mit widersprüchlichen Wertsystemen, einer fremden und zum Teil sogar feindseligen Umwelt, sozialer Isolation und ungewisser Zukunftsperspektive (vgl. dazu auch Auernheimer 1990 sowie Auernheimer 1988 und Bukow/Llyora 1988). Sie werden gewissermaßen Pendler zwischen den Kulturen. Bikulturelle Bildung und bikulturaler Unterricht werden immer wieder von den Migrantenverbänden und ihren wissenschaftlichen Sprechern als unverzichtbare Voraussetzung für diese Identitätsbildung angesehen. Viele knüpfen daran die Forderung nach einer begrenzten schulischen Separation der Migrantenkinder, um deren muttersprachliche Ausbildung sicherzustellen – was freilich in der Fachwelt sehr umstritten ist. Trotzdem wird »die Separierung sprachhomogener Lerngruppen ... einem Unterrichtsalltag vorgezogen, in dem die Majoritätssprache und -kultur dominiert, was zur Stigmatisierung der Minoritäten führe« (Auernheimer 1990, S. 219). Denn, so die Vertreter dieser Position, die schulische Vertiefung und Weiterentwicklung der Muttersprache sei für die geistige, emotionale und soziale Bildung der Migrantenkinder unerläßlich, nicht nur, weil dadurch die Zweitsprache besser erlernt, sondern auch, weil dadurch die Entfremdung von der Herkunftsfamilie verhindert würde.

Allerdings - so zumindest der österreichische Stand der Diskussionen - dürfe dieser bilinguale und bikulturelle Unterricht nicht zu einem Anpassungstraining an die Mehrheitskultur werden. Außerdem müsse er auch in irgendeiner Form die Kinder der Mehrheit einbinden, die sich mit der Herkunftskultur und der Muttersprache ihrer Mitschüler zumindest in einfachen Ansätzen vertraut machen sollten. Nur dadurch würde erreicht, daß mehr Verständnis und Empathie für die Migrantenkinder entstünden.

Dies ist zwar prinzipiell begrüßenswert, läßt sich aber nur dann realisieren, wenn Schulen so organisiert sind, daß pro Klasse nur eine Sprachgruppe zur Muttersprache der Mehrheitsbevölkerung, also zum Deutschen, dazukommt. Solange es aber in der Praxis Schulen mit Migrantenkindern aus 10 bis 15 verschiedenen Sprachgruppen gibt, läßt sich dieses Ziel nicht erreichen.

Abschließend muß ich darauf hinweisen, daß ich hier nur sehr oberflächlich und summarisch dargestellt habe, worum es geht: um Bildungsinitiativen, die gesellschaftliche Integration auf der Grundlage allgemeiner Normen vorbereiten, die aber auch das Recht auf Differenz fördern und ihren Beitrag leisten, daß Sprache, Tradition, Religion und Kultur der Migrantenkinder im Lehrplan berücksichtigt werden - und daß daraus auch eine Verpflichtung für die Mehrheit entsteht. Nochmals jedoch betone ich, daß Schule und Bildung niemals Politik ersetzen können, sondern im besten Fall einen Beitrag zur interkulturellen Qualifizierung von Individuen zu leisten vermögen. Dies allerdings ist von nicht zu unterschätzender politischer Bedeutung für die in der Zukunft anstehende Umgestaltung unserer europäischen Nationalstaaten in demokratische Vielvölkerrepubliken. Geschehen wird dieser Umbau auf jeden Fall. Daß er friedlich geschieht, dafür kann Bildung die Menschen vorbereiten.

Interkulturelles Lernen als neue Teildisziplin der Pädagogik

Vor einer genaueren Auseinandersetzung mit dem Konzept des Interkulturellen Lernens, mit dessen gesellschaftlichen Implikationen, mit den dahinterliegenden theoretischen Konzepten und den unterschiedlichen Realisierungsformen soll hier kurz angedeutet werden, worin das Wesen dieser neuen Teildisziplin der Pädagogik gesehen wird. Interkulturelles Lernen, so sei im ersten Anlauf festgehalten, wird verstanden als Erziehung zu kultureller Offenheit, zur Bejahung kultureller Unterschiede, zur Überwindung von kultureller Befangenheit und Ethnozentrismus. Sie ist überall dort wichtig, wo Volksgruppen mit unterschiedlichen Sprachen und Kulturen zusammenleben, sei es in einem Verhältnis von Staatsvolk zu autochthoner Minderheit oder Migrantenminderheit. Die im Zusammenleben ethnischer Gruppen notwendig entstehenden Spannungen, »das notwendige gegenseitige Nichtverstehen« (Heintel 1982, S. 310) dürfen nicht zu Gewalt werden, sondern sollten in Kommunikationsprozessen aufgearbeitet werden; was nicht heißt, daß dies je zu vollständigem gegenseitigem Verstehen führen müsse - es ist schon viel erreicht, wenn man akzeptieren lernt, daß man sich nicht völlig versteht.*

Das Wortpaar »Interkulturelles Lernen« existiert als pädagogischer Begriff seit Anfang der siebziger Jahre. Geschaffen wurde es im Zusammenhang mit der Migrationsproblematik der Gastarbeiter in westeuropäischen Ländern und den sich damit befassenden Erziehungseinrichtungen und Erziehungswissenschaften. In Großbritannien, der Bundesrepublik Deutschland, der Schweiz, Holland und anderen Staaten hatte in den siebziger Jahren die Zahl der Arbeitsmigranten zuge-

---

* Sehr interessant und aufschlußreich für Mehrheits-Minderheitssituationen ist die von Heintel erläuterte Prozeßdialektik von Mehrheit und Minderheit, ebenfalls in Heintel 1982, S. 311 ff.

nommen, die Zahl der Beschäftigungsmöglichkeiten - infolge der Wirtschaftskrise - abgenommen, Dies führte bei der einheimischen Bevölkerung teilweise zu latenter, ja sogar manifester Ausländerfeindlichkeit. Als die Kinder der Arbeitsmigranten in wachsender Zahl die Schulen der Gastländer zu besuchen begannen, wurde das Problem auf pädagogischer Ebene in zweifacher Weise spürbar: Erstens war wegen der Sprachbarrieren dieser Kinder neu zu überlegen, wie Grundschulen zu organisieren seien, sodaß sowohl einheimische wie ausländische SchülerInnen die Bildungsziele erreichen würden; zweitens mußten für die bis in die Klassenzimmer eingedrungenen Kulturkonflikte - ja sogar Kulturschocks* - pädagogisch verantwortliche Bearbeitungsformen gefunden werden. Dies waren die auslösenden Momente für die Entwicklung des Konzepts des Interkulturellen Lernens. »Die ursprüngliche Annahme war, daß interkultureller Erziehung in der Schule im wesentlichen über die Veränderung der Bildungsinhalte Raum geschaffen werden könne. Die Entwicklungsarbeiten zeigten jedoch, daß sich die Institution Schule selbst sperrig gegenüber interkulturellen Zielsetzungen verhält, und daß deshalb Fragen der inneren Schulreform, des Verhältnisses von Schule und Nachbarschaft sehr viel stärker ins Blickfeld rücken müssen, als dies anfänglich deutlich war. So lassen sich Entwicklungen auf mehreren Ebenen erkennen: in der Veränderung von Lerninhalten und -formen; in der Rekonstruktion des Verhältnisses von Kindergarten oder Schule auf der einen, Familie und Gemeinde oder Stadtteil auf der anderen Seite; in der Integration von Schul- und Erwachsenenbildung; im Gesamtprofil von Schulen« (Zimmer 1985, S. 7 f.) - so schreibt einer, der von Anfang an als Handlungsforscher dabei war und die Entwicklung des Interkulturellen Lernens theoretisch und praktisch mitbestimmt hat.

Erst in den achtziger Jahren, als Europa eine Renaissance

---

* Wenn z. B. ein türkisches Mädchen, das aus religiösen Gründen prinzipiell immer mit einem Kopftuch sein Haar bedeckt, plötzlich im Turnunterricht an der Berliner Schule nackt duschen soll, noch dazu in Anwesenheit anderer Kinder, ist das Wort Kulturschock kein zu starker Ausdruck zur Beschreibung der Gefühle dieses Mädchens.

von Regionalkulturen und ein Wiederaufleben ethnischer Minderheiten erlebte, wurde das Konzept der interkulturellen Erziehung (ich verwende den Begriff synonym mit dem des Interkulturellen Lernens) von Gstettner/Larcher 1985 in einer programmatischen Arbeit zur Entwicklung von Bildungsperspektiven für das Zusammenleben deutsch- und slowenischsprachiger Kärntner Kinder im Süden Österreichs zum erstenmal auf autochthone Minderheiten übertragen. Dieser zunächst nur theoretische Anstoß wurde vom Gesetzgeber bei der Neuregelung des Minderheitenschulwesens aufgenommen, wenn auch nicht im Sinne der beiden Wissenschaftler. Immerhin, ein Anfang war gemacht. Die Autoren fanden mit ihrem Konzept nicht nur beim österreichischen Gesetzgeber, sondern auch bei österreichischen und europäischen Volksgruppen viel Interesse. Inzwischen ist Interkulturelles Lernen ein wesentlicher Bestandteil des Forderungsprogramms dieser Minderheiten. Wissenschaftler, die sich ursprünglich nur um die interkulturelle Problematik von Arbeitsmigranten gekümmert hatten, arbeiten schon seit Jahren beim Entwickeln einer interkulturellen Pädagogik für das Zusammenleben von autochthonen Volksgruppen mit der Mehrheitsbevölkerung mit (vgl. etwa das Expertenteam der österreichischen Rektorenkonferenz, das einen Band mit Vorschlägen zur Verbesserung der Lage der österreichischen Volksgruppen erarbeitet hat - Rektorenkonferenz 1989).

Die Ursachen für die Problematik der Minderheiten, seien es autochthone Volksgruppen oder Migrationsminderheiten, werden übereinstimmend im zunehmenden Ethnozentrismus und in der wachsenden Ausländerfeindlichkeit gesehen. In der Sozialwissenschaft werden verschiedene theoretische Begründungen für Ethnozentrismus, Fremdenhaß und Ausländerfeindlichkeit genannt:

- die anthropologische Theorie der Xenophobie, die davon ausgeht, daß es »natürliches«, d. h. angeborenes Verhalten sei, gegenüber Fremden und Andersartigen zurückhaltend zu sein, und daß es eine hohe Kulturleistung sei, die entwicklungsgeschichtlich ererbte Xenophobie zu überformen;
- die ideologische Theorie des Rassismus, die Ethnozentrismus als Kontinuität nationalsozialistischen Rassenwahns versteht und auf das Fortwuchern des Faschismus insistiert;

- die Krisentheorie der Konkurrenzangst, die damit argumentiert, daß die Ursache für Ethnozentrismus in strukturellen Krisen des volkswirtschaftlichen Systems zu suchen sei, wenn hohe Arbeitslosigkeit drohe. Diese Konkurrenzangst - so wird meistens argumentiert - sei gar keine Realangst, denn in Wirklichkeit seien die Arbeitsplätze, die von den »anderen/Fremden/Gastarbeitern/Ausländern etc.« besetzt würden, für die sich konkurriert fühlenden Einheimischen/Mehrheitsmitglieder etc. völlig unattraktiv. Es handle sich also um eine phantasierte Angst, um eine Angst, die man auf Sündenböcke projiziere; denn Konkurrenzangst habe man in Wirklichkeit tatsächlich, aber diese Angst beträfe die Mitglieder der eigenen Gruppe. Sich vor ihnen zu fürchten sei jedoch sozial unmöglich, man müsse diese Angst aus dem Bewußtsein verdrängen und in einem unbewußten Übertragungsvorgang auf eine Fremdgruppe projizieren.
- die Stereotypentheorie der Vorurteile und Feindbilder, welche Ethnozentrismus, Fremdenangst und Ausländerfeindlichkeit auf mangelnde Aufklärung über die anderen/Fremden/Ausländer etc. zurückführt.

An allen diesen Erklärungstheorien wurde kritisiert*, daß sie im wesentlichen nichts anderes seien als ungewollte Bestätigungen der von ihnen bekämpften ethnozentrischen Positionen, denn sie zögen entweder falsche Schlüsse aus Ergebnissen der Grundlagenwissenschaft (Xenophobietheorie), machten unzulässige Verallgemeinerungen (Rassismustheorie), akzeptierten, daß der Status des Fremden/Ausländers das Recht zur Konkurrenz auf dem Arbeitsmarkt ausschließe (Krisentheorie) oder verwechselten Ursache und Wirkung, wenn sie nicht sähen, daß Vorurteile und Feindbilder nur die Folgen, quasi die Begleitmusik von gesellschaftlichen Verhältnissen und Prozessen der Marginalisierung seien (Stereotypentheorie). Die Soziologen Hoffmann und Even halten diesen zu kurz greifenden Theorien entgegen, daß hinter den ethnozentrischen bzw. ausländerfeindlichen Positionen eine

---

* Vor allem Hoffmann/Even (1984) haben in einer ideologiekritischen Analyse aufgezeigt, daß den kritischen Auseinandersetzungen selbst kritische Distanz zum analysierten Phänomen fehlt. Ihnen folge ich hier weitgehend.

Abwehrreaktion gegenüber einem sich abzeichnenden Wandel der Gesellschaft stecke, der auf die Anwesenheit der anderen/Fremden/Ausländer zurückgeführt werde (vgl. Hoffmann/Even 1984, S. 182).

Die wichtigsten Topoi des pädagogischen Diskurses sind jedoch, wie Auernheimer 1989 betont, kulturelle Identität und Kulturenkonflikt. Zwar werden auch sie von manchen Autoren (vgl. etwa Bukow/Llaryora 1988) als bloße soziale Konstruktionen ohne reale Entsprechung abgetan, doch Auernheimer weist in einer ideologiekritischen Untersuchung nach, daß der Kampf um kulturelle Identität kein Atavismus vormodernen Ursprungs ist, sondern für die Identitätsbildung des Individuums große Bedeutung hat, insbesondere in nicht mehr traditionalen Gesellschaften. Allerdings wendet sich auch Auernheimer vehement gegen eine Verdinglichung ethnischer Merkmale, die als Rechtskategorie mißbraucht werden können, »beispielsweise zur Bestimmung der Staatsbürgerschaft, wie in der Bundesrepublik« (Auernheimer 1989, S. 392). Wie sehr gerade kulturelle Identität auch für die Mehrheit zum kostbaren Gut werden konnte und wie sich die Mehrheits- Minderheitskonflikte um diese Frage zentrieren, hat die Untersuchung der Situation der slowenischen Volksgruppe in Kärnten gezeigt (vgl. dazu vor allem Gstettner 1988; Ottomeyer 1988; Boeckmann/Brunner/Egger/Gombos/Juriç/Larcher 1988; Menz/Lalouschek/Dressler 1989).

Warum es keine Toleranz für Minderheitenkulturen gibt, dafür machen Theoretiker aller möglichen Richtungen die Dynamik der modernen Gesellschaft verantwortlich. »Womit wir es zu tun haben, ist die gewaltsame Herstellung einer eindimensionalen, einer geschlossenen Gesellschaft, ist die gewaltsame Abschaffung der Vielzahl von Traditionen und Sonderkulturen zugunsten einer einzigen, an vorgeblich rationalen Maßstäben orientierten Kultur unter der Vorherrschaft einer der zahlreichen Traditionen« (Fischer 1982, S. 84). Schon Pasolini hatte in seinen Freibeuterschriften ähnliches beklagt: »Die Herrschenden haben beschlossen, daß wir alle gleich sein sollen: Der Zwang zum Konsum ist ein Zwang zum Gehorsam gegenüber einem unausgesprochenen Befehl. Jeder ... steht unter dem entwürdigenden Zwang, so zu sein wie die anderen, im Konsumieren, im Glücklichsein, im Freisein, denn das ist der Befehl, den er unbewußt empfangen hat und dem er gehorchen muß, will er sich nicht als Außenseiter fühlen. Nie war das Anderssein ein so schweres Vergehen wie in unserer Zeit der Toleranz, denn die Gleichheit ist hier nicht erkämpft worden, sie ist eine falsche, eine geschenkte Gleichheit« (Pasolini 1978, S. 37). Aber er wird noch deutlicher und drastischer, um die Zerstörung regionaler Kulturen durch die einebnende Gewalt der totalen Vergesellschaftung anzuprangern: »Mein Thema heißt Völkermord. Ich glaube nämlich, daß in der ... heutigen Gesellschaft alte Werte zerstört und durch neue ersetzt werden, wodurch - ohne Blutbäder und ohne Massenerschießungen - weite Schichten unserer Gesellschaft eliminiert werden ... Weite Schichten, die bisher gleichsam außerhalb der Geschichte gelebt haben - der Geschichte der bürgerlichen Herrschaft und der bürgerlichen Revolution - sind diesem Völkermord, d. h. der Anpassung an die bürgerliche Lebensweise zum Opfer gefallen« (ebd., S. 39).

Phänomene und Symptome des Ausgegrenztwerdens, wie sie für ethnozentrische Verhältnisse typisch sind, hat der US-amerikanische Soziologe Baldridge in einer von Hacher übernommenen Tabelle so zusammengestellt, daß die Vergleichbarkeit von Ausgrenzungen gesellschaftlich schwacher Gruppen unterschiedlicher Art deutlich wird. Sie erfolgt durch Zuschreibung der herrschenden Gruppe, doch diese Zuschreibung - in Wirklichkeit Unterstellungen - ignorieren das, was das Objekt der Zuschreibung von sich selbst weiß. Sie sind nicht sensibel für Differenzen.

	SCHWARZE	FRAUEN
1. Deutliche soziale Wahrnehmbarkeit	a) Hautfarbe, andere Rassenmerkmale b) unterschiedliche Kleidung	a) sekundäre Geschlechtsmerkmale b) unterschiedliche Kleidung
2. Zugeschriebene Eigenschaften	a) geringere Intelligenz kleineres Hirn, weniger komplex, kaum genial	a) geringere Intelligenz, kleineres Hirn, weniger komplex, kaum genial

	SCHWARZE	FRAUEN
	b) freier im Instinktverhalten, emotioneller, »primitiv« und »kindlich«, beneidenswerte sexuelle Potenz c) Allgemeines Stereotyp: unterlegen	b) unverantwortlich, unbeständig, emotionell instabil, besitzen kein starkes Überich, Frauen sind Verführerinnen c) »Schwächer«
3. Rationalisierung des Status	a) Wird für richtig an seinem Platz gehalten b) Mythos vom zufriedenen Neger	a) Der Platz der Frau ist im Haus b) Mythos von der zufriedenen Frau – eine »feminine« Frau ist mit untergeordneter Rolle zufrieden
4. Diskriminierungsformen	a) Beschränkungen im Bereich d. Erziehung: soll seinen Platz i. d. Gesellschaft ausfüllen b) Eingeschränkt auf traditionelle Berufe – ausgesperrt von gehobenen Berufen c) sehr beschränkter politischer Einfluß d) soziale und berufliche Segregation e) größere Verwundbarkeit durch Kritik	a) Beschränkungen im Bereich der Erziehung: soll ihren Platz in der Gesellschaft ausfüllen b) Eingeschränkt auf traditionelle Berufe – ausgesperrt von gehobenen Berufen c) sehr beschränkter politischer Einfluß d) soziale und berufliche Segregation e) größere Verwundbarkeit durch Kritik
5. Anpassungshaltung	a) unterwürfige Winselstimme b) ehrerbietige Miene c) Verstecken der wahren Gefühle d) die Weißen austricksen e) genaue Kenntnis der Punkte, an denen die dominierende Gruppe beeinflußbar ist f) Vorgespielter Wunsch nach Befehlen	a) steigende Intonation, Lächeln, nach unten blicken b) Schmeicheln Weibliche List d) die Männer austricksen e) genaue Kenntnis der Punkte, an denen die dominierende Gruppe beeinflußbar ist f) Vorgespielte Hilflosigkeit

Im zweiten Anlauf soll vor allem der zugrundeliegende Kulturbegriff geklärt werden. Kultur, so Horkheimer und Adorno ironisch, »möchte das Höhere und Reinere sein, das, was nicht angetastet, nicht nach irgendwelchen taktischen oder technischen Erwägungen zurechtgestutzt ward. In der Sprache der Bildung heißt das ihre Autonomie. ... Kultur sei die Manifestation des reinen Menschenwesens, ohne Rücksicht auf Funktionszusammenhänge in der Gesellschaft« (Horkheimer/ Adorno 1962, S. 48). Worauf sie ihre Ironie richten, ist bürgerliche Hochkultur, die sich unbefleckt von den Niederungen gesellschaftlicher Einflüsse dünkt. Eben darauf basiert Interkulturelles Lernen nicht. Eher paßt da schon die Definition, die Sigmund Freud in seinem Alterswerk versucht hat: »Die menschliche Kultur - ich meine all das, worin sich das menschliche Leben über seine animalischen Bedingungen erhoben hat und worin es sich vom Leben der Tiere unterscheidet - und ich verschmähe es, Kultur und Zivilisation zu trennen - zeigt dem Beobachter bekanntlich zwei Seiten. Sie umfaßt einerseits all das Wissen und Können, das die Menschen erworben haben, um die Kräfte der Natur zu beherrschen und ihr Güter zur Befriedigung der menschlichen Bedürfnisse abzugewinnen, andererseits alle die Einrichtungen, die notwendig sind, um die Beziehungen der Menschen zueinander, und besonders die Verteilung der erreichbaren Güter zu regeln. Die beiden Richtungen der Kultur sind nicht unabhängig voneinander ...« (Freud GW XIV, S. 326).

Wissen und Beziehungsregeln also machen die Kultur aus, wenn man Freud folgt - und die moderne Soziologie sieht das ähnlich. Wobei man noch ergänzen muß, daß viel von diesem Wissen und diesen Regeln den Angehörigen einer Kultur so selbstverständlich geworden ist, daß es Teil des Unbewußten geworden ist. Kultur ist wie ein Eisberg: nur die Spitze ragt aus dem Meer des Unbewußten, die sieben Achtel unter der Oberfläche sind nicht wahrnehmbar - aber umso wirksamer. Die Ethnologin Greverus steckt den Umfang eines solchen modernen Kulturbegriffes ab: »Kultur umfaßt alle Bereiche menschlichen Lebensvollzugs: von der materiellen Lebenssicherung über die soziale Lebensordnung bis zu einer ästhetischen und wertorientierten Umweltauseinandersetzung« (Greverus 1982, S. 25).

Basierend auf diesem Kulturbegriff, der nun weit mehr Alltagskultur als Hochkultur zum Inhalt hat, läßt sich eine Definition von Interkulturellem Lernen formulieren, die über das eingangs formulierte Vorverständnis hinausgeht. Interkulturelle Erziehung betont die Pluralität der Gesellschaft und erkennt die Existenz konkurrierender Lebensweisen und Lebenswelten an - als Basis für eine konstruktive Weiterentwicklung des Zusammenlebens auf der Grundlage von Integration bei gleichzeitigem Recht auf Verschiedenheit. Was sind die Ziele eines so verstandenen Interkulturellen Lernens? In der Literatur wird vor allem auf folgendes hingewiesen:

- Erziehung zur Empathie als Fähigkeit, sich in die Lage der Angehörigen einer anderen Volksgruppe hineinzudenken und die eigene Gruppe aus deren Blickwinkel zu sehen (vgl. soziales Lernen!)
- Erziehung zur Solidarität
- Erziehung zum kulturellen Respekt
- Erziehung gegen das Nationaldenken
  (vgl. etwa Essinger 1989, S. 23).

Gstettner (1988) würde noch hinzufügen: Fähigkeit und Bereitschaft zu interethnischen Bündnissen.

Welche Modelle Interkulturellen Lernens sind bis jetzt realisiert worden? Der Einfachheit halber beschränke ich mich hier auf die Bundesrepublik Deutschland und Österreich, obwohl in Ländern wie den USA oder Australien eigentlich viel interessantere Versuche unternommen wurden:

In Bayern wurde unter dem Titel »Bikulturelle Pädagogik« ein Schultyp mit getrennter Beschulung von deutschen und ausländischen Kindern »zum Wohle des Kindes« eingerichtet, was, wie in der wissenschaftlichen Literatur berichtet (Friesenhahn 1988, S. 34 f.), in der Praxis zu eher wenig Integration führte und unter der Hand multinational zusammengesetzte Klassen entstehen ließ, ohne daß entsprechende Infrastrukturen eingerichtet wurden.

Berühmt wurde das Krefelder Modell, ein von 1975-1979 als Modellversuch durchgeführtes Programm Interkulturellen Lernens an Grundschulen, dessen Ziel es war, die Integration ausländischer Schüler in die deutsche Schule und Gesellschaft zu fördern. Ausländische und deutsche Kinder besuchen vom ersten Tag an gemeinsame Klassen. Es wurden nur Kinder einer Nationalität innerhalb einer Klasse und einer Schule integriert. Der muttersprachliche Unterricht der Ausländerkinder ist als Pflichtfach in den normalen Schultag eingebunden. Deutsche und ausländische Lehrer kooperieren miteinander. Zusätzlich gibt es außerschulische sozialpädagogische Maßnahmen, Einschulungshilfen, Elternarbeit und Einzelfallhilfen. Bikulturelle Integration in die lokale Gesellschaft ist das Ziel. Der bilingual-bikulturelle Ansatz des Staatsinstituts für Frühpädagogik dagegen geht von der grundsätzlichen Überlegung aus, daß erstens die Beherrschung der Muttersprache Voraussetzung für die Beherrschung der Zweitsprache sei und daß zweitens das Akzeptieren und Achten der sprachlichen Identität des Kindes ein ethisches und psychologisches Postulat sei. In der Praxis werden ausländische Kinder im gemeinsamen Kindergarten von Erziehern ihrer Muttersprache, die mit ihren deutschen KollegInnen zusammenarbeiten, speziell betreut. Durch das Zusammenleben ausländischer und deutscher Kinder sollen Einstellungen und Verhaltensweisen gefördert werden, die der interkulturellen Verständigung dienen und einen Beitrag zum Abbau von Vorurteilen leisten (vgl. Sonner 1985, S. 24).

In Österreich, d. h. in Kärntens zweisprachigem Gebiet, kann jedes Kind zum zweisprachigen Unterricht angemeldet werden. Alle zum zweisprachigen Unterricht angemeldeten Kinder werden in gleichem Ausmaß in slowenischer und deutscher Sprache unterrichtet. Außerdem ist - zumindest theoretisch - klassenübergreifender Unterricht zur Förderung der Gemeinsamkeit mit den nicht zum zweisprachigen Unterricht angemeldeten, nur deutschsprachigen Kindern vorgesehen. Über die Lernwirksamkeit zweisprachiger Erziehungsmodelle geben mehrere Untersuchungen Aufschluß. Vor allem kanadische und schwedische Forschungen haben gezeigt, daß gemeinsame Erziehung von Kindern unterschiedlicher Sprache und Kultur sehr erfolgreich ist, wenn sie als Immersion* erfolgt, aber sehr schädliche Wirkungen

---

* Immersion bedeutet das Eintauchen in eine andere Kultur und Sprache aus einer Position der (gesellschaftlichen und individuellen) Stärke. Die ist der beste Weg, intensiv mit einer anderen Sprache und Kultur vertraut zu werden. Vgl. auch S. 81 in diesem Buch!

hat, wenn sie als Submersion* betrieben wird (vgl. vor allem Fthenakis u. a. 1985, S. 25 f. und S. 32 f.). In Deutschland wurde entdeckt, daß türkische Kinder, die einen deutschen Kindergarten besucht hatten und in der Regelklasse mit deutschen Mitschülern unterrichtet wurden, größere Fortschritte als die Kinder machten, die in die türkische Vorbereitungsklasse mit nur fünf Wochenstunden Unterricht in Deutsch als Zweitsprache gegangen waren. Aber - und das ist entscheidend - »die bei weitem engste Beziehung besteht zwischen den Verbesserungen der Probanden und ihrem Kontakt mit deutschen Gleichaltrigen. Die Kinder, die auf dem Pausenhof und am Nachmittag mehr mit deutschen Kindern spielten, verbesserten sich sowohl im Gesamtergebnis als auch in allen Teilbereichen weit stärker als die Kinder mit nur geringem Kontakt zu deutschen Spielkameraden« (Röhr-Sendlmeier 1986, S. 180).

Was die Zukunftsperspektiven einer interkulturellen Erziehung betrifft, so könnte man vielleicht Frau Greverus Gehör schenken. Sie fordert, daß der Pluralismus nicht mehr auf dem »Nebeneinander voneinander relativ getrennter Kulturen« aufbauen sollte, sondern »sich auf die Schaffung neuer, autonomer Kulturprovinzen konzentrieren (solle), in denen die Vielfalt des Mitgebrachten, ohne Kulturschock, in eine dynamische Kultur integriert wird, an der jeder beteiligt ist« (Greverus 1982, S. 27). Dies ist Zukunftsmusik, aber längst nicht mehr so utopisch anzuhören wie noch vor wenigen Jahren. Als Erziehungswissenschaftler kann man aufgrund internationaler Erfahrungen und regionaler Vertrautheit nur dazu raten, Schritte im Unterricht, in der Schulorganisation, in der Elternarbeit und in außerschulischen Bereichen zu riskieren, die in Richtung der kulturellen Öffnung gehen. Die Gestaltung des Zweitsprachunterrichts darf dabei ruhig einen Schritt voraus sein.

---

* Submersion bedeutet das Hineingeworfenwerden in eine andere Kultur und Sprache aus einer Position der (gesellschaftlichen und individuellen) Schwäche. Dies führt zumeist zu Verletzungen und zu Sprachverlust. Das Ergebnis von Submersion ist häufig Halbsprachigkeit in zwei Sprachen. Vgl. S. 81 f. in diesem Buch!

Spielarten des Interkulturellen Lernens

Notwendige Präzisierung eines Modebegriffs

Interkulturelles Lernen ist ein schillernder Modebegriff, vielversprechend und eher unscharf in seiner Bedeutung; wohl gerade deshalb als Modebegriff besonders geeignet. Damit er für die pädagogische Fachsprache brauchbar wird, muß er präzisiert werden, da sonst nur Scheinklarheiten und trügerische Einverständnisse erreicht werden.

Ich will im folgenden zeigen, welche Wirklichkeit von diesem Begriff wie abgebildet wird, möchte aber auch darauf hinweisen, daß der Begriff, so wie jeder andere auch, nicht nur die Wirklichkeit abbildet, sondern auch Annahmen über wünschenswerte bzw. zu vermeidende gesellschaftliche Zustände enthält, daß er also Wirklichkeit auch konstruiert. Daß er außerdem bestimmte pädagogische Maßnahmen nahelegt, um die wünschenswerten Zustände zu erreichen, liegt in der Natur seiner Herkunft aus dem Bereich einer Handlungswissenschaft, nämlich der Pädagogik.

Der zugrundeliegende Kulturbegriff

Der Kulturbegriff des Interkulturellen Lernens bezieht sich nicht auf Hochkultur, sondern auf Alltagskultur. Damit ist alles gemeint, was unser Alltagsleben regelt, angefangen vom kodifizierten Gesetz und vom religiösen Gebot bis hin zu Sprichwörtern und Höflichkeitsregeln, ja bis zur Sprache selbst, in deren Struktur bekanntlich die kulturellen Erfahrungen einer Gesellschaft tief eingegraben sind. Die Struktur der Sprache ist also ein kulturelles Gedächtnis. Ihre Erscheinungsform ist ein Emblem, ein sinnlich wahrnehmbares Zeichen einer Kultur.

Das Eisbergkonzept der Kultur

Dieser Kulturbegriff enthält aber auch die Annahme, daß Alltagskultur für die Angehörigen einer Gesellschaft mit einer gemeinsamen Kultur so selbstverständlich ist, daß sie ihnen wie Natur erscheint, aber nicht wie eine gesellschaftliche Konstruktion. Daß man den Kopf schüttelt, um etwas abzulehnen und nein zu sagen, daß man die Hände faltet, um zu beten, daß man beim Essen nicht rülpst, daß man die Zuneigung zu einer Person des anderen Geschlechts durch einen Kuß ausdrückt, - all das scheint Angehörigen unserer Kultur die natürlichste Sache der Welt zu sein.

Daß man den Kopf schüttelt, um zuzustimmen und ja zu sagen, daß man die Hände nicht faltet, sondern nach oben streckt, um zu beten, daß man beim Essen sehr wohl rülpst und die Zuneigung niemals durch einen Kuß ausdrückt, all das scheint den Angehörigen asiatischer Kulturen die natürlichste Sache der Welt zu sein.

Fazit: Alltagskultur gleicht einem Eisberg. Nur die Spitze des Eisbergs ragt aus dem Wasser des Unbewußten oder Halbbewußten. Die unteren sieben Achtel sind unter der Oberfläche. Wir beherrschen unsere Alltagskultur, aber wir wissen nichts von ihr. Wir wissen vor allem nicht, daß alles auch ganz anders sein könnte, daß das, was uns natürlich scheint, den Angehörigen einer anderen Kultur unnatürlich scheint. Unser Wissen versteckt sich oft in den Tiefenstrukturen der Sprache, die unsere Weltdeutung zwar nicht determiniert, aber stark prägt und gegen Veränderungen resistent macht. Was wir für spontane Gefühle halten, sind oft in Wirklichkeit sprachlich vorgeformte Weltinterpretationen.

Das Kulturschock-Konzept

Die unteren sieben Achtel des Eisbergs werden einem bewußt, wenn man sich in eine andere Kultur begibt; wenn man plötzlich erlebt, daß das Allerselbstverständliche das Allerungewöhnlichste ist; wenn man plötzlich merkt, daß man mit seinem scheinbar ganz natürlichen Verhalten alle anderen schockiert und wenn man das Verhalten aller anderen systematisch mißversteht.

Diese zumeist sehr schmerzhafte Begegnung eines einzelnen oder einer Gruppe mit einer anderen Kultur wird als Kulturschock bezeichnet. Den Kulturschock erleidet immer der Schwächere, der in der Minderzahl befindliche, der Neuankömmling. Die Stärkeren, die sich in der Überzahl Befindlichen, verstehen kaum, warum sich ein Fremder mit ihrer »natürlichen Ungezwungenheit« nicht anfreunden kann.

Interkulturelles Lernen als Überwindung ansozialisierter Verhaltensmuster

Interkulturelles Lernen als Begriff enthält als implizite Norm die Forderung, daß bei der Begegnung von Kulturen mehr passieren muß als ein Kulturschock auf der einen, eine Abstoßungsreaktion auf der anderen Seite. Interkulturelles Lernen geht davon aus, daß die uns ansozialisierte Angst vor Fremden kein Naturschicksal ist, sondern daß wir aus unserer geschichtlichen Erfahrung lernen sollten, daß sämtliche kulturelle Entwicklung aufgrund von Kulturbegegnungen, ja sogar aufgrund von Kulturvermischungen erfolgt sind - sogar der Sprachwandel, wie der große, aber leider bei uns fast vergessene österreichische Sprachforscher Schuchardt schon vor hundert Jahren festgestellt hat. Die Präposition Inter im Begriff Interkulturelles Lernen suggeriert das Überwinden der von der Natur vorgegebenen Ängste und der historisch gewachsenen Barrieren, sie suggeriert auch das Eingehen aufeinander, den Austausch und die Wechselbeziehung zwischen den Kulturen, also die Überwindung äonenalter, auch bei Tieren beobachtbarer Reaktionsweisen auf das Fremde und die Fremden.

Interkulturelles Lernen, so läßt sich nun der gesamte Begriff vorläufig definieren, bedeutet die Bereitschaft, die Begegnung mit anderen Kulturen fruchtbar zu machen:

- um mehr Bewußtsein über die eigene Kultur zu gewinnen,
- um die eigene Kultur, den eigenen Ethnozentrismus, zu relativieren,
- um - im Zusammenleben mit Angehörigen der anderen

Kultur - neue, zukunftsweisende Entwicklungen einer kulturellen Vielfalt zu erproben, z. B. auch Mehrsprachigkeit.

Interkulturelle Erziehung als Konfliktpädagogik

Das falsche Glitzern des Modebegriffs Interkulturelles Lernen dürfte nicht zuletzt daher rühren, daß er Phantasien vom harmonischen Miteinander, vom liebevollen gegenseitigen Umarmen freisetzt - und zwar vor allem bei jenen Menschen, die mit der Fremdenfeindlichkeit und der Minderheitenfeindlichkeit so gar nichts im Sinne haben, sondern die Harmonie wünschen. Doch der Begriff Interkulturelles Lernen kann diese Harmonie, die es in der Wirklichkeit nicht gibt, keineswegs mit Wortmagie herbeizaubern. Kulturen, die einander fremd sind, lösen Angst und Abstoßreaktionen aus, führen zu Vorurteils- und Feindbildkonstruktionen, nicht nur in Österreich, sondern überall. Auch Österreicher im Ausland werden Opfer solcher Vorurteils- und Feindbildkonstruktionen. In Südtirol gelten sie als notorische Apfeldiebe, die autobusweise die Obstkulturen im Etschtal unsicher machen und die Äpfel gleich in Kisten wegtragen - gesehen hat das keiner, aber wissen tut es jeder. Im Norden der Bundesrepublik gelten die Österreicher als die Beherrscher des Reeperbahnzuhältermilieus und Zuhälterkönige, an der mittleren Adria ist mit dem Namen Österreich die weibliche Prostitution eng assoziiert. Vermutlich stimmt das alles genausoviel und genauso wenig wie die österreichischen Vorurteile gegen die Kriminaltouristen aus dem Osten. Was sicher stimmt: Man fühlt sich in seiner Identität bedroht, wenn man sich von Fremden überschwemmt fühlt - oder umgekehrt: Man fühlt sich von Fremden überschwemmt, wenn man selbst eine schwache Identität hat. Eigene Identitätsschwäche ist der beste Nährboden der Fremdenfeindlichkeit.

Es ist daher wichtig, Interkulturelles Lernen nicht als eine Pädagogik des »Seid nett zueinander« zu begreifen. Interkulturelles Lernen ist viel mehr eine Konfliktpädagogik. Es geht beim Interkulturellen Lernen um das Erkennen, das Akzeptieren und das demokratische Austragen dieses Konflikts.

Es geht nicht darum, diesen Konflikt zu lösen, denn er ist seinem Wesen nach nicht lösbar. Wohl aber geht es darum, ihn als das Salz des interkulturellen Zusammenlebens und der interkulturellen Pädagogik zu begreifen. Je besser es gelingt, den Konflikt zu demokratisieren, desto besser das Zusammenleben. Interkulturelles Lernen kann also nur in einer demokratischen, kommunikativen Kultur wirksam werden. Es braucht diese Voraussetzungen als Grundhaltungen, es kann sie nicht neu aus sich heraus schaffen.

Bedeutungsdimensionen des Begriffes »Interkulturelles Lernen«

Interkulturelles Lernen bleibt als Begriff aber immer noch vage, wenn man es so allgemein definiert. Die in ihm schlummernden Bedeutungsdimensionen werden erst dann deutlicher, wenn man den Begriff auf unterschiedliche Realitäten bezieht. Genauer gesagt: Interkulturelles Lernen hat vier unterscheidbare Bedeutungsdimensionen, je nachdem, auf welche Realität es sich bezieht:

- auf das Zusammenleben der österreichischen Mehrheitsbevölkerung mit den autochthonen Volksgruppen der Kroaten, Ungarn, Slowenen und Tschechen,
- auf das Zusammenleben der österreichischen Mehrheitsbevölkerung mit Arbeitsmigranten in industriellen Ballungszentren,
- auf die wirtschaftliche, wissenschaftliche und mediale Vernetzung Europas und der Welt, die derzeit schon - und in naher Zukunft noch viel stärker - traditionelle Kulturgrenzen wird einstürzen lassen,
- auf den modernen Massentourismus und Fernreisetourismus.

Interkulturelles Lernen im Bereich der autochthonen Minderheiten

Interkulturelles Lernen im Bereich der Volksgruppen muß davon ausgehen, daß es oberstes Ziel sein sollte, das Eigene im Fremden zu entdecken, daß also das Fremde nicht wirklich fremd ist, sondern daß es sehr viele gemeinsame Wurzeln und Verbindungen gibt, daß die Volksgruppen das Leben, die Mentalität und die Alltagskultur der Mehrheit zutiefst bestimmt haben. Heute drohen diese kleinen Volksgruppen als Folge eines ungeheuren Assimilationsdrucks zu verschwinden. Interkulturelles Lernen muß darin bestehen, vor allem die Kinder der Mehrheit dafür sensibel zu machen, wie sehr ihre Kultur gemeinsame Wurzeln mit jener der jeweiligen Volksgruppe hat. Es könnte aber auch heißen, ein Stück dieser halbvergessenen und halbverdrängten Gemeinsamkeit wieder zum Leben zu erwecken. Vor allem aber müßte es heißen, eine Kultur der Zwei- oder Mehrsprachigkeit zu entwickeln, die dem wichtigsten Medium der Volksgruppenkultur, der Sprache, mehr Bedeutung beimißt. Verführung der Mehrheit zur Zweisprachigkeit - das müßte ein wichtiges Ziel sein. Zweisprachige Schulen und zweisprachiger Unterricht wären die ideale Voraussetzung zur Erreichung des Zieles.

Interkulturelles Lernen als Integration der Kinder von Arbeitsmigranten

Interkulturelles Lernen als Integration der Kinder von Arbeitsmigranten steht vor einer noch schwierigeren Aufgabe. Denn hier stehen sich Kulturen noch viel unvermittelter gegenüber und der Kulturkonflikt ist auch ein sozialer Konflikt. Die Arbeitsmigranten und ihre Kinder stehen auf der untersten Stufe der Gesellschaftspyramide, sie sind uns kulturell und sozial fremd. Nur die Einrichtung von Magnetschulen, z. B. nach deutschem Vorbild, hat hier wirklich Chancen auf Erfolg. Magnetschulen sind Einrichtungen, die durch ihre pädagogische Qualität Faszination auch auf die Mehrheit ausüben. Zweilehrersystem, optimale Lehrerfortbildung vor allem im Bereich der Gruppenpädagogik und des Soziodramas, dazu noch Supervision, audiovisuelle Ausstattung für besonders effektvolles Lernen, experimentelle Unterrichtsformen, intensiver Elternkontakt sind notwendige Voraussetzungen, um solche Schulen für Angehörige der Mehrheitsbevölkerung und der Arbeitsmigranten gleich attraktiv zu machen. Es wäre wichtig, in diesem Bereich Schulversuche einzurichten, die unterschiedliche Modelle von Magnetschulen erproben. Die eine derzeit in Wien existierende Schule ist ein guter Anfang, aber wir würden noch mehr und noch phantasievollere Experimente brauchen, die vor allem das Schul- und das Klassenklima entwickeln. Auf dieser Basis des sozialen Lernens erst kann Annäherung und Integration beginnen, können Schritte aufeinander zu erprobt werden, kann Auseinandersetzung über kulturelle Unterschiede und verschiedene Sprachen fruchtbar werden. Wenn ein Schul- und Klassenklima so gestaltet werden kann, spricht man von IMMERSION. Immersion ist die Voraussetzung für Zweisprachigkeit. Wenn jedoch diese Bedingungen nicht vorliegen, wenn eine negative Einstellung zur anderen Kultur und zur anderen Sprache vorherrscht, spricht man von SUBMERSION. Sie führt zu Halbsprachigkeit. Zu verhindern ist auf jeden Fall, daß das Interkulturelle Lernen zum Anpassungstraining für die Ausländerkinder verkommt. Interkulturelles Lernen darf nicht zur Einbahnstraße für die Mehrheitskultur werden. Es muß darauf bestehen, daß die Kultur der Minderheit nicht minderwertig, sondern gleichwertig ist. Neben dem Konflikt ist die Verführung das wichtigste pädagogische Medium, um sich dem Fremden zu nähern, um soziales Lernen und Sprachlernen für beide Seiten attraktiv zu machen. Auf keinen Fall jedoch helfen moralische Appelle.

Interkulturelles Lernen als Vorbereitung auf das Zusammenwachsen Europas

Was das Interkulturelle Lernen in Hinblick auf die politische Integration Europas betrifft, so läßt sich schon heute voraussagen, daß in nächster Zukunft bereits die Kenntnis mehrerer Sprachen unabdingbare Voraussetzungen vor dem Abgleiten in das soziale Abseits sein wird; aber auch die Fähigkeit zu erhöhter Mobilität, zum Leben in fremden Kulturen. Bereits heute müssen Zwanzigjährige in technischen Berufen häufig monatelang im Ausland arbeiten, ausgerüstet lediglich mit Geld, monatelang in italienischen Bergdörfern oder portugiesischen Kleinstädten leben. Sie besser auf die kulturelle Realität ihrer Arbeitswelt vorzubereiten, wird sicher bald zu den wichtigsten Aufgaben des Interkulturellen Lernens werden.

Interkulturelles Lernen und Tourismus

Zuletzt noch eine Bemerkung zum Tourismus. Je mehr unsere Kinder in den Ferien ferne Ziele aufsuchen, desto dringender wäre es, auch in der schulischen Erziehung auf Kulturschocks vorzubereiten bzw. vor dem Verhalten als Ugly Austrian oder Ugly European zu warnen und Sensibilität für das Fremde zu entwickeln. Dies ist freilich ein sehr weites Aufgabenfeld, in dem der Schule nur eine bescheidene Rolle zukommen kann. Wenn es ihr gelingt, den Ethnozentrismus insgesamt zum Problem zu machen und die Sensibilität gegenüber allem Fremden zu steigern, hat sie schon sehr viel erreicht.

Zusammenfassung

Zusammenfassend möchte ich nochmals die wichtigsten Punkte in anderen Worten als bisher hervorheben:

Ziele des Interkulturellen Lernens sind
- Überwindung des Ethnozentrismus
- Einfühlungsvermögen in fremde Kulturen
- Entwicklung von gemeinsamen Zukunftsperspektiven in einer multikulturellen Gesellschaft
- Entwicklung einer Kultur der Zwei- oder Mehrsprachigkeit.

Wichtigste Verfahren sind:
- Konfliktpädagogik
- »Verführung«
- Immersion statt Submersion

Organisatorisch-pädagogische Voraussetzungen sind:
- gemeinsame Beschulung von Mehrheit und Minderheit
- Magnetschulen
- besonders intensive Lehrerfortbildung

Didaktische Besonderheiten sind:
- Neue Zweitsprachdidaktik
- Projektunterricht, der das Eigene und das Fremde beforscht
- Viel Raum für soziales Lernen
- Immersion statt Submersion

Ergänzende Bemerkungen zu Schlüsselbegriffen des Interkulturellen Lernens

Zu den Begriffen »Immersion« und »Submersion«

Unter Immersion versteht man das »Hineintauchen« von Kindern in eine andere Sprache und Kultur unter schulischen Bedingungen, die für Zweisprachigkeit und kulturelle Begegnung förderlich sind. Es geht dabei insbesondere um:
- Eine allgemeine Einstellung, die der Mehrsprachigkeit gegenüber aufgeschlossen und interessiert ist;
- Ermunternde und stützende Zuwendung des Lehrers zu den Sprechern der zweiten Sprache;
- Mehr Ermutigungen statt Bewertung von seiten des Lehrers;
- Positive Rolle der Sprecher der zweiten Sprache in der Gruppe (z. B. Übernahme einer Lehrerrolle, wenn es darum geht, Elemente der zweiten Sprache und Kultur einzuüben);
- Positive Beziehung der Schule zu den Eltern dieser Kinder.

Unter Submersion versteht man das eher erzwungene als freiwillige Eintauchen eines Kindes aus der schwächeren Kultur- und Sprachgruppe in die einsprachige Schule bzw. den einsprachigen Unterricht der stärkeren Kultur und Sprache unter Bedingungen, die Herkunftskultur und Herkunftssprache als weniger wertvoll und unerwünscht erscheinen lassen. Im besonderen handelt es sich um:
- Das Verbot, kulturelle Besonderheiten der Minderheitskultur in der Schule darzustellen (z. B. das Verbot, Kopftücher zu tragen);
- Die Verbannung von Äußerungen in der Muttersprache für Kinder der schwächeren Sprachgruppe;
- Tadelnder, ständig kontrollierender, überwachender und strafender Unterrichtsstil;
- Frontalunterricht mit starker Lehrerdominanz;

- Untergeordnete Rolle der SchülerInnen aus der Minderheit im Unterricht;
- Wenig Kontakt zu den Eltern der SchülerInnen aus der Minderheit.

Zu den Begriffen »Zweisprachigkeit« und »Halbsprachigkeit«

Unter Zweisprachigkeit faßt man gewöhnlich recht unterschiedliche Ausprägungen eines Phänomenes zusammen: daß jemand ungefähr gleich gut über zwei Sprachen verfügt. Man unterscheidet zum Beispiel zwischen natürlicher und kultureller Zweisprachigkeit, zwischen elitärer und vernakulärer Zweisprachigkeit, zwischen koordinierter und interferierender (gemischter) Zweisprachigkeit. Hier ist immer koordinierte Zweisprachigkeit gemeint. Sie bezeichnet die Beherrschung zweier getrennter linguistischer Systeme in ungefähr gleich ausgeprägter Kompetenz, ohne Interferenzerscheinungen. Diese Art von Zweisprachigkeit steigert die allgemeine sprachliche Kompetenz und ist förderlich für die Entwicklung der allgemeinen (auch der nichtsprachlichen) Intelligenz.

Unter Halbsprachigkeit versteht man eine »verunglückte« Zweisprachigkeit, die oben unter dem Begriff der interferierenden (oder gemischten) Zweisprachigkeit abgehandelt wurde. Der Begriff Halbsprachigkeit bezeichnet das Phänomen, daß ein Individuum zwei Sprachen zwar in der Alltagskonversation etwa gleich gut (oder besser: gleich schlecht) beherrscht, aber meist mit zahlreichen Interferenzen von der einen Sprache in die andere, daß aber alle Sprachfunktionen, die nicht den direkten vis-à-vis-Kontakt und den sogenannten small talk betreffen, also zum Beispiel das Referieren, das Reden über abstrakte Zusammenhänge, die Diskussion über allgemeine Probleme, schriftliche Darstellungen etc. sehr schlecht, wenn überhaupt ausgebildet sind.

Unter Bedingungen der Immersion entsteht koordinierte Zweisprachigkeit. Unter Bedingungen der Submersion entsteht Halbsprachigkeit. Von Halbsprachigkeit sind vor allem die Kinder der Minderheit bedroht, wenn sie unter Bedingungen der Submersion beschult werden.

SOZIOKULTURELLE BEDINGUNGEN FÜR DAS ÜBERLEBEN KLEINER MINDERHEITEN

Rechte, Pflichten und Möglichkeiten von Minderheiten

Wenn ich im folgenden von Rechten, Pflichten und Möglichkeiten der Minderheit spreche, dann stelle ich keine juristische Analyse an, weder vom Standpunkt der Menschenrechte noch vom Völkerrecht bzw. vom speziellen Minderheitenrecht. Ich bin kein Jurist, sondern Sozialwissenschaftler. Was ich kann und will: Sozialpsychologische Überlegungen anstellen, welche sich auf Fragen der individuellen und kollektiven Identität von kleinen, autochthonen Volksgruppen beziehen.

Das hat mit Fragen von Sprache, Muttersprache, Kultur und Nation zu tun, aber auch mit grundlegenden Fragen wie Arbeit, Wirtschaft und Herrschaft. Wie Sozialwissenschaftler wissen, hängt immer alles mit allem zusammen. Doch wenn es darum geht, die spezifische Problematik kleiner autochthoner Volksgruppen genauer in den Blick zu bekommen, dann empfiehlt sich, einige dieser Zusammenhänge herauszugreifen, um sie deutlicher vor Augen zu haben als andere. Diese, so läßt sich aus der internationalen Forschung ablesen, sind vor allem solche des Zusammenhangs von sozialer Situation der Volksgruppe und ihrem Selbstbewußtsein, sozialer Integration und ihrer Selbstbestimmung, sozialem Gedächtnis und ihrer Selbstdefinition.

Ich kann hier die einzelnen Problemfelder freilich immer nur andeuten, ohne sie ausführlich zu entfalten. Im folgenden werde ich also eher in Thesenform als in dialektischer Argumentation zu referieren gezwungen sein. Ich will versuchen, jeweils diagnostische Thesen und Postulate zu verbinden, um daraus Rechte und Pflichten von Minderheiten abzuleiten.

Ich gehe davon aus, daß die Bewahrung einer eigenen Sprache und einer eigenen Kultur für eine kleine Gruppe von Menschen nur dann möglich ist, wenn diese Sprache und diese Kultur irgendeine öffentliche Funktion im Alltagsleben der Gruppe haben. Wenn Sprache und Kultur nur im privaten Bereich benützt und gepflegt werden, aus welchen Gründen auch immer, wie engagiert auch immer, sind sie doch früher oder später dem Untergang geweiht.

Warum?

Sprache ist ihrem Wesen nach ein Medium der Öffentlichkeit; sie verdankt ihre Entstehung dem Zwang der conditio humana, sich gesellschaftlich zu organisieren, um das eigene Überleben zu sichern. Der Ursprung der Sprache ist die gesellschaftliche Arbeitsteilung, die Überwindung der Symbiose, der Intimität und der Privatheit.

Wer eine Minderheitensprache in den privaten Bereich zurückdrängen möchte bzw. ihr den öffentlichen Bereich verwehrt, der nimmt ihr die Basis ihrer Existenz. In der Privatheit können sich nur Privatsprachen entwickeln. Das sind Intimsprachen mit sehr hohem emotionalen Gehalt, aber großer Beschränktheit im kognitiv- intellektuellen Bereich; Sprachen, die den Reichtum der Erfahrungswelt weder abbilden noch beeinflussen können, weil sie auf ein kleines Segment des Lebens eingeschränkt sind.

Wenn die soziale Situation einer ethnischen Minderheit dadurch gekennzeichnet ist, daß ihre Angehörigen im Rahmen einer ethnisch-nationalen Arbeitsteilung (zum Begriff »ethnisch-nationale Arbeitsteilung vgl. Reiterer 1986) ganz bestimmte Berufsfelder besetzen - etwa die Italiener in Südtirol, die vor allem Industriearbeiter sind -, dann ist das für den Weiterbestand und die Entwicklungsperspektiven ihrer Sprache und Kultur schlechter, als wenn sie eine voll entwickelte Sozialstruktur hätte. Aber es ist immer noch besser, als wenn sie - etwa aufgrund der schwierigen wirtschaftlichen Lage in ihrem Siedlungsgebiet - zum Auspendeln in industrielle Ballungszentren außerhalb dieses Gebietes gezwungen wäre. Beispiele gibt es en masse: Slowenen in Kärnten, Sarntaler in Südtirol (zur Zeit des Faschismus), Kroaten im Burgenland etc. Wenn aber zumindest ein Teil der gesamten für die Gesellschaft notwendigen Arbeit von der Minderheit wahrgenommen wird, dann gibt es, wie beschränkt auch immer, zumindest einen Bereich, in dem die Sprache öffentliche Funktion hat, d. h. Arbeit organisiert, reguliert, kontrolliert.

Davon leite ich ab, daß es das Recht einer Minderheit sein muß, in ihrer Region genügend Arbeitsmöglichkeiten zu haben, aber auch am Arbeitsplatz die eigene Sprache zu gebrauchen. Wenn ihr dieses Recht nicht zugestanden wird, dann kommt dies letztlich einer Sprachbeschränkung gleich, die selbst durch größtes Engagement im Schul- und Bildungsbereich nicht wettgemacht werden kann. Pflicht einer verantwortungsvollen Minderheitenpolitik muß es also sein, Arbeitsplätze im Siedlungsbereich der Minderheit zu schaffen. Dies ist die allererste Aufgabe, die jeder anderen vorangeht. Nur wenn es möglich ist, Arbeit und Einkommen in der eigenen Region zu finden, hat die Kulturarbeit eine Basis, auf der sie sinnvoll aufbauen kann. Minderheitenförderung heißt also in erster Linie Regionalentwicklung; sie ist die Grundlage dafür, daß sprachliche und kulturelle Entwicklung einer kleinen Volksgruppe überhaupt möglich wird (vgl. dazu Rektorenkonferenz 1989, S. 183 ff.).

Der zweite Problembereich, den ich ansprechen will, ist die Gestaltung des Verhältnisses von Mehrheit und Minderheit, so wie es in der Gestaltung von Institutionen zum Ausdruck kommt. Es gibt dafür traditionellerweise zwei Modelle. Ein drittes ist erst im Entstehen begriffen, obwohl es eigentlich eine sehr alte Tradition hätte.

Das erste Modell möchte ich als Assimilationsmodell bezeichnen: Die Minderheit wird von der Mehrheit mehr oder weniger schnell absorbiert. Solche Assimilationsmodelle existieren überall dort, wo der Volksmund von »Schmelztiegeln« spricht: etwa das Wien der Habsburgermonarchie, das New York der ersten Hälfte unseres Jahrhunderts. Es handelt sich dabei um eine herrschaftliche Gestaltung des Mehrheits-Minderheitsverhältnisses. Die Sprache und die Kultur der Mächtigen sind die einzigen offiziell zulässigen Medien, Normen und Wertvorstellungen. Auf Ämtern, in Medien, an Schulen wird nur diese Sprache der Macht gestattet. Sozialer Aufstieg ist mit ihrer Beherrschung verbunden. Soziales Ansehen hängt davon ab, inwieweit man sich in allen Lebensbereichen in dieser Sprache bewegen kann (vgl. dazu Boeckmann, B./Brunner, K.-M./Egger, M./Gombos, G./Juriç, M./Larcher, D. 1988).

Es gibt ethnische Minderheiten, die von sich aus solche Assimilationsmodelle akzeptiert und sogar unterstützt haben, z. B. in gewissem Maße die um die Jahrhundertwende aus dem Osten nach Wien gezogenen Juden, aber auch Teile der burgenländischen Kroaten, die vom kroatischen Politiker Robak überzeugt wurden, daß für sie die Assimilation das beste sei. Aber meistens ist ein solches Assimilationsmodell nur mit Gewalt durchzusetzen. Bei Gewalt darf man freilich nicht nur an physische Vertreibung und Vernichtung denken - das war die Gewalt der Nationalsozialisten -, sondern an unpersönliche, wenig spektakuläre Gewalt. Damit meine ich im Anschluß an den Friedensforscher Galtung eine Gewalt, die durch Verteilung von Geldern, von Förderungskonzepten, von institutionellen Regeln ausgeübt wird. Man bezeichnet sie als »strukturelle Gewalt« (Galtung 1975). Wenn z. B. Schulen so eingerichtet sind, daß ein eigener Spießrutenlauf nötig ist, um Unterricht in der Muttersprache für ein Kind zu erhalten, handelt es sich um strukturelle Gewalt. Wenn es z. B. einen Erlaß einer staatlichen Stelle gibt, daß im Bereich ihrer Institution nur die Mehrheitssprache gebraucht werden darf, handelt es sich um strukturelle Gewalt. Wenn z. B. Behörden verhindern, daß im Siedlungsbereich der Minderheit zweisprachige Ortstafeln aufgestellt werden, handelt es sich um strukturelle Gewalt. Es gibt unzählige solche Erscheinungsformen struktureller Gewalt. Sie alle zielen auf Assimilation.

Das zweite Modell möchte ich als Apartheidmodell bezeichnen: die Minderheit hat möglichst wenig Berührungspunkte mit der Mehrheit. Die Politik zielt darauf ab, getrennte Lebensbereiche in Arbeit und Freizeit, Institutionen und privaten Einrichtungen zu schaffen. Das ist häufig die Politik von Machteliten, die auf diese Art und Weise die Schwächeren in einem Zustand der Abhängigkeit halten wollen. Aber es gibt auch Beispiele für Minderheiten, die ihr Überleben durch solche Apartheidmodelle zu sichern glauben. Es war zum Beispiel expliziter Wille der deutschsprachigen Südtiroler Volksgruppe, eigene Schulen, eigene Vereine, ethnischen Proporz bei der Stellenbesetzung anzustreben. »Je besser wir trennen, desto besser verstehen wir uns«, pflegte der in den Ruhestand getretene deutsche Kulturassessor zu sagen. Viele weiße Minderheiten in den USA leben z. B. nach diesem Modell, etwa Polen, Italiener, orthodoxe Juden in New York.

Das dritte Modell möchte ich als ein dialektisches Modell bezeichnen, in dem Nähe und Distanz, Bindung und Trennung, Integration und Separation von Mehrheit und Minderheit in Wechselwirkung zueinander stehen. Hier wird das Zusammenleben so organisiert, daß Mehrheit und Minderheit in zentralen Bereichen gemeinsame Ziele verfolgen, aber bei aller Gemeinsamkeit doch in unterschiedlichen Sprachen; daß es aber auch Bereiche gibt, in denen die Angehörigen der Minderheit unter sich sind, um eigene Positionen zu klären. Dieses Modell funktioniert nach der aus der psychoanalytischen Sozialisationstheorie stammenden Regel: »Je besser die Bindung, desto besser die Trennung« (Stierlin 1975). In seinem ursprünglichen Sinn ist dies familiendynamisch gemeint: Je besser die Beziehungen zwischen Eltern und Kindern sind, desto eher gelingt es den Eltern, ihre Kinder loszulassen, desto eher gelingt es den Kindern, sich von den Eltern zu lösen, weil beide wissen, daß es kein Abschied für immer ist. Umgekehrt, je schlechter und gestörter die Beziehungen zwischen Eltern und Kindern, desto schwieriger wird die Trennung, weil jeder dem anderen noch etwas nachzutragen hat, weil es noch unzählige offene Fragen und Konflikte gibt und weil das Vertrauen fehlt, daß der andere, auf sich alleine gestellt, sich im Leben behaupten könne. Zwischen der Mehrheit und der Minderheit ist es ähnlich. Nur wenn ihre Beziehungen sehr gut sind, können sie sich auch Bereiche zugestehen, in denen sie völlig unabhängig voneinander sind. Deutlich wird dies in Österreich insbesondere dort, wo die Volksgruppen engen Kontakt zu den in anderen Staaten lebenden, als Nationen organisierten Mitgliedern ihrer Volksgruppen suchen, etwa die burgenländischen Ungarn zu den Ungarn des Nachbarstaates Ungarn, die Kärntner Slowenen zu den Slowenen der Republik Slowenien.

Aus all dem ziehe ich Schlüsse für Minderheitenpolitik und glaube, daraus auch Rechte und Pflichten von Minderheiten ableiten zu können:

Mir scheint das Modell 3, also die Dialektik von Integration und Separation, das wünschenswerteste Verhältnis zwischen Mehrheit und Minderheit zu sein. Das Assimilationsmodell wird mit einem viel zu hohen Preis erkauft: dem Preis der Sprachlosigkeit und des Identitätsverlustes breiter Bevölkerungsschichten (Larcher 1988, S. 59-63). Die Folge davon ist eine Tendenz zu undemokratischer, autoritärer Politik.

Das Apartheidmodell verhindert die Entstehung einer neuen, gemeinsamen Kultur. Es zwingt zu konservativen bzw. reaktionären Haltungen, weil es Identität, Sinn und Ziel jeder Gruppe nur aus deren Vergangenheit definieren kann.

Andererseits ist das dialektische Modell, das auf einer die ethnisch-sprachlichen Gegensätze übergreifenden gemeinsamen Identität von Mehrheit und Minderheit beruht, nur dann durchführbar, wenn sich die Mehrheitsbevölkerung in einigen wesentlichen Punkten auf die Minderheit einläßt. Zum Beispiel ist es unverzichtbar, daß alle Mitglieder der Mehrheitsbevölkerung, die im Territorium der Minderheit leben, zumindest passiv die Sprache der Minderheit beherrschen. Es sollte dazu als rechtlicher Rahmen das Territorialprinzip gelten (vgl. Rektorenkonferenz 1989, S. 139 ff.).

Es ist das Recht einer Minderheit, darauf zu bestehen, daß ihr die Mehrheit entgegenkommt. Erstens ist ihr nur dadurch möglich, die eigene Sprache öffentlich zu gebrauchen. Zweitens wird dadurch eine Reziprozität der Anpassungsleistungen zwischen Mehrheit und Minderheit erreicht, die der Minderheit signalisiert, daß sie zwar minder an Zahl, aber nicht minder an Wert ist. Mein Plädoyer geht also in Richtung auf Zweisprachigkeit als Pflicht für jeden Bewohner einer Region, wo Minderheitenvolksgruppen siedeln.

Spezielle Pflicht einer Minderheit ist es, ihre Sprache und ihre Kultur der Mehrheit so zugänglich wie nur möglich zu machen. Im Grunde geht es darum, daß Angehörige der Mehrheitsbevölkerung bei jedem Kontakt mit der Minderheit ermutigt werden sollten, sich auf das Andere, das Fremde einzulassen. Dies setzt freilich große Anstrengungen in der Bildungsarbeit der Minderheit voraus, denn es wird ja mit dieser Forderung quasi von jedem verlangt, daß er ein Sprachpsychologe und ein Sprachdidaktiker und ein linguistischer Public Relations Manager sein sollte. Obwohl ich mir der Utopie bewußt bin, bin ich doch - aufgrund meiner Erfahrungen mit Minderheiten - der festen Überzeugung, daß hier vom einzelnen viel zur Verbesserung des Mehrheits-Minderheitsverhältnisses beigetragen werden kann.

Der dritte und letzte Problembereich, auf den ich hier zu sprechen komme, ist das kollektive Gedächtnis (der Begriff »kollektives Gedächtnis« wurde von Maurice Halbwachs im

Anschluß an Durkheim geprägt; vgl. Halbwachs, 1967; Bertaux/Bertaux-Wiame 1985, S. 146–165). Unter kollektivem Gedächtnis versteht man jene Erinnerungen an die Vergangenheit, die in den »kleinen Leuten« tatsächlich weiterleben und für die Bildung kollektiver Identität verantwortlich sind. Das kollektive Gedächtnis ist die Geschichte von unten, die Geschichte aus der Perspektive des Alltagsmenschen.

Mit Hilfe dieses kollektiven Gedächtnisses halten Gruppen ganz bestimmte Erinnerungen fest, verdrängen andere und interpretieren das Festgehaltene so, daß daraus eine plausible Erklärung ihrer gegenwärtigen psychosozialen Lage erwächst. Das kollektive Gedächtnis ist ein Tummelplatz für alle nur erdenklichen Tricks des Unbewußten, um aus der Vergangenheit eine große Legitimationsfigur der Gegenwart zu konstruieren. Es bestätigt immer wieder, daß alles ist, wie es gekommen ist, daß es kommen mußte, wie es ist, und daß die gegenwärtige Lage ein unabwendbares Schicksal ist. Dieses kollektive Gedächtnis neigt zu Interpretationsmustern, die Geschichte als Schwarzweißgemälde darstellen, in denen wir die Guten und die anderen die Bösen sind. Alle Minderheiten, aber auch Mehrheiten, die mit Minderheiten konflikthaft zusammenleben, neigen zu solchen Geschichtsinterpretationen.

Ich halte es für eine sehr wichtige Aufgabe, daß Mehrheit und Minderheit sich auf ein gemeinsames Geschichtsbild einigen; daß sie der Legendenbildung, der Verdrängung und der Heroisierung der Vergangenheit entgegenwirken, indem sie

a) in die geschichtliche Darstellung der Region alle jene Ereignisse und Strukturen aufnehmen, die zur Entstehung der gegenwärtigen Situation beigetragen haben;
b) in der Bewertung dieser Ereignisse und Strukturen auf Schwarzweißmalerei verzichten und statt dessen auf die Bedingtheit und die Relativität all dieser Prozesse verweisen.

Nur dadurch scheint mir gesichert, daß - vermittelt über ein gemeinsames Geschichtsbild - so etwas wie eine übergreifende multikulturelle regionale Identität entsteht, die meiner Einschätzung nach ein Garant für das Überleben kleiner Minderheiten in unserer gegenwärtigen Gesellschaft sein kann. Wenn Minderheiten auf ihre heroischen Geschichts-

bilder, Mehrheiten auf ihre legitimatorischen Geschichtsbilder bestehen, führt dies notgedrungen zu feindlich einander gegenüberstehenden Identitäten der jeweiligen Gruppen, die durch nichts mehr versöhnbar sind.
Drei Rechte halte ich als unverzichtbar für jede Minderheit:

1. Das Recht auf öffentlichen Gebrauch der eigenen Sprache; am Arbeitsplatz, in öffentlichen Institutionen.
2. Das Recht auf ein sprachlich-kulturelles Entgegenkommen der Mehrheitsbevölkerung, das sich darin äußert, daß diese Mehrheitsbevölkerung zumindest passive Kenntnis der Minderheitensprache hat.
3. Das Recht auf ein Geschichtsbild, in dem auch die eigene Identität positiv aufgehoben ist.

Damit hängen auf engste die Pflichten von Minderheiten zusammen:

1. Die Pflicht, zur eigenen Sprache und Kultur zu stehen, auch wenn Schwierigkeiten damit verbunden sind.
2. Die Pflicht, die eigene Sprache und die eigene Kultur für die Angehörigen der Mehrheit so zugänglich wie möglich zu machen; die eigene Sprache nicht als Geheimsprache, als Mittel zur Ausgrenzung zu benützen.
3. Die Pflicht, über den eigenen Schrebergarten hinauszublicken, um auf eine gemeinsame Geschichte und eine gemeinsame Identität der Region hinzuarbeiten. Nicht Ethnozentrismus der kleinen Gruppe, sondern multikulturelle Identität muß das Ziel sein.

Ich hätte jedoch mit meinen Thesen falsche Illusionen genährt, wenn nun der Eindruck entstünde, es wäre möglich, daß Mehrheit und Minderheit in konfliktfreier Harmonie eine Gemeinschaft bilden könnten.

Das ist aus mehreren Gründen unmöglich. Ich nenne zwei davon.

Um die Kultur einer Minderheit verstehen zu können, muß man in ihr sozialisiert sein (ich sage absichtlich nicht »hineingeboren«, um den Verdacht erst gar nicht aufkommen zu lassen, es handle sich dabei um Gesetze der biologischen Erbfolge). Man mußt also in ihr sozialisiert sein, was soviel heißt wie »in sie hineingewachsen«, sodaß man nicht nur ihre Weltdeutungen, sondern auch ihre Gefühlslagen teilen kann.

Wer eine Minderheit nur mit dem Kopf verstehen will, kann sie nicht verstehen. Erst eine langdauernde Phase geteilten Lebens kann jene Informationen vermitteln und jene Erfahrungen ermöglichen, die das Verstehen anbahnen. Dazu ist ein Perspektivenwechsel notwendig.

Diese Barriere, nämlich daß bloße Information zum Verstehen der Minderheit nicht genügt, wird durch eine zweite noch verstärkt. Diese zweite Barriere ist eine ganz besonders heikle, da sie vom Unbewußten kommt und sich der Kontrolle des Verstandes entzieht. Die Minderheit (jede Minderheit!) repräsentiert für die Mehrheit das Fremde, das ganz andere. Aber dieses Fremde, dieses ganz andere, ist in Wirklichkeit nur scheinbar fremd und nur scheinbar ganz anders. Alles, was die Minderheit von der Mehrheit unterscheidet, Sprache, Kultur, Lebensform, ist nichts anders als eine von der Mehrheit nicht realisierte Lebensmöglichkeit. Das Eigene und das Fremde sind nicht getrennte Bereiche. Das Fremde steckt zutiefst im Eigenen drinnen. Aber es wird verdrängt, weil es nicht akzeptiert werden kann/nicht akzeptiert werden darf. Weil die Verdrängung so mühevoll ist, ist sie auch leicht zu irritieren. Jede Minderheit stellt eine solche Irritation für die Mehrheit dar; gleichsam eine Verführung, dieses Fremde in sich selbst, von dem man instinktiv ahnt, daß man es in sich trägt, auch nach außen zu bekennen. Um diese Verführung abzuwehren, um sich selbst in seiner Identität stark und sicher zu fühlen, wendet man sich gegen die Fremden draußen, denn dadurch kann man das Fremde in sich selbst besser bekämpfen (vgl. Larcher 1988a, S. 27–51).

Dies gilt am allermeisten für Assimilanten, denn bei ihnen ist die andere/die fremde Identität ganz dicht unter der Oberfläche ihrer Angepaßtheit an die Mehrheitskultur, an die Mehrheitssprache. Sie bekämpfen am allermeisten die eigene Lebensgeschichte, die sie durch ihre Assimilation zu verlassen versuchten. Da sehr viele Österreicher Assimilanten sind oder von Assimilanten abstammen, und zwar nicht nur im Burgenland und in Kärnten, sondern auch in Wien, in Niederösterreich, in Tirol und in Vorarlberg, haben sie Schwierigkeiten mit den Volksgruppen. Ihre eigene Zugehörigkeit zur Mehrheitskultur ist nicht so selbstverständlich, als daß sie sich mit freundlichem Interesse und großzügiger Gelassenheit auf die Gemeinsamkeit mehrerer Sprachen und mehrerer Kulturen einlassen könnten.

Diese Gründe also - aber nicht nur sie! - verhindern, daß Mehrheit und Minderheit sich problemlos verstehen können. Statt der harmonischen Idylle gibt es in der Realität das notwendige gegenseitige Mißverstehen. Dieser Begriff wurde von Heintel in die Minderheitendiskussion eingebracht. Ich sehe darin einen wichtigen Erkenntnisfortschritt, der es ermöglicht, realistische Handlungsperspektiven zu entwickeln (vgl. Heintel 1982, S. 301–328). Gegen dieses Mißverstehen ist kein Kraut gewachsen. Die einzige Möglichkeit, die uns bleibt und die für ein gutes Klima im Mehrheits-Minderheitsverhältnis von größter Bedeutung ist, besteht darin, dieses notwendige gegenseitige Mißverstehen demokratisch zu organisieren. Daran erweist sich die demokratische Reife einer Gesellschaft, daß sie ihre Minderheiten, im speziellen ihre Volksgruppen weder in die Isolation treibt noch in einer erstickenden Umarmung an die Mehrheitsbrust drückt, sondern für eine Konfliktkultur sorgt, in der die unvermeidlichen Gegensätze kommunikativ ausgetragen werden und wo lediglich der zwanglose Zwang des besseren Arguments (Habermas) herrscht.

Was die Zukunftsperspektiven einer kleinen Volksgruppe betrifft, so sehe ich drei Möglichkeiten:

Möglichkeit 1: Identifikation mit dem Aggressor

Das würde heißen, die Volksgruppe gibt sich selbst auf, weil sie dem Assimilationsdruck der Mehrheit nicht standhalten kann, weil Produktion, Kulturbetrieb, aber auch private Beziehungen ohne Anpassungen an die Mehrheit nicht möglich sind.

Möglichkeit 2: Musealisierung

Die Volksgruppen verlegen sich ganz auf Brauchtumspflege und Kulturarbeit. Sie hängen sich an den »Infusionstopf« staatlicher Minderheits- und Kulturförderung (J. Zimmer) und zeigen den staunenden Touristen aus dem In- und Ausland gegen Barzahlung ihre exotischen Stammesriten, lassen sich von Forschern beforschen und von Künstlern malen. Aber der Alltag sieht anders aus. Da paßt man sich der Mehrheitskultur an, spricht deutsch und schwimmt mit im Strom der herrschenden Alltagskultur der Mehrheit.

Möglichkeit 3: Mitteleuropa

Die Minderheiten nützen ihre Situation, ihre Lage am Grenzbereich zweier Gesellschaftssysteme, ihre sprachlich-kulturelle Verankerung im Fremden. Ihre politisch-ökonomische Identifikation mit Österreich macht sie in der derzeitigen Situation, da die östlichen Nachbarn die totalitäre Diktatur abgeschüttelt haben, zum Vermittler zweier Welten. Dies könnte die Stunde der kleinen Volksgruppen in Österreich sein; aber nur dann, wenn sie auf ihre eigene Kraft und ihre eigene Fähigkeit vertrauen, der Dolmetscher zwischen Österreich und den östlichen Nachbarn zu sein: sprachlich, kulturell, mentalitätsmäßig. Dies wäre eine Rolle zwischen den Kulturen, ein Pendeln mit der Identität, ein Schritt in Europas Zukunft, trotz seiner regionalen Beschränkung.

Soll man Minderheiten in ihrer Kultur bilden?

Wer ist »man«? Was heißt »Minderheit«? Was heißt »Kultur«? Kann man überhaupt jemanden bilden? Ist »bilden« ein transitives Verb? Kann Bildung außerhalb der eigenen Kultur erfolgen? Mit diesen Fragen hat sich unsere Forschungsgruppe (Boeckmann/Brunner/Egger/Gombos/Juriç/Larcher), in deren Namen ich schreibe, lange Zeit auseinandergesetzt.

Versuchen wir eine kurze Antwort, um nicht schon als Einleitung ein Endlostraktat zu produzieren. Am besten, wir zitieren große Namen: Kant, Hegel, Marx, Freud, Adorno, Habermas. Von ihnen leiten wir unser Bildungsverständnis ab. Bildung ist in unserem Verständnis mit dem Projekt der Aufklärung untrennbar verbunden - sie ist die Aufklärung, verstanden als Ausgang aus selbstverschuldeter Unmündigkeit. Von all den unterschiedlichen Ansätzen wollen wir festhalten, daß Bildung die Freisetzung der universalen, öffentlichen, zwanglosen, herrschaftsfreien Momente des individuellen und kollektiven Lebens erstrebt. Bildung in diesem Sinn verträgt sich nicht mit Wortwahl und grammatisch-syntaktischer Struktur des Titels. Dessen Sprache suggeriert ein Herrschaftsverhältnis, ein Subjekt-Objekt-Gefälle, und zwar auf beiden sprachlichen Ebenen. Wir schlagen daher vor, den Titel umzuformulieren: »Sollen marginalisierte Gruppen sich in ihrer Kultur bilden?« Wobei wir stillschweigend unterstellen, Kultur meine die Gesamtheit der von dieser Gruppe im Verlaufe ihrer geschichtlichen Entwicklung geschaffenen materiellen und ideellen Werte und den Umgang mit diesen Werten. Wir formulieren nochmals, diesmal die unausgesprochene Alternative verbalisierend: »Sollen marginalisierte Gruppen sich in ihrer Kultur bilden - oder sollen sie sich an die herrschende Kultur anpassen?«

Solange die Frage auf diesem Niveau von Abstraktheit gestellt wird, lassen sich von den impliziten Prämissen der von uns chiffrenhaft angedeuteten Bildungskonzeption zahlreiche kluge Sätze deduzieren. Wir nehmen an, daß jeder halbwegs diskursfähige Mensch einem Bildungsbegriff zustimmen würde, der »reziproke Herstellung aller beteiligten Willensinteressen im Medium des herrschaftsfreien Diskurses« (Apel 1976, S. 361) meint. Damit wäre aber nur verbale Festmusik zum Tönen gebracht, die gegenüber widerständiger gesellschaftlicher Praxis folgenlos bliebe.

Statt weiter in der dünnen Höhenluft bildungstheoretischer Konzeptbildungen zu turnen, wollen wir uns der Praxis zuwenden - nicht um die Theorie zu verabschieden, sondern um zu überlegen, inwieferne die Leitideen abendländischer Aufklärung - Freiheit, Gleichheit, Brüderlichkeit, Recht auf Glück, Transformierung unsittlicher Verhältnisse in sittliche - als Reflexionsbasis von Bildungsarbeit in konkreten Situationen geeignet sind. Wir schildern also Praxis, aber nicht, um die Theorie zu verifizieren oder zu falsifizieren, sondern um den (notwendigen) Gegensatz zwischen Theorie und Praxis herauszuarbeiten und zu überlegen, inwieferne ein Insistieren auf den Begriffen fruchtbar auf die Praxis zurückwirken kann.

Wir arbeiten in Kärnten. Wir sind aber als Universitätsangehörige nicht gänzlich in die Kärntner Gesellschaft integriert. Wir sind teilnehmende Beobachter im Kärntner Volksgruppenkonflikt. Als engagierte Wissenschaftler war es für uns von Anfang an klar, daß wir Partei ergreifen müßten; daß es nicht unsere Aufgabe sein könne, in den Auseinandersetzungen zwischen der deutschsprachigen Mehrheitsbevölkerung und der slowenischsprachigen Volksgruppe den unbeteiligten Schiedsrichter zu spielen, der ex cathedra seine wissenschaftlichen Urteile fällt. Eine solche Haltung wäre nicht nur theoretisch und forschungspraktisch paradox gewesen, sondern hätte auch nur wirkungslose Ergebnisse zeitigen können: denn niemand ist in praktischen Fragen ohne Diskurs der Wahrheit näher als ein anderer. Der Versuch für andere denken zu wollen, hätte sich rasch als Anmaßung der Theoretiker entpuppt.

Diese Theoretiker, »teilnehmende Beobachter«, sind freilich auch selbst Betroffene. Wir agieren in einer Doppelrolle, indem wir direkt in die lebensweltlichen Probleme der Region als Mitglieder der Gesellschaft verstrickt sind bzw. uns in diese Gesellschaft hineindrängen, aber zugleich auch draußen stehen, einer internationalen Forschergemeinschaft und dem Ideal der wissenschaftlichen Wahrheit verpflichtet. Zwischen zwei Betroffenheiten pendelnd, nähern wir uns manchmal mehr der alltagspraktischen Ebene, um dann wieder die wissenschaftlichen Diskurswelten aufzusuchen. Dies macht uns stark und schwach zugleich. Stark, weil zu wenigen Rücksichten und Kompromissen verpflichtet, schwach, weil durch unseren Wechselschritt zwischen diskurstheoretischer Wahrheit und alltäglicher Wirklichkeit bei den Menschen der Eindruck entsteht, wir säßen letztlich immer im Trockenen - wir seien nie in Probleme so existentiell involviert, wie sie es sind (was hier nicht bestritten werden soll).

Unsere Vorentscheidung, Weiterbildungsarbeit als Engagement für die schwächere der beiden Gruppen, also die slowenische Volksgruppe, zu betreiben, ist bereits Folge der Auseinandersetzung mit den zentralen Begriffen der Aufklärung. Hegels Modell reziproker Anerkennung war die latente Interpretationsfolie der Deutungen unserer Beobachtungen im sozialen Feld: »Nur der Mensch, der bereit ist, sich auf den Anderen hin selbst zu verlassen (aus seinem selbstbeharrenden Solipsismus heraus), vermag durch die Anerkennung des Anderen sich selbst anzuerkennen. Durch die Aufhebung dieser Entäußerungsbewegung erhält sich der Mensch zweifach zurück, indem er wieder sich gleich wird, aber bereichert um den internalisierten Anderen, der durch die Aufhebung der Entäußerung wieder befreit wird« (Steinlechner 1987, S. 125). Alle unsere Beobachtungen liefen darauf hinaus, daß wir glaubten, bei der deutschsprachigen Mehrheitsbevölkerung keinerlei Anzeichen für die Anerkennung des anderen entdecken zu können, bei der slowenischsprachigen Volksgruppe dagegen eine stärkere Anerkennung des anderen, aber vielfach ohne Aufhebung der Entäußerungsbewegung. In anderen Worten: Wir nahmen wahr, daß die deutschsprachige Mehrheitsbevölkerung keinerlei Verständnis für die Anliegen der slowenischsprachigen Volksgruppe aufzubringen schien; daß die slowenischsprachigen Volksgruppe dagegen große Assimilationsbereitschaft an die deutschsprachige Mehrheitsbevölkerung zeigte. Dies fanden wir auch durch einen Blick auf die Statistik bestätigt. 1900 wurden 75.136 Slowenen gezählt, 1981 nur mehr 16.552.

Das psycho-soziale Klima des Landes schien uns eine direkte Folge der verweigerten Dialektik der Anerkennung zu sein: das Fehlen einer kritischen Öffentlichkeit im Sinne bürgerlicher Aufklärung, eine Kultur des öffentlichen Schweigens, regressive Weltdeutungsmuster (Freund-Feind-Bilder, Schwarz-Weiß-Malerei), irrationale Angst und Aggressionsbereitschaft, Neigung zu Depressivität, extrem hohe Selbstmordrate (die höchste in Österreich, nämlich - 1984 - 33,5 Selbstmorde auf je 100.000 Einwohner, im Vergleich etwa zu 26,6 in Wien oder 15,9 in Vorarlberg).

Als Sozialwissenschaftler schien uns die Vorannahme berechtigt, daß die Folgen der verweigerten Anerkennungsdialektik vor allem von der Mehrheitsbevölkerung verursacht, von der Volksgruppe dagegen ausgebadet würden: je geringer die Anerkennung, desto schlechter das psycho-soziale Klima, je schlechter das psycho-soziale Klima, desto geringer die Anerkennung. Ein Teufelskreis. Diese Vorannahmen ermöglichten ein probeweises Einsetzen von Deutungsmustern, die sich bei genaueren Untersuchungen der Wirklichkeit erst bewähren sollten, um schließlich zur Grundlage für ein elaboriertes Bildungskonzept zu werden: ein Bildungskonzept, in dem am Gelingen der bislang mißglückten Anerkennungsdialektik gearbeitet werden sollte.

Doch aktuelle Ereignisse kamen dazwischen (wie immer in der Bildungsforschung, wenn sie in konfliktreichem Ambiente tätig wird): die Mehrheitsbevölkerung wurde von rechts stehenden politischen Kräften (der Kärntner FPÖ und dem Kärntner Heimatdienst) in einem mehrstufigen Verfahren auf eine neue Welle der Verweigerung von Anerkennung eingestimmt: ein Schulmodell wurde vorgeschlagen, bei dem die Kinder der Mehrheit - im Gegensatz zum bisher geltenden Schulrecht - getrennt von der Minderheit unterrichtet werden sollten. Da dieser politische Vorstoß direkt an die latente Urangst der Mehrheit appellierte (»Unsere Kinder kommen zu kurz, sie haben zu wenig Lehrerzuwendung, sie werden schlechter für den Lebenskampf vorbereitet als die anderen!«), weckte er eine ungeheure emotionale Resonanz - auf Kosten der slowenischsprachigen Volksgruppe, die damit die letzte institutionalisierte Anerkennung ihrer Existenz schwinden sah. Als Bildungswissenschafler mußten wir nun Partei ergreifen; und zwar Partei für jene Gruppe, die in dieser Auseinandersetzung das Opfer war - also die slowenischsprachige Volksgruppe. Durch den aktuellen Konflikt entstanden Zeit- und Handlungsdruck. Die Illusion, es sei möglich, zunächst einmal das soziale Feld in aller Ruhe zu erkunden - etwa im Sinne einer Bestandsaufnahme -, um dann mit allen interessierten Beteiligten gemeinsam Bildungskonzepte für die Zukunft zu entwickeln, diese Illusion verging uns sehr schnell. Denn bald merkten wir, daß unser bildungspolitisches Interesse - die Verflüssigung der verdinglichten Beziehungen, die Entgiftung der psycho-sozialen Atmosphäre, das Herstellen eines herrschaftsfreien Raumes diskursiver Orientierungen - gegenstandslos zu werden drohte, wenn der politische Vorstoß gegen den gemeinsamen Unterricht nicht aufgehalten werden könne. Die Mehrheits-Minderheitsproblematik, deren Untersuchung Voraussetzung unserer Bildungsarbeit hätte sein sollen, würde bald gar nicht mehr existieren.

Also änderten wir unsere Pläne. Kurzfristig setzten wir auf Kooperation mit der bedrängten slowenischsprachigen Volksgruppe, mittel- und langfristig hielten wir an den Plänen eines übergreifenden Projektes fest, das zum Ziel haben sollte, die psycho-soziale Lage aller in der Region lebenden Menschen zu erforschen und ihr Zusammenleben in Richtung auf eine Kommunikationsgemeinschaft hin zu entwickeln mit einem »kategorischen Imperativ der Reziprozität der Geltungsansprüche jedermanns gegenüber jedermann (vgl. Steinlechner 1987, S. 403).

Seit mehreren Jahren leben wir nun schon mit diesem Konzept. Wir arbeiten auf drei Ebenen. Darin realisiert sich unsere Bildungsarbeit.

Ebene 1: Handlungsforschung

Wir mischen uns ein. Wir kooperieren mit den Lehrern und Bildungsfunktionären der slowenischsprachigen Volksgruppe im Kampf um ein Schulsystem, das minderheitenfreundlich ist.

Auf dieser Handlungsebene sind wir damit beschäftigt, gemeinsam mit Lehrern der slowenischen Volksgruppen Schulmodelle und Unterrichtsverfahren zu entwickeln, die einen ertragreichen gemeinsamen Unterricht von Mehrheit und Minderheit ermöglichen. Zugleich jedoch müssen wir - ebenfalls in Zusammenarbeit mit der slowenischen Volksgruppe - Öffentlichkeitsarbeit leisten, um die politischen Vorstöße der Rechten gegen den gemeinsamen Unterricht abzuwehren. Diese Öffentlichkeitsarbeit besteht unter anderem in publizistischer Tätigkeit, in Bildungsveranstaltungen, in Podiumsdiskussionen und öffentlichen Plädoyers für den hohen gesellschaftlichen Wert einer bikulturellen, zweisprachigen Gesellschaft.

Die intensive Kooperation mit Angehörigen der slowenischsprachigen Volksgruppe hat verschiedene Auswirkungen. Sie ermöglicht uns Einsichten in die Alltagskultur der Minderheit dadurch, daß wir in allen wichtigen Fragen der konkreten Zusammenarbeit Erwartungen, Erwartenserwartungen, Handlungsfahrpläne, Interaktionsgewohnheiten und Wertorientierungen aufeinander abstimmen müssen. Die beginnt bei Details wie etwa den unterschiedlichen Vorstellungen von Verbindlichkeit selbstgesetzter Termine und geht bis zu unterschiedlichen Beziehungsmustern. Einerseits wird uns dabei bewußt, wie unser eigenes Alltagswissen funktioniert, andererseits können wir, indem wir die Reibungsflächen benennen, den Angehörigen der slowenischsprachigen Volksgruppe einiges über die ihnen nicht bewußten Anteile ihrer Alltagskultur mitteilen und ihre Wahrnehmung unserer - uns selbst nur zum Teil bewußten - kulturellen Prägung erfahren.

Die negative Auswirkung besteht darin, daß ein relativ großer Teil der Mehrheitsbevölkerung uns dieses Engagement für die Minderheit übel nimmt. Wir betonen bei jeder Gelegenheit, daß wir in der Existenz einer zweiten Kultur und einer zweiten Sprache etwas Positives sehen. Damit stören wir die eingespielten Weltdeutungsmuster dieser Gruppe in der Mehrheit. Diese sagt von sich selbst, sie sei keineswegs slowenenfeindlich. Den Slowenen sollten alle Entfaltungsmöglichkeiten für ihre Kultur offenstehen - aber die Mehrheit dürfte davon nicht tangiert werden. Je privater diese Kultur sei, umso förderungswürdiger. Aber in der gemeinsamen Öffentlichkeit gebe es nur eine Kultur und eine Sprache - eben die herrschende, die Mehrheitskultur. Unser Plädoyer für eine gemeinsame Öffentlichkeit beider wird als Verrat gewertet. Wir erleben nun an uns selber, wie Ausgrenzung hierzulande vor sich geht, welche Konsequenzen sie hat. Als unbeabsichtigte Folge unseres Engagements eröffnen sich uns Erkenntnismöglichkeiten, die herkömmlichen wissenschaftlichen Methoden verschlossen bleiben: die kognitive und emotionale Erfahrung der Marginalisierung. Trotz dieser erkenntnistheoretisch wertvollen Möglichkeit beurteilen wir diesen Ausgrenzungsvorgang negativ, da er uns die Verwirklichung unserer Bildungsarbeit - die Entwicklung eines kommunikativen Klimas mit reziproker Anerkennung - schwer macht.

Resümee: Auf der Ebene der Handlungsforschung haben wir zumindest erreicht, daß das Selbstbewußtsein derjenigen Slowenen, die mit uns kooperierten, gefestigt wurde. Zum ersten Mal hatten sie Anerkennung erfahren, wenn auch nur von einem kleinen, elitären Kreis. Zum erstenmal hatten sie erlebt, daß ihre Kultur von Außenstehenden als Wert betrachtet und gegenüber Angriffen verteidigt wurde. Zum erstenmal erhielten sie positive Fremdbilder zurückgespiegelt. Dies alles hat zur Stärkung ihrer kollektiven Identität beigetragen.

Aber es hat sich auf einen relativ kleinen Personenkreis beschränkt und hat das psycho-soziale Klima in der Region nicht verbessert.

Ebene 2: Grundlagenforschung

Neben unseren aktuellen Eingriffen versuchen wir aber auch, die Genese, die Erscheinungsformen und die individuellen Verarbeitungsformen des Mehrheits-Minderheitskonflikts zu erforschen. Mit einem Projektteam, das aus Wissenschaftlern der slowenischsprachigen Volksgruppe, der deutschsprachigen Mehrheitsbevölkerung und Lehrenden der Universität zusammengesetzt ist, untersuchten wir vier Jahre lang die sozial- und lebensgeschichtlichen Hintergründe sowie die psycho-sozialen Auswirkungen des gespannten Verhältnisses zwischen der Mehrheit und der slowenischsprachigen Volksgruppe. Ganz besondere Anliegen waren uns daneben noch die Kommunikationsmuster, die geschlechtsspezifischen Implikationen der Mehrheits-Minderheitssituation sowie das Österreichbewußtsein der Mehrheits- und Minderheitsangehörigen.

Die erste große Studie »Zweisprachigkeit und Identität« (Boeckmann/Brunner/Egger/Gombos/Juriç/Larcher 1988), die vor kurzem abgeschlossen wurde, zeigt zunächst auf, daß die sogenannte Kärntner Urangst viel mehr umfaßt als bloß die Angst vor der Abtrennung Südkärntens an Jugoslawien; daß sie vielmehr auch die panische Angst vor dem Rückfall in überwundene gesellschaftliche Verhältnisse von Ausbeutung und extremer Armut einschließt.

Mit Hilfe zahlreicher Tiefeninterviews ist es dem Forschungsteam gelungen, die verdrängte und entstellte Erinnerung an eine Zeit des Schreckens auszugraben, von der nur wenig gesprochen wird, über der ein noch größeres Tabu als über der Nazizeit lastet: die Zeit der Feudalherrschaft, die in der zweisprachigen Region nicht mit dem Mittelalter, sondern erst mit der Monarchie zu Ende ging. Sie hat die Mentalität der Menschen weitgehend geprägt, obwohl sie gesellschaftlich durch die Modernisierungspolitik des demokratischen Kärnten längst überholt ist; denn die Psyche ist konservativ.

Innerhalb dieses von den gesellschaftlichen Verhältnissen geprägten psycho-sozialen Kontextes mit vielen schlecht vernarbten seelischen Wunden und verdrängter Vergangenheit haben sich Muster der Identitätsbildung entwickelt, die sich - je nach dem Grad des Festhaltens an ethnischen Traditionen - in fünf Gruppen einteilen lassen: politisch aktive, bewußte Slowenen, bewußte Slowenen, Kulturpendler, Assimilierte, radikale Assimilanten. Diese Typisierung spielt für das Alltagsbewußtsein und die gegenseitige Einschätzung der Bewohner dieser Region eine große Rolle. Sie hilft, eigene Identität zu entwickeln bzw. Identität zuzuschreiben. Der sozialgeschichtliche Teil unserer Studie untersuchte vor allem, wie es dazu kommen konnte, daß innerhalb eines Jahrhunderts der größte Teil der Bewohner dieser Region seine ethnische Identität gewechselt hat, wie es dazu kam, daß von 85.000 Slowenen des Jahres 1880 hundert Jahre später nur noch 14.000 übrig sind. Es stellt sich dabei heraus, daß die spätfeudale Abhängigkeit vor allem die breite Schicht des slowenischsprachigen Proletariats zur Flucht aus ihrer angestammten ethnischen Identität motiviert hat; daß die slowenische Sprache mit dem Elend der Vergangenheit assoziiert wurde/wird; daß diese Angst vor dem Rückfall in das Elend der Vergangenheit sich leicht vor den Karren einer antislowenischen Politik spannen läßt.

In genauen Einzelstudien wurden die Beziehungs- und Kommunikationsmuster dieser Region untersucht: Stereotype, Feindbilder, Schwierigkeiten bei der Wahl der Sprache in Kommunikationssituationen, Geständnis- und Bekenntnisdruck bei der Frage nach der Sprache der Kindheit, Verwobenheit von Minderheiten- und Frauenschicksal. Die unverarbeitete Vergangenheit liegt wie ein Schatten auf dem Leben in der Region. Sie erschwert denen das Leben, die sich als Slowenen bekennen; aber sie lastet als undurchschauter Zwang vor allem auf jenen, die sich assimiliert haben bzw. assimiliert worden sind.

Ein eigener Teil der Studie untersuchte das Österreichbewußtsein der verschiedenen Identitätsgruppen dieser Region. Die Interviews lassen recht eindeutige Schlüsse zu: daß ethnische Selbstbehauptung besonders eng mit ausgeprägtem Österreichbewußtsein verbunden ist; daß Assimilation dagegen dem Österreichbewußtsein eher abträglich ist. Dies heißt nicht mehr und nicht weniger, als daß die von deutschnationalen Kärntnern immer wieder geäußerten Verdächtigungen, bewußte Slowenen seien wenig mit Österreich verbunden, schlicht falsch ist.

Ebene 3: Bildungsarbeit als Bildungsforschung

Die oben vorgestellte Forschergruppe hat begonnen, an einem neuen Projekt zu arbeiten, das sie »Interkulturelles Lernen und zweisprachige Erziehung« nennt. Im Unterschied zum ersten Projekt (»Zweisprachigkeit und Identität«) werden hier nicht Grundlagen erarbeitet, sondern Materialien und Verfahren entwickelt, die allen vom Mehrheits-Minderheitskonflikt Betroffenen die selbständige Entwicklung einer neuen Alltagskultur ermöglichen soll; einer Alltagskultur, die eben jene Anerkennungsdialektik ermöglichen soll, die bisher - aufgrund pathologisch entstellter Sinnzusammenhänge, beschädigter Interaktionsverhältnisse - nicht möglich war.

Dieses neue Projekt baut auf dem ersten Projekt »Zweisprachigkeit und Identität« auf. Aber während das erste Projekt Grundlagenforschung betrieb, geht es hier um die Entwicklung von Bildungsangeboten, um den Versuch, Materialien und didaktische Konzepte zu erarbeiten. Der Projektentwurf formuliert dies folgendermaßen:

Die Hauptintention dieses Projektes sollte sein, die relevaten Aspekte und Problemlagen von zweisprachiger Kultur in Südkärnten zu erfassen und mit unterschiedlichen didaktischen Materialien verfügbar und bearbeitbar zu machen.

Ausgehend von einem erweiterten Begriff bikulturellen Lernens sollen diese Materialien dann dazu dienen, gemeinsam mit den Betroffenen erste Ansätze eines Interkulturellen Lernens und Versuche einer Diskussion und Veränderung subjektiver Problemlagen und Deutungsmuster zu entwickeln. Die erhobenen Materialien sollen hierbei die Funktion eines Medienkoffers erfüllen, der Ausgangspunkt und Grundstock möglicher Lernschritte sein kann.

In einem ersten Schritt wird es notwendig sein, die Bedingungen von zweisprachiger Kultur, deren Förderung und Verhinderung, wie sie im Projekt 1 »Zweisprachigkeit und Identität« untersucht wurden, kritisch zu reflektieren.

In welchem Klima findet sie statt, kann überhaupt von ihr gesprochen werden, wie wirkt sich die allgemeine gesellschaftliche Lage auf die Möglichkeit einer zweisprachigen Kultur aus? Für ein besseres Verständnis der beiden Volksgruppen in Südkärnten wird es darum gehen, eine Vielfalt an Materialien zu entwickeln (dokumentierte Gespräche, Geschichten, Videodokumentationen, Fotos, Dia-Serien etc.), die die Problematik des alltäglichen Zusammenlebens und die Bedingungen zweisprachiger Kultur möglichst umfassend und problembezogen darstellen. Dann sollten diese Materialien nach begründeten Kriterien zusammengestellt und methodische Ansätze zur Arbeit mit ihnen entwickelt werden. Hier werden je nach Adressatengruppe unterschiedliche Schwerpunkte zu setzen sein. Vorrangig ist dabei die Entwicklung von Materialien für die Erwachsenenbildung, die Lehrerfortbildung und die schulische Bildungsarbeit.

In einer zweiten Arbeitsphase sollen einige Seminare und Veranstaltungen konzipiert werden, um Ansätze Interkulturellen Lernens zu ermöglichen und in der Verbindung mit den Materialpaketen Erfahrungen mit kulturellen Verschiedenheiten reflektierbar und bearbeitbar zu machen. Ausgehend von den Materialien soll eine Aufklärung und Diskussion über die historischen und psychosozialen Ursachen der eigenen Einstellung und Verhaltensweisen gegenüber Angehörigen der anderen Volksgruppen möglich werden.

Dabei werden methodische Arrangements zu verwenden sein, die es ermöglichen,

- Übungen im kommunikativen Bearbeiten von Konflikten durchzuführen,
- durch Rollentausch die kontroversen Positionen einzunehmen und erfahren zu lernen,
- unterschiedliche Mehrheiten/Minderheiten-Beziehungen durchzuarbeiten,
- die erlebten Erfahrungen emotional und kognitiv zu verarbeiten, eine eventuelle Übertragung in die konkrete Lebenssituation zu versuchen bzw. zu prüfen,
- konkrete Veränderungsschritte zu leisten.

Die Erfahrungen mit diesen Ansätzen Interkulturellen Lernens werden dokumentiert und werden einen Teil der Materialien ausmachen. Die Entwicklung und der Einsatz von Materialien erfordert auch eine intensive Evaluationsphase; im Zuge von Fortbildungsveranstaltungen sollen die Materialien probeweise auf ihre inhaltliche und methodische Brauchbarkeit geprüft werden. Dazu werden ausgewählte Materialpakete mit den Betroffenen diskutiert und durchgearbeitet werden. Diese Diskussion und die Dokumentation dieser Veranstaltungen sollen die Grundlage einer Effizienzprüfung sein und eine eventuelle Verbesserung der Materialien einleiten. Die konkreten Erfahrungen, die methodischen Schwierigkeiten und die inhaltliche Kritik werden die Modifizierung des Materialeinsatzes einleiten.

Nach der Evaluationsphase ist geplant, inhaltliche Richtlinien und methodische Vorschläge für den Gebrauch der Materialien auszuarbeiten und den Materialien beizugeben.

Zusammenfassend lassen sich für das Projekt folgende Ergebnisse erwarten:

- Entwicklung von Materialien für die Lehrerfortbildung, die Erwachsenenbildung und die schulische Bildungsarbeit;
- Entwicklung von Kursen/Referaten als Angebot für Diskussions- und Weiterbildungsveranstaltungen;

- Erstellung von Materialpaketen mit methodischem und inhaltlichem Kommentar;
- Zusammenstellung von Informationsmappen zur zweisprachigen Erziehung;
- Entwicklung von Modellen Interkulturellen Lernens.

Soll man Minderheiten in ihrer Kultur bilden?

Die zweite Auseinandersetzung mit der Frage des Titels erfolgt auf der Grundlage mehrjähriger bildungswissenschaftlicher und bildungspolitischer Praxis, wie sie im letzten Abschnitt beschrieben wurde. Wir fassen die Einsichten aus unserer bisherigen Arbeit thesenartig zusammen:

1. Als Bildungswissenschaftler in Mehrheits-Minderheitssituationen hat man viele wichtige Aufgaben. Die Belehrung der Minderheit über ihre eigene Kultur gehört nicht dazu.
2. Bildung, wie sie eine an der »Kritik der kritischen Theorie« geschulte Wissenschaft vermitteln kann, besteht vielmehr in der Entwicklung von kommunikativen Verhältnissen.
3. Dies bedeutet vor allem, die blinden Flecken, die aus der Kommunikation ausgegrenzten und verdrängten Inhalte aus der Geschichte in die Kommunikation zurückzuholen.
4. Durch die Auseinandersetzung gerade mit den verdrängten Anteilen der fremden und der eigenen Kultur wird Abwehr durchlässiger, wird Anerkennung des anderen leichter möglich, wird die Dialektik des Anerkennungsgeschehens erst ermöglicht.
5. Die Rolle des Bildungswissenschaftlers in solchen Lernprozessen besteht in der Hilfe bei Organisation von Prozessen der Selbstaufklärung.
6. Bei allem Engagement für die Kultur der Minderheit darf der Bildungswissenschaftler nie übersehen, daß das Mehrheits-Minderheitsverhältnis dialektisch ist; daß eine Verbesserung der Entwicklungsmöglichkeiten der Minderheit nur möglich ist, wenn zugleich jene der Mehrheit verbessert werden - und umgekehrt.
7. Schließlich gilt für den Bildungswissenschaftler, daß er selbst Teil der zu ändernden Verhältnisse ist, daß sein Engagement sich also letztlich der Sorge um sein Selbst verdankt, daß diese Sorge letztlich seine Bildungsarbeit legitimiert.

DIE SITUATION DER KÄRNTNER SLOWENEN - EINIGE SCHLAGLICHTER

Der Kärntner spricht Deutsch

Bemerkungen zum Sterben einer zweisprachigen Kultur

Im Süden Österreichs, dort, wo die schroffe Bergkette der Karawanken die Grenze zu Jugoslawien bildet, lebt seit mehr als tausend Jahren die Volksgruppe der Kärntner Slowenen. Einst waren diese Slowenen die einzigen Bewohner des Landes. Viele alte Fluß-, Orts- und Flurnamen im westlichen und nördlichen Kärnten erinnern recht eindrucksvoll an jene einstige Vorherrschaft des Slawischen: Vellach, Möll, Gail, Sirnitz, Zedlitz, Kraig, Pusarnitz (bei Spittal a. d. Drau), Grebenzen, Flattnitz usw. usw.

Blicken wir ins Telefonbuch: Aljançiç / Andrecs / Bogataj / Brummnig / Čertov / Cijan / Crniç / Doujak / Domanig / Domenig / Dominig / Erdetschnig / Fantur / Fekonja / Ferliç / Globotschnig / Glawischnig / Gradischnig / Goritschnig usw. usw.

Wo sind wir? In Nova Gorica? Nein, in Klagenfurt, der Hauptstadt Kärntens. Im Slowenischen heißt sie Celovec, aber das sollte ich nicht schreiben, weil ich mich sonst dem grimmigen Grollen germanisierter Gralshüter des Deutschtums aussetze. Sie werden mir wieder einmal brieflich und telefonisch Mord und Totschlag ankündigen. Ein bißchen habe ich mich zwar an solche anonymen Attacken gewöhnt, aber lustig finde ich es immer noch nicht, wenn mir ein erzürnter »Assimilant« mit dem Umbringen droht, weil ich öffentlich an die zweisprachige Tradition Kärntens erinnere ...

Ein genauer Blick auf die slawischen und/oder germanisierten Kärntner Namen offenbart das Kärntner Dilemma: Zum slowenischen Familiennamen gesellt sich häufig ein betont teutonischer Vorname: Gudrun Goritschnig, Gerfried Grabuschnig, Warnefried Weratschnig, Sigurd Samonig, Kriemhild Kropiunig, Otfried Oschuschnig ...

Das gleiche Bild beim Blick auf die Landkarte: Dolina,

Dragositschach, Dobratsch, Gerlitze usw. Doch daneben: Eberndorf, Bleiburg, Poggersdorf, Arnoldstein, ... Vor hundert Jahren, ja vor fünfzig Jahren noch sagten viele in Südkärnten dafür nur Dobrla vas, Pliberk, Pokrçe, Podklošter.

Besuchen wir einen Friedhof - vielleicht den von Diex/ Djekše. Ein paar alte Gräber: Tukaj poçiva Ursula Zwander roj. Cežar p. d. Stapcinja na Rute - Rada v gospodu zdaj položim / svoje trudno truplo spat / Daj mi Jezus to te prosim / le veselo zopet vstat.

Neue Marmorsteine:

Hier ruht Ignaz Robas 31. 7. 1922-28. 7. 1979

Ruhe sanft!

Pidgin German

Spitzen wir die Ohren - im Wirtshaus, beim Kaufmann, am Dorfplatz. Sprechen die Leute Deutsch oder Slowenisch? Man muß schon sehr genau hinhören, um die Sprache verstehen zu können. Eindeutig identifizierbar als Deutsch oder Slowenisch ist sie manchmal trotzdem nicht.

Eine Kostprobe: Frau Schellander (Anfang 50, Hausfrau, wurde als Kind slowenisch erzogen, lernte in der Schule Deutsch, spricht heute nur noch deutsch) erzählt dem Verfasser, wie sie die Grundschule erlebt hat: Frau Schellander:

Wir hamma (= wir haben) im Herbst angefangen Schul gehen. Ja, da is kommen der Herr Oberlehrer. Der hat gesagt: »Ja!« Jetzt hat er/ist er herein, hat er was geschrieben, alles eingetragen. Bei uns war ja nur so a Volksschule mit zwei Klassen, und in jeder Klass waren drei Abteilungen. Ja, im Krieg sein/wa halt so, nit. Lehrer waren a keine. War nur der - ein ganz alter Oberlehrer war und ein junger Lehrer. Später hat müssen der einrücken ...

Ist so schad, daß ich hab nit - und in der Hauptschul hast nit gehen können. Erstens hat der Vater nit gelassen, weil war ja sehr gefährlich ... (Quelle: Interviewtranskript aus dem Projekt »Zweisprachigkeit und Identität)

Selbst wenn der Ton fehlt, wenn die seltsam langen a-Laute in »Klassen« und »lassen« nicht ertönen, wenn die wollüstig stimmhaften Konsonanten nicht klingen, so vermitteln doch Grammatik und Syntax dieses Textes einen Hauch von Fremdheit. Vor allem die Wortstellung und der Ausfall wichtiger Wörter, die im Deutschen die grammatische Identifizierung von Verb und Substantiv erleichtern (z. B. das unpersönliche »es«, der unbestimmte Artikel, das Personalpronomen uns), aber auch die Neigung, durch eigenartige Konstruktionen à la »wir haben wir« (= mir homma) Verbformen präziser zu kennzeichnen als im südbayrischen Dialekt üblich, verweisen auf starke Interferenzen vom Slowenischen. Frau Schellander spricht flüssig, fast ohne Pausen. Sie gestikuliert mit den Händen, schneidet Gesichter, faßt mich ab und zu am Arm, wenn ihre Erzählung besonders dramatisch wird. Aber wenn sie mir nicht gegenübersäße, wenn ich ihr Mienenspiel, ihre Gesten und ihre ausdrucksvollen Augen nicht wahrnehmen könnte, würde ich sie kaum verstehen. Derselbe Text als Telefongespräch mit der typischen Intonation, Melodie und Rhythmik dieser Sprache würde mich zu zahlreichen Rückfragen zwingen. Frau Schellanders Deutsch ist eine lingua franca, eine Art Pidgin German, sprachlicher Ausdruck mehrerer zehntausend Menschen in Südkärnten, die slowenischer Herkunft sind, aber nur Deutsch sprechen wollen/dürfen/müssen. Ihre Sprache ist auf die physische Nähe des Gesprächspartners angewiesen. Im vis-à-vis-Kontakt gelingt Verständigung vorzüglich, solange der Gegenstand des Gespräches konkret bleibt. Je abstrakter, je kontextferner, je distanzierter vom Partner sprachliche Verständigung versucht wird, desto wahrscheinlicher ihr Scheitern. Dieses Pidgin German ist eine Sprache der Nähe, geeignet für primärgruppenhaft strukturierte Gemeinschaften, die sich notfalls auch ohne Sprache verständigen können.

In der Bilingualismusforschung wird jemand, der sich nur in einem solchen Idiom verständigen kann, als halbsprachig bezeichnet (vgl. Skutnabb-Kangas 1981; Hansegard 1968).

Zur Entstehung der Halbsprachigkeit

Im Süden Kärntens ist ein Teil der Bevölkerung halbsprachig. Aber das Pidgin German, die lingua franca dieser Region, genügt als Eintrittskarte in die Gruppe der sozial Angepaßten, die der herrschenden Sprache und Kultur angehören oder ihr zumindest Reverenz erweisen. »Der Kärntner spricht Deutsch« - das gilt als ungeschriebene Norm seit 150 Jahren. Die Nazis haben sie geschrieben, vervielfältigt, hundertfach, tausendfach auf Flugzetteln, Plakaten, Wandbeschriftungen: DER KÄRNTNER SPRICHT DEUTSCH! Überall war es zu lesen, auf kleinen Aufklebern an jedem Telegraphenmasten, in Riesenlettern auf Scheunen, auf offiziellen Anschlagtafeln: DER KÄRNTNER SPRICHT DEUTSCH! Wer trotzdem slowenisch sprach, mußte sich auf Schlimmes gefaßt machen - Verschleppung, Arbeitslager, Enteignung des Besitzes. Sogar im privaten Bereich war das Slowenischsprechen verboten. Spitzel schlichen um die Häuser, lauschten an den Fenstern und Türen, um sofort laut zu klopfen, wenn sie ein slowenisches Wort hörten: »Redet deutsch!« wurde in das Zimmer gebrüllt, und die verschreckten Leute (oft alte Menschen, die gar nicht Deutsch konnten) verstummten. Mehr als tausend wurden verschleppt. Als ihre Angehörigen, die in der deutschen Wehrmacht kämpften, während ihres Fronturlaubs nach Hause kamen und den heimatlichen Hof besetzt fanden (zumeist wurden »Auslandsdeutsche« angesiedelt), kehrten sie gar nicht erst zur Front zurück, sondern suchten Anschluß an die jugoslawische Partisanenarmee. An die tausend Kärntner Slowenen kämpften mit der Waffe gegen die Hitlergruppen - die größte österreichische Widerstandsgruppe! Viele nicht ausgesiedelte Slowenen lernten mühsam Deutsch, und als sie schließlich in der Sprache der Herren reden konnten, war der Krieg vorbei, waren die Nazis zumindest von der Oberfläche verschwunden, doch die Kärntner blieben beim Deutschen, denn sicher ist sicher, und im Grenzland weiß man ja nie, was der nächste Tag bringt, und die Herren sprachen ja immer noch deutsch. Dazugehörenwollen hieß immer noch deutsch sprechen - und daran hat sich bis heute nichts geändert, wenn auch der Germanisierungsdruck längst nicht mehr manifest, sondern latent ausgeübt wird. Längst machen sich die Germanisierer die Hände nicht mehr schmutzig. Die Politiker haben sich eine Diktion zurechtgelegt, die minderheitenfreundlich klingt.

Alle ihre »strukturellen Maßnahmen« treffen sie zum besten der slowenischsprachigen Minderheit, die leider nicht einsichtig genug ist, um die ihr angetanen Wohltaten (z. B. eine Neuregelung des Schulwesens) dankbar zu akzeptieren. Nur das Fußvolk, jene Hilfsarmee von germanisierten Germanisierern, die Kriemhilden und Sigurds mit dem Nachnamen Oschuschnig oder Stourac, nur jenes Heer von deutschtümelnden Assimilanten ist noch plump genug, die Dinge beim Namen zu nennen - am häufigsten in Leserbriefen an die Lokalzeitungen, die immer gerne abgedruckt werden.

Ein typisches Beispiel:

Während der Kärntner Landeshauptmann in der überregionalen »Arbeiter-Zeitung« (AZ vom 10. 4. 1987) Kärnten als ein »Land ohne Vorurteile« preist, schreibt zum Beispiel ein Herr Siegfried Schuglitsch in der regionalen »Kärntner Tageszeitung« folgenden Leserbrief:

»Wie lange noch ...

... werden die Verantwortlichen der Stadt noch Vogel-Strauß-Politik betreiben, ihren Kopf in den Sand stecken und dabei vielleicht auch absichtlich übersehen, wie ein ganzes Stadtviertel in Klagenfurt slowenisiert wird? Nicht genug, daß vor Jahren das Haus der ehemaligen Bäckerei Gleiss in der Paulitschgasse in slowenischen Besitz überging, wurde nun das ehemalige Gasthaus ›Bierjokl‹ von den Slowenen gekauft, nur, weil von ihnen um eine Million mehr geboten wurde als von einheimischen Interessenten. Wie man erfahren konnte, sollen bereits auch Verhandlungen mit der Fa. Gelautz über einen eventuellen Kauf dieser Liegenschaft in die Wege geleitet worden sein. Wie lange dauert es noch und die gesamte Paulitschgasse wird ein slowenisches Stadtviertel sein? Man muß dabei auch darauf gefaßt sein, daß über Nacht einmal an Stelle der ›Paulitschgasse‹ die Bezeichnung ›Karel-Prušnik-Gasse‹ angebracht sein wird, ohne daß es den Verantwortlichen auffallen dürfte! (Karel Prušnik, ehemaliger Kärntner Partisanenführer, verantwortlich für den Tod von heimattreuen Kärntnern in den Jahren 1943–1945).

Daß heute bereits zahlreiche Gebäude in Klagenfurt und Umgebung in slowenischem Besitz sind, ist den meisten Klagenfurtern und Kärntnern nicht bekannt, da solche Dinge ja nicht an die große Glocke gehängt werden, sondern heimlich, still und leise über die Bühne gehen.

So geht die Slowenisierung Kärntens langsam, aber sicher voran, vor allem mit der gütigen Mithilfe unserer Kirche, wo z. B. beim diesjährigen Kulturtreff beim Bierjokl - Kontaktlinse 85 - allein vom Bischof und Unterrichtsminister 40.000,- Schilling (lt. Bericht ›Kl. Ztg.‹ v. 29. 5. Kontaktlinse 85!) als Spende beigesteuert wurden, damit man aus dem Munde von Dr. G. Nenning die Versicherung hören konnte: ›Ich bin für Euch Slowenen‹, ›Ich bin ein Slowenenfreund‹, etc! Und dann wundert sich die Diözese oder das Ordinat, daß immer mehr und mehr Kärntner ihren Austritt aus der Kirche vollziehen! Slowenische Schülerheime werden vom Bischof finanziert, andere stehen dafür leer und werden als slowenische Druckerei umfunktioniert (siehe Tarviser Straße!). Dafür hören Kärntner in 89prozentigen deutschsprachigen Orten im gemischtsprachigen Gebiet für ihre Kirchensteuer kaum deutsche Messen, kein deutsches Begräbnis, von der Kirche geweihte Fahnen dürfen mit Trägern im Kärntner Anzug nicht die Kirche betreten u. v. a. m.! Beschwerden diesbezüglich beim Bischof bleiben ohne Erfolg! Dafür gibt es mitten in Klagenfurt in der Stadtpfarrkirche St. Ägyd zur Firmung ›deutsch-slowenische‹ Firmungsbehelfe mit slowenischen Liedern und Texten, womit deutschsprachige Kinder überhaupt nichts anfangen können! Wie lange noch sollen solche Zustände in Kärnten hingenommen werden? Bis es vielleicht zu spät ist? Wie es der Kirche im kommunistischen Jugoslawien geht, dürften diese Herren ja wohl selbst wissen - oder wollen sie es vielleicht auch so haben?« (KTZ vom 12. 6. 1985, Ing. Siegfried Schuglitsch, Klagenfurt.)

Ähnliche Leserbriefe finden sich häufig in den Kärntner Lokalzeitungen.

Strukturelle Gewalt und Urangstmythos

Die Germanisierung Kärntens erfolgt heute in erster Linie mit Hilfe struktureller Gewalt: Öffentliche Kindergärten werden fast nur deutsch geführt, in den Schulen wird seit neuestem darauf geachtet, daß Kinder, die zum Slowenischunterricht angemeldet sind, von jenen getrennt unterrichtet werden, die nicht angemeldet sind, im öffentlichen Bereich, in den Medien und in den Institutionen (ausgenommen der Kirche, die Zweisprachigkeit aktiv pflegt), spielt das Slowenische eine inferiore Rolle, zweisprachige topographische Aufschriften beschränken sich auf ein Minimum. Gemeindezusammenlegungen werden so vorgenommen, daß eine deutschsprachige Mehrheit gesichert ist, Einteilungen von Wahlkreisen erfolgen nach dem Prinzip des »Teile und Herrsche«. Wer Südkärnten als Tourist besucht, braucht eine Spürnase, um überhaupt zu entdecken, daß er/sie in einem zweisprachigen Gebiet mit uralter slowenischer Tradition Urlaub macht.

Ein Blick auf die Statistik zeigt, daß die sanfte strukturelle Gewalt beim Germanisieren noch erfolgreicher ist als die nationalsozialistische brutale, offene Gewalt.

Slowenischsprachige Bevölkerung Kärntens 1910-1981

1910	66.463
1939	43.179
1951	42.059
1981	16.552

(Quelle: Suppan, 1983, S. 43 ff.)

Die brutale, offene Gewalt ist verschwunden. Sie wurde aber lediglich in den Untergrund gedrängt. Als latente Aggressionsbereitschaft lauert sie dicht unter der Oberfläche, um hervorzubrechen, wenn sich Anlässe bieten - z. B. als der Staat Österreich sich 1972 endlich seiner Verpflichtungen aus dem Staatsvertrag entsann und überall in Südkärnten zweisprachige Ortstafeln aufstellte. In einer einzigen Nacht wurden sämtliche zweisprachigen Beschriftungen von grölenden Horden betrunkener »Heimattreuer« gewaltsam entfernt; Slowenen, die sich schützend vor die zweisprachigen Tafeln stellten, wurden krankenhausreif geprügelt.

Dieses latente - und zuweilen manifeste - Aggressionspotential wird von den sogenannten Heimattreuen als Urangst bezeichnet. Angeblich sei es die Angst vor dem Verlust der geliebten Heimat an den expansionssüchtigen Nachbarstaat Jugoslawien. Jugoslawien hatte tatsächlich unmittelbar nach dem Ersten und Zweiten Weltkrieg das slowenischsprachige

Territorium Südkärnten beansprucht. Heute kann davon nicht die Rede sein. Aber immer wieder wird der gegenwärtige Antislowenismus mit der Angst vor einer neuerlichen jugoslawischen Invasion legitimiert. In einer großangelegten Untersuchung (vgl. Boeckmann/Brunner/Egger/Gombos/Juriç/Larcher 1988) haben wir nachzuweisen versucht, daß es sich dabei um eine Selbsttäuschung (»Deckerinnerung« im psychoanalytischen Sinne) handelt; daß es diese Urangst vor dem Slowenischen (Slawischen) sehr wohl gibt, daß sie aber auf viel schrecklichere Erfahrungen als die Scharmützel mit den jugoslawischen Invasoren zurückgeführt werden muß: nämlich auf das Elend einer ausgebeuteten slowenischen Sklavenschicht, die bis ins 20. Jahrhundert rechtlos und besitzlos auf den riesigen Gutshöfen deutschsprachiger Großgrundbesitzer Frondienst leisten mußte (vgl. dazu vor allem Larcher 1988, aber auch die literarischen Dokumente dieses Massenelends, etwa Peter Handke, Wunschloses Unglück; Prežihov Voranc, Wildwüchslinge). Unsere Untersuchung hat ergeben, daß diese sogenannte Urangst in Wirklichkeit die Angst vor dem Rückfall in das Elend der Sklavenarbeit ist. Sie ist das große Tabu, das nicht erinnert werden darf. Befreiung und sozialer Aufstieg waren mit Sprachwechsel zum Deutschen verbunden. Indem man alles Slowenische bekämpft, bekämpft man das Eingeholtwerden von der Vergangenheit. Statt sich rational mit den traumatischen Verletzungen der eigenen Herkunftsfamilie auseinanderzusetzen, schlägt man auf jene los, die auch heute noch Slowenisch als ihre Muttersprache bezeichnen.

Der letzte Mohikaner

Wer sich im Kärnten des Jahres 1988 noch zum Slowenischen bekennt und öffentliche Geltung für die slowenische Sprache fordert, wer all das, was der Staatsvertrag verspricht und die Politiker in ihren Sonntagsreden verkünden, in der Alltagspraxis verwirklicht sehen möchte, gilt in der herrschenden Meinung als Radikaler, als Titokommunist, als Heimatverräter. Nur Menschen mit sehr starkem Selbstbewußtsein halten diesen täglichen Kleinkrieg aus. In der bereits erwähnten Untersuchung (Boeckmann/Brunner/Egger/Gombos/Juriç/ Larcher 1988) haben wir mit Hilfe von Tiefeninterviews mit zahlreichen Kärntner Slowenen zu erkunden versucht, wie diese Menschen sprachlich sozialisiert wurden und welche Beziehungen sich zwischen ihrer zweisprachigen Sozialisation und ihrer Identitätsbildung ausmachen lassen. Das gesamte Interviewmaterial ist auf ca. 1.500 Seiten transkribiert. Hier beschränke ich mich auf die Wiedergabe von vier Gesprächsausschnitten, die belegen, wie zweisprachige Sozialisation in Südkärnten erfolgt und welche Bedeutung die Betroffenen ihrer Zweisprachigkeit zumessen:

Gespräch A:

... und des hat mi schon stark geprägt dann damals, weil i mir gedacht hab, warum muß i grad eigentlich jetzt die Sache ausbaden und so weiter, und da bin i einfach irgendwo dazu übergegangen, das Slowenische zu leugnen, verstehst, dann hab i in Zukunft nur mehr an Zettel hingschrieben: Muttersprache Deutsch, und dann is mir igendwo merklich besser gegangen, net, und dann hab i einfach selber von mir aus angefangen, das Slowenische zu leugnen, weil i gsehn hab, mir gehts einfach schlechter dadurch, net, und als Kind mit 10, 12 oder 12, 13 Jahr is an des no net so bewußt, welche Prozesse da laufen, wie ma sich richtig zu verhalten hat, man geht eher den Weg des geringsten Widerstandes, und den hab i gwählt und der hat sich dann auch insofern fortgesetzt, als i auch dann daham dazu übergegangen bin, mit die Leit deutsch zu reden, also daß i dann daham hergangen bin und mit die Geschwister oder mitn Vater und mit der Mutter jetzt deutsch geredet hab, obwohl des speziell der Mutter net gepaßt hat ... aber i hab halt erstens aus den Grund, weil i gesehn hab, i ernt damit in der Schul oder sonstwo kane großen Erfolge ... und a ... fast no wesentlicher Punkt war nämlich der, daß i durch des, daß i nie Vokabel glernt, also nie Fachvokabel und Fachausdrücke glernt hab, sprachlich einfach derart verarmt bin, daß i mi überhaupt nimmer richtig ausdrücken hab können in Slowenisch ...

Gespräch B:

... man kann sich nach außen noch so als Deutschkärntner geben, also im Herzen drin is man ja doch immer des, was man eben war, als was ma auf die Welt kummen is, also wie ma halt eben geburn worden is. I hab schon probiert, i hab schon genug probiert: i bin schon in den verschiedenen Vereinen gwesen, i war scho bei der Landjugend, i mein, schon überall, i hab schon beim Männergesangverein mitgesungen, beim deutschen, aber i hab mi eigentlich nirgends wohlgefühlt, also i such noch immer, i bin noch immer auf der Suche, also i waß noch immer nit wohin ... und wenn i oft amal mein Vater beobachten tu, wenn er beim Radio sitzt und die slowenischen Lieder hört, dann kommen ihm oft die Tränen, ehrlich, nit, nachher frag i ihm, wieso er weint oder was und da hat er gesagt, weil eben des Lied so schön is, nit, und des erinnert ihm irgendwie an die Jugend oder an diese Zeit, wo er noch selbst mitgmacht hat beim slowenischen Chor, er hat gspielt auch, im Orchester war er dabei und so. Und des san eben gewisse Erinnerungen und da merkt ma halt eben, daß der Mensch noch praktisch aus ganzem Herzen das is, als was er eben geboren worden is ...

Gespräch C: (mit 2 Personen)

P1: ... ich bin nicht für das Extreme, i bin a Slowene, aber für das Extreme, sag ma für diese Demonstrationen oder das, für das bin i nit.
P2: Nein, für das nicht. Fürs Friedliche.
P1: ... Einerseits soll jeder seine, wie er will, seine Schule haben, aber durch das wird ja das Slowenische trotzdem a bißl mehr abgedrängt, nit, und bei die Anmeldungen is ja auch schon schwieriger jetzt, nit, jeder hat a bißl eine Scheu schon, und nachher, wenns getrennt wird, dann wirds noch irgendwie, i denk schon, weniger, wird noch weniger angemeldet.
P2: Ja, wir ham keine schulpflichtigen Kinder mehr, und unsere Kinder, die machen nachher wie sie wollen, die Kinder, mir is das praktisch gleich ...
P1: ... für die Minderheit is schon a Nachteil das ...
P2: Sicher is ja, aber ...

P1: Weil der Schwächere zieht ja nachher zur Mehrheit, bleiben tut ja nachher der Starke noch Slowenisch, aber der Schwächere, der was so, na ja, irgendwie is ihm egal, aber er zieht nachher vielleicht schon lieber zum Deutschen ... in der Gesellschaft dann die Kinder, die sagen ja auch, na ja, der geht nit zum slowenischen Unterricht, der nit, ach, wer i auch nit gehn nachher ... wo beide gleich, die Gruppen gleich groß sind, nachher ist nicht schwierig, is sich leichter entscheiden, aber wenn da noch a andere klane Gruppen is, da fragt sich halt a jeder, was wer i denn da dabei, is eh nix mehr zum Außaholn, so auf die Art ...

P2: Da gehen ... sie nach dann, da kämpfen nur noch manche, kämpft nur ein Teil mehr weiter ...

Gespräch D:

... es hat an Lehrer da oben gegeben, der hat noch jede Unterrichtsstunde halt mindestens als Einleitung fünf Minuten den Hitler gelobt und zehn Minuten über die Juden geschimpft, wos di echt fragst, daß das noch möglich is, und durt hats dann angfangen, weil i einfach gwohnt war mit ihm, erstens amal samma zsammgsessen in der ersten Bank auch noch dazu, und mir unterhalten uns nachher auch oft zwischen den Unterricht, wann ma was zum Besprechen ham ghabt, Slowenisch, weil einfach so gwohnt bist ... und da hat si halt der Lehrer meistens gern aufgeregt, schon wieder das Windischquatsch oder sunst irgendwas, des hat ihm halt net gepaßt, net, und bis es amal schon zu kleineren Schlägereien unter den Mitschülern kommen is, wo nachher der Direktor nur schönheitshalber noch eingegriffen hat, obwohl er sonst lieber gsehn hätt, daß ma so richtig zsammgschlagen worden wärn ... und mir ham uns nachher so praktisch in Blöcke geteilt in der Schul, das war überhaupt damals interessant, nit. Es war nachher a Drittel Klass auf meiner Seiten und zwa Drittel Klass war gegen mi, und des war interessant nachher, daß auf unsrer Seiten sogar Leut dabeiwarn, die nicht Slowenisch gekonnt haben und auf der andern Seiten warn eigentlich mehr wie die Hälfte solche dabei, die Slowenisch gekonnt ham. Sie ham a bißl schwerer glernt, und nachher ham sie halt Angst ghabt, daß sie dadurch Nachteil erleiden ... Aber eben die wahre Identität, daß ich ein Slowene bin, zu dem ham mi eigentlich die anderen erst gebracht, indem sie mich zwingen wollten, daß ich das Slowenische aufgeben muß und nur Deutsch reden soll.

Trübe Perspektiven

Die Kärntner Zweisprachigkeit, so wurde zu zeigen versucht, ist vom Verschwinden bedroht. Wer im modernen Kärnten bewußt zweisprachig leben will, setzt sich allen möglichen Schwierigkeiten aus, wenn er/sie diese Zweisprachigkeit über den Privatbereich hinaus zu verwirklichen sucht. Nur in zwei sozialen Schichten - bei den Bauern und bei den Akademikern - gibt es überhaupt ein Bewußtsein vom hohen Wert bilingualer und bikultureller Lebensformen. Die Mehrheit der Südkärntner Bevölkerung sieht in slowenisch-deutscher Zweisprachigkeit nicht nur einen Nachteil, sondern sogar eine Bedrohung. Während die Gruppe der bewußt zweisprachigen und bikulturellen Kärntner Slowenen sich immer mehr zu einer geistigen und kulturellen Elite innerhalb Kärntens entwickelt, zugleich aber in ein Reservat zurückgedrängt wird, vergrößert sich die Gruppe der »Assimilanten«. Deren künstliche Einsprachigkeit ist auf Verdrängung und Entwertung des Slowenischen gegründet. In Wirklichkeit sind sie halbsprachig: nicht mehr fähig zum kompetenten Gebrauch ihrer slowenischen Herkunftssprache und noch nicht fähig zum elaborierten Umgang mit dem Deutschen, zu dem sie sich so leidenschaftlich bekennen. Die Folge ist eine Kultur der Sprachlosigkeit, in der man nur mehr wenige, approbierte Sprachmuster benützt, um sich nur ja nicht durch die Sprache selbst zu verraten. Der psychosoziale Preis für diese Assimilationspolitik ist hoch: Die kommunikativen Elemente der Gesellschaft trocknen aus, die Energien der Gesellschaft werden an den Sprachkonflikt gebunden, die Depressivität der Bevölkerung scheint das langsame Sterben der zweisprachigen Kultur zu spiegeln - Kärnten hat die höchste Selbstmordrate innerhalb Österreichs.

Lyrischer Ausklang

Kurzvita

Ich wurde
Als Slowene geboren

Ich bin
Als Windischer
Zur Volksschule
Gegangen

Ich habe
In der Hauptschule
Die Muttersprache
Verlernt

Und mich am Arbeitsplatz
Schließlich mit dem
Kärntner Heimatdienst
Solidarisiert

Wir Slowenen
Sind nämlich
Immer schon
Deutsche gewesen.

(Del Vedernjak, slow. Kärntner Schriftsteller)

Die soziolinguistische Situation der Kärntner Slowenen

Zuallererst müssen strukturelle Bedingungen genannt werden, die in jedem Mehrheits-Minderheits-Verhältnis für die Sprache der Minderheit bedrohlich sind. Darauf hat nicht zuletzt der Klagenfurter Sozialphilosoph Heintel in einem grundlegenden Artikel hingewiesen (Heintel 1982), dessen Perspektiven diesen Text inspiriert haben. Da die Angehörigen jeder Mehrheit zum größten Teil einsprachig, die der Minderheit aber fast immer zweisprachig sind (keine »natürliche« Tatsache, sondern Folge eines Ungleichgewichts an Durchsetzungs- und Selbstbehauptungsvermögen), gilt es als ungeschriebenes Gesetz, daß bei Anwesenheit auch nur eines Angehörigen der Mehrheit quasi selbstverständlich die Sprache der Mehrheit gesprochen werden muß.

Da Minderheiten meist in Randlagen siedeln - was auch für die Kärntner Slowenen zutrifft -, sind viele Minderheitenangehörige zum Auspendeln in Zentren gezwungen, sei es zum Erwerb von Bildung oder zum Erwerb des Lebensunterhalts. Gerade dadurch geraten sie in Situationen, die ihnen den oben genannten sprachlichen Anpassungszwang abverlangen, da in den Zentren die Sprache der Mehrheit alleine gilt. Damit ist ihre Muttersprache jedoch in Gefahr, in die Rolle einer Privat- und Intimsprache zurückgedrängt zu werden - mit allen Problemen, die dies für die Sprachentwicklung bringt.

Die Organisation von Öffentlichkeit (Politik, Institutionen, Ämter, Medien, Kulturbetrieb) erfolgt in jedem Staat mit Mehrheits-Minderheits-Verhältnissen in der Sprache der Mehrheit. Teilnahme am öffentlichen Leben bedeutet weitgehend, sich sprachlich anzupassen. Die Möglichkeit von Minderheiten, ihrer Sprache eine gewisse Teilöffentlichkeit zu retten, besteht darin, entweder eine Gegenöffentlichkeit in der eigenen Sprache zu organisieren - je kleiner die Minderheit, desto schwieriger; die slowenische Volksgruppe ist sehr klein - oder in der bestehenden Öffentlichkeit Elemente einer Kultur der Zweisprachigkeit durchzusetzen. Je geringer jedoch die politische Durchschlagskraft der Minderheit, desto geringer die

Chance dazu; die politische Durchschlagskraft der slowenischen Volksgruppe ist sehr gering. Schule und Kirche sind jene Orte der Öffentlichkeit, wo es ihr noch relativ am besten gelingt, diese Kultur der Zweisprachigkeit durchzusetzen.

Alles in allem bewirken die strukturellen Bedingungen des Kärntner Mehrheits-Minderheits-Verhältnisses einen Rückzug des Slowenischen aus der öffentlichen Kommunikation. Dies verringert die sprachlichen Funktionen des Slowenischen und schränkt die sprachlichen Kompetenzen der Sprecher ein. Es erfolgt eine Privatisierung des Slowenischen mit allen aus der Sprachwissenschaft und der Bilingualismusforschung bekannten negativen Konsequenzen. Dies geschieht - darauf sei nochmals hingewiesen - ohne böswillige Absicht der Mehrheit. Die Problematik ist ihr nur schwer verständlich zu machen. Es scheint, als gehöre ein großes Maß an Selbstbetroffenheit dazu, um die Bedrohlichkeit der strukturellen Gewalt des Mehrheits-Minderheits-Verhältnisses zu begreifen.

Das zweite Charakteristikum der sprachlichen Situation der Kärntner Slowenen ist ebenfalls kein auf Kärnten beschränktes Phänomen, sondern findet sich überall, wo Mehrheit und Minderheit zusammenleben: Das Abgeschnittensein vom kulturellen Hinterland, in dem die Sprache der Minderheit als Mehrheitssprache gesprochen wird. Für die Kärntner Slowenen wäre es sprachlich und kulturell förderlich, zahlreiche enge Kontakte zur Republik Slowenien zu unterhalten (z. B. im Bereich von Bildung, Ausbildung, Fortbildung, Wirtschaft, Medien, Ortspartnerschaften etc.). Von Teilen der Mehrheitsbevölkerung werden solche Kontakte aber eher skeptisch, zuweilen auch ablehnend betrachtet. Minderheiten sollten sich nicht an ihren großen Bruder wenden, der in der Phantasie vieler Angehöriger der Mehrheit hinter den Staatsgrenzen drohend lauert - in Kärnten nicht, im Elsaß nicht, in Siebenbürgen nicht, im Kosovo nicht, in Belgien nicht; lange durfte sie es auch in Südtirol nicht.

Heikel wird es dort, wo die Mehrheit, die sich um ihre eigene Identität in der Regel wenig kümmert, die Identitäts- und Abgrenzungsarbeit einer Minderheit in der Mehrheit überläßt, die sich berufen fühlt, im Namen der Mehrheit zu sprechen (vgl. Heintel 1982, S. 301–328). Sie ist kämpferisch und sieht ihre Hauptaufgabe darin, die Mehrheit vor der Minderheit zu warnen, indem sie ständig darauf hinweist, daß die Minderheit sehr gering an Zahl sei und daher ohnehin keine besonderen Rechte beanspruchen dürfe - und daß die Minderheit die Mehrheit zu überschwemmen drohe. Diese widersprüchlichen Warnungen werden meist gleichzeitig ausgesprochen. Sich selbst bezeichnen diese Minderheiten in der Mehrheit als heimattreu, während die Heimattreue der eigentlichen Minderheit zumindest implizit in Frage gestellt wird. In solchen Organisationen, die der Abgrenzungsarbeit der Mehrheit dienen (egal, ob die Mehrheit das will oder nicht) arbeiten häufig Assimilanten mit, die mit besonderem Eifer ihre Herkunftssprache und Herkunftskultur als verdächtig hinzustellen bemüht sind. Dies zu erklären, wäre Aufgabe einer psychoanalytischen Abhandlung; hier muß aus Gründen begrenzten Raumes darauf verzichtet werden. Für die Minderheit bedeuten solche Vereine jedoch eine ständige Bedrohung, die das Entwickeln einer zweisprachigen Kultur erschweren oder sogar unmöglich machen.

Ein drittes Merkmal der soziolinguistischen Lage der Kärntner Slowenen (nicht nur ihrer Lage, sondern der der meisten Minderheiten) resultiert aus der Geschichte des Zusammenlebens der Volksgruppen, das ja bekanntlich in den letzten 150 Jahren nicht immer friedlich war. Es läßt sich auf den Nenner »kollektives Gedächtnis« bringen. Dieser Begriff (ursprünglich vom Soziologen Maurice Halbwachs geprägt) bezeichnet die in den Köpfen der Menschen gespeicherten Erinnerungen an die Vergangenheit (die meist wenig bis gar nichts mit der von der Geschichtswissenschaft systematisch und kritisch rekonstruierten Vergangenheit zu tun haben): Ein Sammelsurium von angstbesetzten Erinnerungsfetzen, traumatisierenden Erfahrungssplittern, furchterregenden Phantasiebildern. Die Mehrheitsbevölkerung in Kärnten hat ihre kollektiven Erinnerungen als »Urangst« etikettiert. Die Minderheit könnte für den Inhalt ihres kollektiven Gedächtnisses (mit ganz anderen, aber nicht weniger schrecklichen Erinnerungen) einen ähnlichen Begriff brauchen.

Dieses »kollektive Gedächtnis« bestimmt im Alltag häufig den Umgang einzelner Mehrheits- und Minderheitsangehöriger miteinander. Irrationale Angst oder als Aggression verkleidete Angst schleicht sich hinterrücks - auch gegen den Willen der Betroffenen - in die Interaktion ein. Wenn z. B. bei einem Begräbnis in einer zweisprachigen Gemeinde ein Vaterunser auf slowenisch gebetet wird, kann dies dazu führen, daß sich Angehörige der deutschsprachigen Mehrheit provoziert fühlen. Wenn z. B. Kinder im Autobus slowenisch reden, denken manche des Slowenischen nicht kundige Fahrgäste, es würde schlecht über sie gesprochen (gerade dieses Phänomen läßt sich bei fast allen Mehrheiten finden).

Umgekehrt haben Angehörige der slowenischen Minderheit eine fast neurotische Angst vor dem öffentlichen Gebrauch ihrer eigenen Sprache entwickelt, weil sie sich entweder an reale Situationen der Verfolgung in der Nazizeit erinnern oder weil sie antizipatorisch eine Kränkung der Mehrheit durch ihre Sprache vorausphantasieren. Im vorauseilenden Gehorsam oder in vorauseilender Anpassungsbereitschaft machen sie erst gar nicht den Versuch, slowenisch zu sprechen, sondern benützen zur Vorsicht lieber gleich die Sprache der Mehrheit - was diese wiederum im Glauben bestärkt, die Minderheit wolle und solle in jeder Begegnung mit der Mehrheit deutsch sprechen.

Fazit: Die soziolinguistische Situation der Kärntner Slowenen ist ziemlich verfahren. Es hat keinen Sinn, Individuen als Sündenböcke für den verfahrenen Zustand zu identifizieren. Vielmehr handelt es sich dabei um die Folge undurchschauter sozial-psychologischer und psychologischer Mechanismen, die in den meisten Mehrheits-Minderheits-Situationen so oder ähnlich auftreten und durch Politik entweder reduziert oder aber ausgebeutet werden können. Der Ausweg aus der problematischen Lage dürfte am ehesten in der Entwicklung einer Kultur der Zweisprachigkeit für möglichst viele (auch Angehörige der Mehrheitsbevölkerung) zu finden sein. Dazu gehört zuallererst ein Durchschauen der Mechanismen, die das Mehrheits-Minderheits-Verhältnis so komplex machen. Diese Selbstaufklärung würde wohl auch ein Stück weit aus der Abhängigkeit vom Mechanismus befreien, die ewige Wiederholung der immergleichen Konflikte eindämmen und etwas offener für sprachlich-kulturelle Begegnungen machen, die nicht nur auf der kulturellen Einbahnstraße von Mehrheits- zu Minderheitssprache und -kultur erfolgen, sondern ein symmetrischeres Verhältnis begründen könnten.

Sprachliche und psycho-soziale Situation zweisprachiger Kinder in Klagenfurt

Die Situation zweisprachig sozialisierter schulpflichtiger Kinder in Klagenfurt ist schwierig. In ihrer Familie wurden sie zumeist zweisprachig erzogen, viele haben einen zweisprachigen Klagenfurter Kindergarten besucht (die beiden zweisprachigen Klagenfurter Kindergärten betreuen etwa 60 Kinder); manche, deren Familie erst vor kurzem aus dem zweisprachigen Gebiet in die Hauptstadt übersiedelt ist, haben dazu noch viele zweisprachige Bezugspersonen - Verwandte, Freunde, Spielkameraden, Nachbarn - durch die Übersiedlung nach Klagenfurt verloren. Sobald diese zweisprachig sozialisierten Kinder in Klagenfurt das schulpflichtige Alter erreichen, beginnt für sie eine Zäsur: Sie erleben beim Eintritt in die Pflichtschule, daß ihre Zweisprachigkeit in dieser Institution bedeutungslos ist. Diese Zäsur, die rein deutschsprachige Kinder nicht erfahren, bedeutet eine Benachteiligung der zweisprachigen Klagenfurter Kinder gegenüber den einsprachigen, aber auch gegenüber jenen zweisprachigen Kindern, die im Geltungsbereich des Minderheitenschulgesetzes wohnen.

Um genauer auszuführen, worin die Benachteiligung liegt und wie sie sich auswirkt, sind einige im Kontext der Zweisprachigkeitsforschung wichtige terminologische Unterscheidungen zu treffen. Vor allem gilt es, zwischen individuellem und gesellschaftlichem Bilingualismus zu unterscheiden. Während individueller Bilingualismus jene Zweisprachigkeit bezeichnet, die als Folge persönlicher, privater Bildungsanstrengungen erzielt wird (vgl. dazu die berühmt gewordenen Fallstudien von Leopold 1940, Ronjat 1913, Kielhöfer/Jonekeit 1983), versteht man unter gesellschaftlichem Bilingualismus die zweisprachige Gestaltung des öffentlichen Lebens. Im Idealfall sind sämtliche Institutionen und sämtliche Individuen zweisprachig, sind beide Sprachen in allen Lebensbereichen gleichberechtigt. Davon zu unterscheiden ist die Diglossie, ein Begriff, der in der Fachliteratur ebenfalls zur Bezeichnung von zweisprachigen Gesellschaften gebraucht wird. Diglossie bezeichnet eine unvollständige Zweisprachigkeit, in der jede der beiden Sprachen in unterschiedlichen Funktionen und Situationen gebraucht wird (die Standarddefinition stammt von Ferguson 1966; vgl. auch Lambeck 1984). Eine kurze kritische Erläuterung zur Begriffsentwicklung findet sich bei Lambeck, K.: Kritische Anmerkungen zur Bilingualismusforschung. Tübingen 1984.

Der individuelle Bilingualismus ist jener Typ von Zweisprachigkeit, den ein Individuum dann erwirbt, wenn es in einer einsprachigen Gesellschaft von seinen Bezugspersonen, unter Umständen aber auch von Bildungsinstitutionen, bewußt zweisprachig erzogen wird. Häufigste Voraussetzung für die Entstehung von individuellem Bilingualismus ist die Ehe und Familiengründung verschiedensprachiger Partner. Wenn z. B. ein deutschsprachiger Österreicher eine Französin heiratet, wenn jeder der beiden Ehepartner mit den Kindern konsequent in seiner Sprache spricht, ist es sehr wahrscheinlich, daß die Kinder einen individuellen Bilingualismus erwerben. Wie schwierig es ist, selbst unter solchen Voraussetzungen Kinder bilingual zu erziehen, davon künden zahlreiche Fallstudien (vgl. Leopold 1940; Ronjat 1913; Kielhöfer/Jonekeit 1983). Nur wenn die Eltern sprachbewußt, didaktisch klug und konsequent vorgehen, werden Kinder ausgeglichen bilingual - d. h., sie werden in beiden Sprachen etwa gleich kompetent. Es müssen besonders günstige sozio-kulturelle Bedingungen vorliegen (Eltern mit höherer Bildung, mit sprachdidaktischer Fähigkeit), damit sich Bilingualismus günstig für das Kind auswirkt (vgl. Fthenakis/Sonner/Thrul/Walbiner 1985).

Eine zweite Voraussetzung für die Entstehung des individuellen Bilingualismus ist die Beauftragung von speziellen Bezugspersonen mit besonderer sprachlicher und pädagogischer Qualifikation (früher in Adelskreisen die französische Gouvernante) mit der sprachlichen Sozialisation der Kinder.

Beide Bedingungen für die Entwicklung von individuellem Bilingualismus erfordern Überdurchschnittliches: außergewöhnlich große Fähigkeiten, außergewöhnlich großes Verständnis, außergewöhnlich viel Zuwendung, und - im Fall der eigens einzustellenden Bezugsperson - entsprechende Geldmittel. Verallgemeinerbar sind diese Bedingungen nicht. Sie bleiben das Privileg einer Bildungselite - außer, das Individuum wächst in einer zweisprachigen Gesellschaft heran.

Der gesellschaftliche Bilingualismus, also jene kollektiv praktizierte Zweisprachigkeit, welche Institutionen, Medien, die gesamte Öffentlichkeit umfaßt und von allen Mitgliedern der Gesellschaft getragen wird, ist ein viel besserer Garant für das Entstehen eines ausgeglichenen, koordinierten individuellen Bilingualismus als die beste zweisprachige Familien- oder Gouvernantenerziehung. Wenn im Alltagsleben zwei (oder mehrere) Sprachen gleichberechtigt nebeneinander benützt werden - gleichsam als kulturelle Selbstverständlichkeit (vgl. dazu Illich 1982) -, liegen die günstigsten Bedingungen für eine bilinguale Sozialisation vor, die in allen Lebensbereichen und sowohl auf der bewußten wie auch auf der unbewußten Ebene Individuen in die Zweisprachigkeit hineinwachsen läßt - und zwar im Prinzip ohne allzuviel Didaktisierung, ohne ständige pädagogische Interventionen, ohne übermäßiges, zusätzliches Training und trotzdem viel wirkungsvoller, als dies durch private Maßnahmen zweisprachiger Familien in einer einsprachigen Umwelt je geschehen könnte.

Für die Situation der zweisprachigen Personen in Klagenfurt gilt, daß sie zunächst für ihre Kinder zumindest ansatzweise die notwendige institutionelle Unterstützung erfahren, die gesellschaftlichen Bilingualismus ermöglicht: Es gibt zwei Kindergärten, in denen modellhaft jenes Konzept verwirklicht wird, das für die Entstehung von Zweisprachigkeit günstig ist. Sobald jedoch die Kinder das schulpflichtige Alter erreicht haben, wird diese wichtige Bildungserfahrung abgebrochen. Gerade zum pädagogisch schwierigsten Zeitpunkt, an der Schwelle von primärer zu sekundärer Sozialisation, wird die sprachliche Ausdrucksmöglichkeit der Kinder eingeschränkt statt erweitert. Sie werden wieder zurückverwiesen auf die Familie, wenn sie ihre Zweisprachigkeit bewahren wollen. Sie erleben dadurch die Zurückweisung ihres Identitätskerns (hier wird auf Identitätstheorien Bezug genommen, die der Sprache zentrale Bedeutung bei der Entstehung eines Identitätskerns zumessen; vgl. vor allem Krappmann, 1971) - eben ihrer in die Persönlichkeit integrierten Zweisprachigkeit - durch die wichtigste Bildungsinstitution, die Volksschule. Dies führt zu Identitätsstörungen, die von der Schule ausgelöst werden und zugleich die schulischen Leistungen negativ beeinflussen (vgl. dazu vor allem Hurst 1973, S. 35-38). Es besteht die Gefahr, daß Kinder dadurch in einen circulus vitiosus geraten, aus dem sie schwer herausfinden. Die klassische Double-Bind-Situation, daß genau jene Fähigkeit, für die sie im Elternhaus und Kindergarten gelobt werden - nämlich ihre Zweisprachigkeit -, in der Schule abgewertet wird, kann zu Konflikten führen, die ihre Beziehung zur eigenen Erfahrung und zu den engsten Bezugspersonen stören.

Die zweite wichtige Unterscheidung, die es hier zu treffen gilt, ist jene zwischen »Zweisprachigkeit« und »Halbsprachigkeit«. Diese beiden Begriffe geben allerdings nur die Pole eines Begriffskontinuums an; sie markieren sozusagen den positiven und den negativen Extremwert von Bilingualismus. Um die Problematik der Klagenfurter Kinder aus zweisprachigen Familien besser zu verstehen, ist es notwendig, etwas genauer zu differenzieren: Die Literatur über den Bilingualismus enthält eine Menge von Beschreibungen zur Kennzeichnung verschiedener Formen des Bilingualismus. Obwohl sie die sprachliche Realität nicht angemessen widerspiegeln (denn in Wirklichkeit gilt im Bereich des sprachlichen Handelns zumeist das Prinzip des »Sowohl-Als auch«, nicht des »Entweder-Oder«), haben sie doch klassifikatorischen Wert. Sie sollten als Konstrukte verstanden werden, deren Aufgabe darin besteht, bestimmte Aspekte eines Typs von Zweisprachigkeit herauszufiltern und zu gewichten - mit der Absicht, dadurch eine vorherrschende Tendenz zu kennzeichnen (aber Widersprüche, Inkonsistenzen etc. auszublenden). Sie sind also idealtypische Konstrukte, um die Komplexität realer Sprachphänomene in eindeutige Teile zu zerlegen.

Ich zähle einige dieser Begriffspaare auf, ohne jedesmal warnend den Zeigefinger vor dem Herauseskamotieren der Widersprüche zu erheben:

Natürlicher Bilingualismus – kultureller Bilingualismus

Diese Unterscheidung stammt von Weiss (1959). »Natürlicher Bilingualismus« wird zur Bezeichnung von Personen gebraucht, die zwei Sprachen ohne Schulunterricht gelernt haben, und zwar in ihrem Alltagsleben als ihr »natürliches« Kommunikationsmedium. Für solche Personen ist bilinguale Kompetenz etwas, das sie unbedingt erwerben müssen, um ihr Leben angemessen steuern zu können. »Kultureller Bilingualismus« ist das Resultat formaler Unterweisung, z. B. durch Schulunterricht. Der Begriff impliziert, daß das zweisprachige Individuum wenig oder gar keine Möglichkeiten hatte, die zweite Sprache in seinem außerschulischen Alltag in Kommunikationssituationen auf »natürliche« Weise zu lernen. Kultureller Bilingualismus bleibt daher oft auf den schulischen Kontext beschränkt. Ein eigenartiges Phänomen kann darin bestehen, daß »natürlicher Bilingualismus« (z. B. die Dialektsprachen der Südkärntner Landbevölkerung) im Vergleich zum kulturellen Bilingualismus als »falsche« oder »verdorbene« Sprache bezeichnet wird.

Was die Situation in Klagenfurt betrifft, dürfte es für den Erkenntnisprozeß fruchtbar sein, zwischen »natürlicher« und »kultureller« Einsprachigkeit zu unterscheiden, wobei mutatis mutandis dasselbe gilt wie oben, nur eben in die andere Richtung. Die beiden Begriffe scheinen sehr gut geeignet, Bewegungen, Veränderungen und Zwangsmaßnahmen zu verdeutlichen (wobei freilich auch hier die Dialektik von »natürlich« und »kulturell« mitgedacht werden muß). Vor allem kommt durch die Bezeichnung »kulturelle Einsprachigkeit« in den Blick, daß in Klagenfurt Einsprachigkeit institutionell erzeugt wird, also das Produkt von Umständen ist, welche Zweisprachigkeit liquidieren.

Elitärer Bilingualismus – Vernakulärer Bilingualismus

Diese Unterscheidung ähnelt der vorher genannten. Elitärer Bilingualismus wird von Personen beherrscht, die für gewöhnlich überdurchschnittlich gebildet sind, einen Teil ihrer Bildung in der zweiten Sprache erfahren haben und zumeist diese Sprache auch in einem »natürlichen« Kontext kennengelernt haben. Vernakulärer Bilingualismus dagegen wird zumeist in Zwangssituationen erworben, wenn Menschen im Alltagskontakt mit Personen zusammentreffen, deren Muttersprache von ihrer verschieden ist und die Macht haben, andere auf ihre Muttersprache zu verpflichten. Gewöhnlich entsteht vernakulärer Bilingualismus in einer Mehrheits-Minderheitssituation; in der Dritten Welt jedoch gibt es auch Fälle der Unterdrückung linguistischer Mehrheit (vgl. Calvet 1978).

Für Klagenfurt dürfte diese Dichotomie erkenntnisfördernd sein, da sie bestimmte Tendenzen in der Stadt beleuchtet, die noch zu wenig empirisch erfaßt sind: etwa eine sich abzeichnende Distanzierung zwischen Slowenischsprachigen mit profunder Kenntnis der slowenischen Hochsprache und Dialektsprechern ohne aktive Beherrschung des Schriftslowenischen; zwischen deutschsprachigen Angehörigen einer Bildungselite mit neugierigem Interesse am Slowenischen und dem traditionell nur deutschsprachigen Bildungsbürgertum.

Ein Code – zwei Codes

Wie sieht es im Kopf eines zweisprachigen Menschen aus?
- Verfügt der Zweisprachige über je ein lingusitisches System für eine Sprache, oder hat er nur eines, in dem beide Sprachen in irgendeiner Weise enthalten sind?
- Wie ist die Gehirntätigkeit des Bilingualen organisiert?
- Wie werden die zwei Sprachen im Hirn gespeichert?
- Wie werden die zwei Sprachen gelernt?

Weinreich (1966) hat in seiner klassischen Untersuchung »Languages in Contact« folgende Unterscheidungen getroffen:

Koordinierter Bilingualismus ist ihm zufolge die Beherrschung zweier getrennter linguistischer Systeme. Gemischter (compound) Bilingualismus wird von ihm als ein Mischsystem verstanden, bei dem das Lautsystem und das Lexikon zweier Sprachen auseinandergehalten werden, nicht aber der syntaktische und semantische Aspekt: beim Sprechen einer Sprache werden zum Teil die Normen einer anderen Sprache angewandt. Hartig/Kurz (1971, S. 203) betonen, daß dies die beiden wichtigsten sozialen Strukturtypen des Bilingualismus sind. Den »gemischten Bilingualismus« bezeichnen sie auch als »psychologischen Bilingualismus«, da er durch Loyalität erzielt wird: das heißt, die zweite Sprache ist nicht mehr funktional in einem sozialen Feld, wird aber trotzdem beibehalten, gepflegt, durch Institutionen (z. B. Vertriebenenverbände) mehr oder weniger künstlich am Leben gehalten. Den »koordinierten Bilingualismus« bezeichnen sie als »sozialstrukturellen Bilingualismus«, weil die Sozialstruktur die Anwendungsregeln für die jeweiligen Sprachen festlegt und die Anwendung kontrolliert. Der »Language shift« ist institutionalisiert.

Subordinierter Bilingualismus bezeichnet nach Weinreich das Phänomen, daß in der zweiten Sprache auch noch das Zeichen direkt aus der ersten übersetzt wird. Lambert (1977) hat den Begriff des »additiven Bilingualismus« eingeführt. Er versteht darunter, daß ein Kind seine Muttersprache auf dem Niveau des Monolingualismus beherrscht und zusätzlich eine neue Sprache erlernt; eine Sprache, die er/sie im »natürlichen« Kontext erlebt und systematisch erlernt. Von ihm stammt auch der Begriff des »subtraktiven Bilingualismus«, der dann vorliegt, wenn die Muttersprache infolge politischen und moralischen Drucks durch eine dominante, prestigeträchtigere Zweitsprache ersetzt wird. Die Muttersprache ist nicht mehr und die Zweitsprache ist noch nicht voll verfügbar. Die Kompetenz in der Zweitsprache wächst langsamer, als die Muttersprache zurückgeht. Es wird im Bereich der Muttersprache vergessen, ohne daß jemals in dem Maß aufgebaut worden wäre, wie es für das Lernen der Zweitsprache nötig ist.

Interessant ist die Theorie von Cummins, der eine »common underlying proficiency« unterstellt, die er mit dem Bild eines doppelten Eisbergs illustriert (Cummins 1980, S. 36):

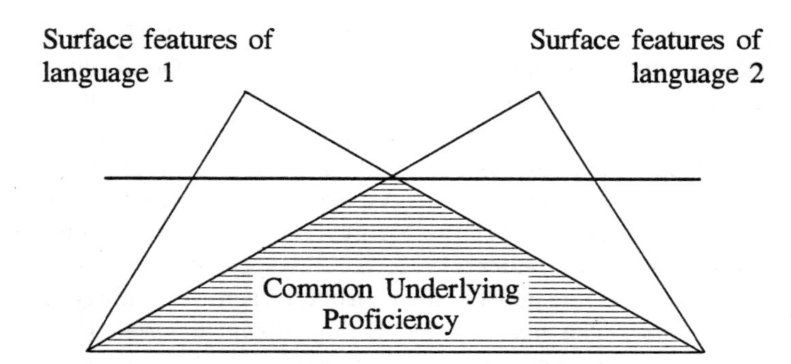

»Semilingualismus« ist ein wichtiger Begriff, der erstmals von Hansegard (1968) verwendet wurde. Er behauptet mangelhafte Beherrschung von Mutter- und Zweitsprache. Semilingualismus - also »Halbsprachigkeit« - entsteht als Folge ungenügenden Lernens beider Sprachen. Der Bilingualismusforscher Cummins hat die institutionellen, sozio-strukturellen und psycho-sozialen Bedingungen präzisiert, unter denen Halbsprachigkeit im Mehrheits- Minderheitsverhältnis entsteht. Er geht davon aus, daß es eine dominierende und eine dominierte Sprachgruppe gibt; daß im Rahmen der Institution Schule die Kultur und die Sprache der Minderheit ausgeschlossen sind; daß die Pädagogik an der Schule nicht kommunikativ, sondern auf bloße Wissensvermittlung hin orientiert ist (vgl. Cummins 1986, S. 296 f.). Die beiden ersten Bedingungen gelten für die zweisprachig sozialisierten Klagenfurter Kinder auf jeden Fall. Ob die dritte zutrifft, kann hier nicht festgestellt werden, da einschlägige Untersuchungen fehlen.

Semilingualismus bezeichnet zunächst mangelhafte Beherrschung von Mutter- und Zweitsprache, bezeichnet also genau genommen »doppelte« Halbsprachigkeit. Halbsprachigkeit/Semilingualismus bezieht sich nicht auf die Sprache als Ganzes, sondern nur auf die kognitiv-akademischen Sprachfähigkeiten. Die Alltagssprache ist davon weniger betroffen, »sichtbare« Sprachmerkmale wie Aussprache, Wortschatz, einfache Grammatik, Flüssigkeit beim Sprechen/Hören sind feststellbar, aber hinter der »linguistischen Fassade« verbirgt sich ein Defizit im abstrakt-formalen sprachlichen Bereich. Damit gehen ein kognitives und emotionales Defizit Hand in Hand.

Für die zweisprachigen Klagenfurter Kinder im schulpflichtigen Alter besteht aufgrund ihrer besonderen Situation - marginalisierte Minderheit ohne Möglichkeit zur Entwicklung ihrer Kultur und Sprache in der Schule, Bruch der zweisprachigen Sozialisationserfahrungen im Elternhaus und Kindergarten beim Eintritt in die Pflichtschule - besonders große Gefahr, halbsprachig zu werden. Auf jeden Fall sind sie vom Semilingualismus bedeutend mehr bedroht als einsprachige Kinder im Geltungsbereich des Kärntner Minderheitenschulgesetzes. Für die in Klagenfurt lebenden slowenischsprachigen Eltern ist derzeit die Situation schwierig. Sie können ihren Kindern keine zweisprachige Erziehung und Bildung vermitteln, die jenen integrativen Bilingualismus ermöglicht, der alleine imstande ist, Zweisprachigkeit zu einer positiven Bildungserfahrung zu machen. Wie immer sie sich auch verhalten mögen, sie können ihre Kinder letztlich nur zur Halbsprachigkeit sozialisieren. Wenn sie sich dazu entschließen, die Last einer bilingualen Erziehung ihres Kindes auf sich zu nehmen, müssen sie sich zu ihrem Kind didaktisch statt pädagogisch verhalten; das heißt, sie müssen ihre eigene Spontanität oft unterdrücken, sie müssen ein hohes Maß von Künstlichkeit und Lehrhaftigkeit in die Eltern-Kind-Beziehung einführen. Der Preis dafür ist hoch: die primäre Aufgabe der Familie, nämlich ein Ort der emotionalen Geborgenheit und des Lernens am Beispiel zu sein, ist nur mehr schwer zu erfüllen. Die Familie wird zur permanenten Schule. Das führt leicht zur emotionalen Verarmung des Kindes. Obwohl es beide Sprachen formal gut beherrscht, ist es in keiner der beiden »zu Hause«. Trotz des Risikos ist der Ausgang einer bloß auf die Familie beschränkten bilingualen Erziehung relativ ungewiß. Nur bei großer elterlicher Konsequenz wird das Ziel überhaupt erreicht. Die sprachliche Zuwendung der Eltern an ihre Kinder muß bedeutend größer sein als bei einsprachiger Erziehung. Das didaktische Geschick - nämlich die Zwanghaftigkeit der familialen Sprachschulung zwanglos zu umspielen - muß sehr groß sein. Beide Bedingungen zusammen finden sich selten in einem Elternpaar vereint. Durchschnittsmenschen sind von solchen Erziehungsaufgaben überfordert.

Wenn sich die Eltern jedoch entschließen, um des Kindes

willen auf die eigene Zweisprachigkeit zu verzichten, dem Slowenischen in der Erziehung keinen Raum zu geben, damit das Kind gut Deutsch lerne, laufen sie erst recht Gefahr, Halbsprachigkeit bei ihren Kindern zu produzieren; denn die Unterdrückung der einen Sprache wirkt sich zumindest genauso schlimm aus wie ihre künstliche Forcierung. Alles, was oben gesagt wurde, gilt erst recht für diese sprachunterdrückende Erziehung. Da Sprache mehr ist als bloß ein Verständigungssystem, da sie vielmehr einen integralen Bestandteil der Identität darstellt, müssen die Eltern ihre eigene zweisprachige Identität vernichten, um die Kinder einsprachig zu erziehen. Die Gewalt, die sie damit sich selbst antun, fällt letztlich ihren Kindern auf den Kopf. Diese müssen mit identitätsgestörten Eltern aufwachsen. Daß dadurch Kinder schwer neurotisiert werden können, hat die Wissenschaft eindrucksvoll dargestellt. (Eine genaue Untersuchung über familial erworbene Zweisprachigkeit, allerdings unter Südtiroler Bedingungen, findet sich bei Egger 1985. Die Problematik des Aufwachsens in Familien mit unbewußten bzw. verdrängten Problemen und Konflikten beschreibt am besten Richter 1972.)

Die zweisprachigen Eltern in Klagenfurt befinden sich also in einem Dilemma. Wie immer sie ihre Kinder sprachlich erziehen - es kann den Kindern zum Nachteil gereichen. So entsteht die seltsame Situation, daß Klagenfurts zweisprachige Kinder gegenüber einsprachigen benachteiligt sind, denen diese traumatisierenden Erfahrungen in ihrer sprachlichen Sozialisation erspart bleiben.

Zusammenfassend kann gesagt werden, daß zweisprachige Kinder in Klagenfurt gegenüber einsprachigen aufgrund fehlender zweisprachiger Volksschulen in den folgenden Punkten benachteiligt sind:

- Der Bruch zwischen primärer (familialer) und sekundärer (staatlicher) Sozialisation erfolgt abrupter und dramatischer. Die in Entstehung begriffene Identität wird stark beeinträchtigt.
- Die Gefahr, halbsprachig statt zweisprachig zu werden, wird durch die mangelnde Möglichkeit zur Weiterentwicklung der zweiten Sprache (des Slowenischen) zur realen Bedrohung.

- Die Beziehung zu den Eltern wird durch die Privatisierung der kindlichen Zweisprachigkeit stark belastet.

Als Konsequenz dieser Benachteiligung ist zu erwarten, daß zweisprachig sozialisierte Kinder in der Schule keinerlei Möglichkeit zum Praktizieren ihrer Zweisprachigkeit haben, daß sie mehr als ihre einsprachigen Alterskollegen, die im Geltungsbereich des Minderheitenschulgesetzes wohnen, von folgenden Schwierigkeiten bedroht sein werden:

- ausgeprägte Ich-Schwäche;
- Störung der sprachlichen Entwicklung;
- Schulversagen, insbesondere in Sprachfächern;
- soziale Isolation, Außenseiterposition;
- Entfremdung von den Eltern, Neurotisierung der Eltern-Kind-Beziehung.

Die Mikrophysik des Abwehrkampfs

Unkosten verdrängter Zweisprachigkeit in Südkärnten

Vorbemerkungen

Wenn jemand die Sprache seiner Kindheit weglegt wie ein altes Hemd, zahlt er einen hohen Preis dafür. Er behindert seine eigene sprachliche Entwicklung und damit auch seine geistige Entwicklung, und zwar trotz der neuen Sprache, die er statt der Kindheitssprache lernt. Er bindet seine emotionale Energie an Verdrängungsarbeit und behindert damit die Entwicklung einer persönlichen Identität.

Wenn eine Gesellschaft eine ihr angehörige Gruppierung mit eigener Sprache bei der Entwicklung und Entfaltung dieser Sprache einschränkt, statt sie zu fördern, schränkt sie sich selbst ein; und zwar in dem Sinn, daß sie ihre kommunikativen und diskursiven Züge zugunsten von herrschaftlich überwachenden einschränkt und damit ihre demokratische Freiheit selbst beschneidet.

Aus dieser Selbstbeschneidung entsteht ein Mechanismus, den ich als »kommunikative Austrocknung« bezeichnen möchte. Je mehr die kommunikativen Züge einer Gesellschaft eingeschränkt werden, desto mehr wächst der Druck auf die einzelnen Gesellschaftsmitglieder, ihre öffentliche Kommunikation einzuschränken bzw. nach Vorschrift zu kommunizieren. Der öffentliche Diskurs verkommt. An seine Stelle tritt privates Geplauder. Dadurch aber wird das Reden belanglos und das Vertrauen der Individuen auf die problemlösende Kraft der Sprache gestört. Man wird beim Reden vorsichtig. Man will sich nicht den Mund verbrennen. Man lernt: »Reden ist Silber, Schweigen ist Gold«. Damit jedoch verliert man die Möglichkeit, ein starkes Ich zu entwickeln, ein Subjekt zu werden - denn dieses kann sich nur unter kommunikativen Bedingungen entfalten. Und kommunikative Bedingungen können sich nur entfalten, wo es ichstarke Subjekte gibt.

Wenn also die einzelnen Gesellschaftsmitglieder sich nicht mehr kommunikativ verhalten, verliert die Gesellschaft zunehmend ihren kommunikativen Charakter; und je mehr sie ihren kommunikativen Charakter verliert, desto mehr verlieren die einzelnen Gesellschaftsmitglieder ihre kommunikative Kompetenz.

Die Kärntner Situation

Was nun die Situation in Kärnten betrifft, so läßt sich anhand von Statistiken und Fallstudien zeigen, daß dieser Mechanismus, den ich hier als Teufelskreis beschrieben habe, am Werke ist. Ich glaube nicht, daß er von der Mehrheit der Menschen gewünscht wird.

Ich behaupte vielmehr, daß dieser Mechanismus der kommunikativen Austrocknung sich unbewußt und hinterrücks durchsetzt, gegen den Willen und die Absicht der Betroffenen. Das Paradoxon besteht darin, daß jeder in Kärnten Angst vor diesem Sprach- und Kommunikationsverlust hat und Lösungen sucht, um ihm entgegenzuwirken, daß aber gerade die Lösungen bzw. die Lösungsvorschläge das Problem darstellen.

Viele einsprachige Kärntner, die im zweisprachigen Gebiet leben, haben *Angst* vor der Zweisprachigkeit und sehen in der Zweisprachigkeit die Ursache der allgemeinen Schwierigkeit, sich kommunikativ zu verhalten. Sie fühlen sich daher von der Zweisprachigkeit bedroht und wehren sich gegen alles, was die Zweisprachigkeit fördert oder begünstigt.

Diese Angst hat viele Wurzeln, und man sollte sie nicht auf Rückständigkeit oder provinzielle Beschränktheit zurückführen, sondern sie ernst nehmen, ihre Ursachen analysieren und überlegen, ob sie gedämpft werden kann und wie sie gedämpft werden kann.

Die Ursache dieser Angst vor Zweisprachigkeit liegen tief in der Geschichte des Landes und der Bewohner vergraben. Man muß sie mühsam suchen, weil sie verdrängt wurden. Sie hängen mit der Besiedlungs- und Sozialgeschichte dieses Landes und mit den gesellschaftlichen Konflikten zwischen den sozialen Schichten zusammen. Die slowenische Sprache erschwerte den gesellschaftlichen Aufstieg und die gesellschaftliche Mobilität. Sie wurde zum Symbol sozialer Zugehörigkeit zur ökonomisch und politisch schwächeren Bevölkerungsgruppe. Sozialer Aufstieg war leichter, wenn man in der Öffentlichkeit seine slowenischsprachige Herkunft nicht zeigte und sich sprachlich der herrschenden Schicht anpaßte.

Die slowenische Sprache wurde daher auch zum Symbol für eine gewisse Widerspenstigkeit, für Eigensinn und mangelnde Unterwürfigkeit. Der Widerstand der slowenischsprachigen Kärntner gegen den Hitlerfaschismus hat nicht zuletzt darin seine Wurzeln. Überzeugte Kärntner Slowenen riskierten eher ihr Leben im Kampf gegen den Nationalsozialismus, als sich der Diktatur zu fügen und sich germanisieren zu lassen. Der Eigensinn und die mangelnde Unterwürfigkeit zeichnet heute noch diese Volksgruppe vor den anderen österreichischen Volksgruppen aus.

Die Angst vor der Zweisprachigkeit ist eine Angst, die vor allem jene befällt, welche selbst aus slowenischsprachigen Familien stammen, deren Eltern oder Großeltern selbst noch slowenisch gesprochen hatten und die sich irgendwann im Laufe des Lebens von der slowenischen Sprache gelöst hatten, meistens aus Sorge um ihre und ihrer Kinder soziale Zukunft, um ihre Lebenschancen.

Die slowenische Sprache wirkt auf sie wie eine Bedrohung, man könnte die Zugehörigkeit zu den Mächtigen im Lande wieder verlieren, man könnte zum sozialen Nichts zerfallen.

Es ist die symbolische Bedeutung, die das Slowenische in Kärnten hat: das Symbol für soziale Schwäche, das Symbol für Unangepaßtheit. Von dieser symbolischen Bedeutung geht die Angst aus. Diese Quelle der Angst ist freilich unbewußt. Man hat viele Rationalisierungen, die den wahren Grund der Angst verdecken:

Man beruft sich auf die Notwendigkeit der Abgrenzung von einem Nachbarstaat, der angeblich noch immer - unter

Hinweis auf die slowenische Sprache und Kultur Südkärntens - territoriale Ansprüche stelle; das Slowenische sei der Brükkenkopf der fremden Macht.

Man beruft sich auf die angeblich schädliche Auswirkung zweisprachiger Erziehung für Geist und Seele, für Identität und Heimatgefühl.

Man beruft sich auf die angebliche Naturwüchsigkeit des Assimilationsprozesses, dem sich zu widersetzen schädlich sei.

Man beruft sich auf die Marginalisierungsgefahren, die einer ökonomisch schwachen Region in Randlage angeblich drohen, wenn sie eine eigenbrötlerische kulturelle und sprachliche Entwicklung nimmt, statt sich jener der herrschenden Mehrheitskultur anzupassen.

Die meisten Leute glauben diese Rationalisierungen. Die eigentlichen Gründe der Angst bleiben tabuisiert.

Da nun das Verdrängte, nämlich die Sprache der Kinder und die der Vorfahren, sich ständig meldet, und weil diese Meldung als bedrohlich erfahren wird, muß man es umso energischer abwehren. Abwehrmechanismen wie Verdrängung, Verkehrung ins Gegenteil und Identifikation mit dem Aggressor helfen dabei. Es gibt in Kärnten sogar einen Verein, der sich »Abwehrkämpferbund« nennt, und immer wieder wird bei allen möglichen Feiern des »Abwehrkampfes« gedacht. Die Abwehr wird zur identitätsstiftenden Größe. Dieses Klima der Abwehr fördert Mißtrauen, Vorsicht, Redehemmungen, Heimlichtuerei. Das öffentliche Reden wird zum abgesicherten Reden: man sagt das, was die Gruppe sagt, der man angehört. Man bestätigt sich und den anderen, daß man dazugehört. Die Äußerungen sind wie Vereinsfahnen, die hochgehalten werden. Sprachliches Probehandeln, lautes Denken, ungeschütztes Vorpreschen werden eher selten riskiert.

Politik, die auf den Diskurs und die demokratische Kommunikation baut, hat es in einem solchen Klima nicht leicht. Leichter haben es dagegen politische Agitatoren, die das Angstsyndrom schüren, Sündenböcke anprangern und einfache Patentrezepte zur Überwindung der Angst anbieten: Man müsse nur die klare Trennung von Deutsch- und Slowenischsprachigen durchführen, um die Problematik in den Griff zu bekommen.

Bildungswissenschaftliche Interventionsmöglichkeiten

Was mir in dieser Situation als Bildungswissenschaftler wichtig scheint, ist vor allem jenen blinden Mechanismus der Verdrängung sichtbar zu machen. Ich halte es für eine vordringliche Aufgabe, die Mikrophysik des alltäglichen Abwehrkampfes gegen alles Zweisprachige, gegen alles Slowenische, bewußt zu machen und den hohen Preis bewußt zu machen, den man selber dafür zahlt, daß man sich in die kollektiven Abwehrmuster einspannen läßt. Es ist eine mühsame und unbedankte Arbeit, jemanden, der sich in seiner Neurose eingerichtet hat, die Augen für das Negative seines Zustandes zu öffnen. Der sekundäre Gewinn aus der Krankheit ist immer noch so groß, daß er die Mühen einer Änderung scheuen läßt.

Erst wenn es gelingt, durch Aufklärungsarbeit zu demonstrieren, daß jeder sich durch kollektive Verdrängung schadet, daß jeder durch die Förderung von Zweisprachigkeit gewinnt, dann bestehen Chancen, das kollektive Unbewußte zu bearbeiten und umgekehrt: erst wenn das kollektiv Verdrängte bearbeitet ist, kann es gelingen, Zweisprachigkeit zu fördern.

Dazu werden allerdings belehrende Lichtbildervorträge nicht reichen, sondern dazu braucht es aktivierende Sozialforschung vor Ort, die zugleich aufarbeitet und vorausplant. Dies ist zumindest ein Beitrag, den Bildungswissenschaftler leisten können.

Assimilationspolitik als Pyrrhussieg der Mehrheitskultur

Alle österreichischen Volksgruppen haben in den letzten hundert Jahren die Folgen einer Assimilationspolitik verspürt, die mit Hilfe struktureller Gewalt - in der NS-Zeit auch mithilfe manifester physischer Gewalt - die Kultur und Sprache der Mehrheitsbevölkerung durchgesetzt haben. Die Zahl derer, die sich heute noch zu einer der Volksgruppen - Slowenen, Kroaten, Tschechen, Ungarn - bekennen, ist um 80-90 % zurückgegangen.

Die Ursachen dieser Assimilationsbewegung sind untersucht worden. Mir geht es im folgenden vor allem darum, auf die negativen Folgen von Assimilationspolitik hinzuweisen - auf negative Folgen, die alle betreffen: Mehrheits- und Minderheitsgesellschaft, Assimilanten, bewußte Vertreter der Minderheit, jede Person, die in einer Assimilationsgesellschaft lebt. Diese negativen Folgen betreffen viele Lebensbereiche. Ich kann hier aus mehreren Gründen nicht alle darstellen. Statt dessen möchte ich exemplarisch einen Bereich herausgreifen, den ich aufgrund meiner wissenschaftlichen Beschäftigung mit Volksgruppenfragen am besten kenne - nämlich die Kommunikationskultur.

These 1: Sprachlich-kulturelle Massenassimilation wirkt sprachzerstörend. Sie zwingt zu einer lingua franca, einer Pidgin-Sprache, damit sich Assimilierer und Assimilanten verstehen können. Verdrängung, Überanpassung, Angst vor dem Nicht-ganz-Dazugehören im sprachlichen Bereich erschweren die sprachliche Entfaltung. Aus Angst vor dem Verlust der Zugehörigkeit meidet man die öffentliche Rede oder redet in vorgestanzten Formeln. Die öffentliche Sprache wird zu einem Austausch von Communiquées, die Loyalität beschwören, Abgrenzungen von den anderen vornehmen, und bestätigen, daß die Welt so ist, wie sie ist.

These 2: Wenn man den Strukturalisten oder Lacan folgt, dann entspringt der Sinn nicht dem Autor des Diskurses, dem Individuum, das sich auszudrücken glaubt, sondern der Sprache selbst. Der Sprecher unterliegt den Zwängen seines Codes/seiner Signifikantenkette. Der Sinn seines Diskurses ist von vornherein durch die Grammatik und Semantik der ihm verfügbaren Sprache festgelegt. Die zerstörte Sprache zerstört das Bewußtsein und zerstört den Sinn.

These 3: Die Sprachzerstörung äußert sich nicht so sehr in der Zerstörung ihrer linguistischen Grammatik und Semantik, sondern in der Zerstörung ihrer psychosozialen Grammatik und Semantik. Sie ist festgelegt auf Dichotomien, auf Freund-Feindschemata, auf starre Wirklichkeitsbilder, auf Erfahrungsundurchlässigkeit, auf stereotype soziale Wahrnehmung.

These 4: Je kaputter die Sprache, je geringer ihre Brauchbarkeit im Sinne sozialer und politischer Kreativität, desto größer die Bekenntnissucht zur einen oder anderen Nationalsprache. Mit dem Schrumpfen der Verständigungsfähigkeit wächst die demonstrativ zur Schau gestellte Loyalität zu einer Nationalsprache.

These 5: Sprechen bedeutet in einem solchen Kontext schließlich nicht mehr Verständigung zu suchen und Empathie zeigen, sondern Sprechen bedeutet, die »geheiligten« Worte der eigenen Gruppe zu gebrauchen, die Sprachrituale immer von neuem zu wiederholen.

These 6: Die Befriedigung, die das KHD-Mitglied erfährt, wenn es die Ansprache seiner Führer hört oder den »Ruf der Heimat« (neuerdings »Der Kärntner«) liest, ist vergleichbar der Erleichterung, die der kranke Indianer empfindet, der von Schamanen des Stammes gepflegt wird. In beiden Fällen geht es darum, daß durch die Wirkung eines Sprachrituals ein Individuum in seine Gemeinschaft eingegliedert wird. Lévi-Strauss: »Der Schamane gibt seiner Kranken eine Sprache, in der unformulierte - und anders nicht formulierbare - Zustände ausgedrückt werden können. Und der Übergang zu dieser sprachlichen Ausdrucksform führt zur Lösung des physiologischen Prozesses, das heißt zur günstigen Neuordnung jener Reihe, deren Verlauf die Krankheit sich unterwirft« (Lévi-Strauss 1976, S. 217). Die Sprachrituale sind ideologische Mythen und ihre Wirksamkeit (das Vertrauen der Gläubigen, die Gefolgschaft der Massen) garantiert keineswegs ihre Angemessenheit an die Realität, von der sie zu sprechen vorgeben.

Ich komme zum Schluß. Zuerst die gute Nachricht: Im Grunde gleicht diese Art der öffentlichen Kommunikation, wie sie in Assimilationsgesellschaften gepflogen wird, der surrealistischen Literaturproduktion, so wie sie André Breton im ersten surrealistischen Manifest beschrieben hat. Es geht um die berühmte »écriture automatique«: sein Bewußtsein auszuschalten, sich der Sprache überlassen, alles wird ganz von allein kommen. Ich verkünde das dritte surrealistische Manifest: Ganz Kärnten ist eine Literaturwerkstatt. Leider habe ich auch eine schlechte Nachricht: Die zerstörte Sprache verhindert demokratische Lösungen des notwendigen Konflikts, verhindert emanzipatorisches Leben des einzelnen, zerstört die Kultur einer ganzen Region. Unter Wiederholungszwang werden immer dieselben Sprachsalven abgeschossen, dieselben Sprachrituale heruntergebetet, wird dieselbe Sprachlosigkeit hinter Wänden aus Sprache getarnt.

Jene sozial-kommunikative Kreativität, die zur Bewältigung der wichtigsten gesellschaftlichen Aufgaben vonnöten wäre - Bekämpfung von Arbeitslosigkeit, Zweidrittelgesellschaft, Umweltproblematik, Gesundheitsvorsorge - kann sich im Klima der Sprachlosigkeit kaum entwickeln.

Fern von den Karawanken – Carinzia in Nicaragua?

Weit weg, im östlichen Urwaldgebiet Nicaraguas, leben die Sumus. Ein Indianerstamm, der vom Aussterben bedroht ist, weil ihn die Mehrheitskultur seit Jahrhunderten unterdrückt. Nur mehr die Großvätergeneration spricht Sumu. Deren Söhne wurden spanisch und katholisch. Sie wissen gar nicht mehr, daß es eine Sumu-Sprache gibt, außer wenn sie besoffen sind. Dann reden sie miteinander Sumu. Die Enkel, die nicht einmal mehr im Suff das Sumu beherrschen, sollen jetzt die Großväter entdecken und sich wieder ihrer indianischen Tradition entsinnen, wenn das Regierungsprogramm aufgeht, das die Wissenschaftler in Managua entwickelt haben.

In Rama, wo sich die atlantische und die pazifische Kultur Nicaraguas treffen, in einem gottverlassenen Eck am Ende der Welt, habe ich Julio kennengelernt, der von den Sumus abstammt. Julio arbeitet bei der Alphabetisierung der Campesinos mit. Er ist ein begeisteter Volkserzieher. Aber wichtiger als anderen die Schriftlichkeit zu vermitteln, ist es ihm, selbst zu schreiben. Er schreibt alles, was er erlebt und erfährt, in sein dickes Tagebuch. Selbst als der Hurrikan voriges Jahr das Land verwüstete, dachte er nicht nur an seine Sicherheit, sondern genauso an das Schreiben. Schreibend stand er im Sturm und trotzte Regen und Wind. Alles schrieb er auf, was er damals sah, als die Katastrophe seine Heimat vernichtete.

Julio hat lange Gespräche mit seinem Großvater geführt. Er wollte alles aufschreiben, was ihm der Alte erzählte. Das Wissen und die Kultur der Sumus sollten nicht untergehen. Der Alte traute der Schriftlichkeit seines Enkels nicht über den Weg. Er wollte ihm sein Indianerwissen anders vermitteln. Julio sollte einfach dasselbe tun wie er. Der Alte ließ sich von einer Schlange beißen und verlangte dies auch von Julio. Nur wenn er alles selber spüre, könne er auch die

Heilung verstehen. Mit dem bloßen Erzählen und Schreiben sei nichts zu machen. Julio traute sich das nicht zu. Der Alte kurierte sich, weihte aber Julio nicht ein.

Die Kultur der Sumus bleibt wohl weiter ungeschrieben. Bald wird niemand mehr sich genieren müssen, weil sein Großvater noch ein Indianer war. Unser Nachbar in Juigalpa, der mir gestern erklärte, daß gleich hinter Santo Tomás die bewohnbare Welt aufhöre und das Gebiet der Menschenfresser beginne, wird sich ein neues Vorurteil zurechtschneidern müssen.

Gerade noch in letzter Sekunde haben die Sandinisten entdeckt, daß ihr Staat multikulturell ist. Die Bürgersöhne von Managua, die den Diktator Somoza gestürzt hatten, kannten ihr eigenes Land zu wenig und waren erstaunt und unbeholfen, als sie plötzlich mit den im Osten des Landes herrschenden Verhältnissen vertraut wurden: mit der englischsprachigen, kreolisch-karibischen Kultur um Bluefields, mit der Mischkultur der Miskitos, mit der Kultur der Indianerstämme der Sumus und Ramas. Sie glaubten zunächst, daß ihr Modell der Befreiung auch für die mehrsprachigen Ostregionen geeignet sei; daß also die Befreiung von einer Feudaldiktatur (die im Osten weniger gespürt wurde, da sich der Somoza-Clan nur für das pazifische Nicaragua interessierte) etwas so Wertvolles und die dadurch gewonnenen politischen und ökonomischen Freiheiten etwas so Großartiges seien, daß man die sprachlich-kulturellen Differenzen ruhig einebnen dürfe; die Leute würden die Befreiung durch Loyalität honorieren. Sie taten's nicht. Die Miskitos wehrten sich mit Waffen, als sie aus dem Kriegsgebiet umgesiedelt wurden; einige liefen zu den Contras über. Die Sumus, die schon im 17. Jahrhundert von den Miskitos vom gemeinsamen Stamm ausgegrenzt wurden - die Miskitos hielten sich für etwas Besseres, weil sie sich mit weißen Seeräubern und schwarzen Sklaven vermischten -, wurden als »die Wilden« (= Sumus) bezeichnet; Sie zogen sich ins Hinterland zurück und assimilierten sich entweder an die Miskitos oder an die spanisch-katholische Mehrheitskultur.

Inzwischen haben die Sandinisten ihren Irrtum erkannt und versuchen ihn, so gut es geht, zu korrigieren. Sie haben die Miskitos als bewaffnete Aufständische anerkannt und ihnen gestattet, mitsamt ihren Waffen in ihr Territorium zurückzukehren. Für die ganze Costa Atlantica haben sie ein Institut für Zweisprachigkeit eingerichtet, das CIDCA (Centro de investigación y documentación dela Costa Atlantica = ein Institut der Klagenfurter Partneruniversität, der Universidad Centro-Americana). Sie haben eingesehen, daß Nationenbau und Modernisierung nicht identisch sein müssen mit kultureller Einebnung. Seit 1985 definieren sie Nicaragua als multiethnischen Staat und entwickeln zweisprachige Erziehungsinstitutionen.

Aber es ist zu fürchten, daß zumindest im Fall der Sumus die Rettungsaktion zu spät kommt; daß die Erziehungsmaßnahmen das kollektive Gedächtnis nicht wiederbeleben können. Siehe Julios Großvater, dessen Wissen nicht verschulbar ist. Sprachlich-kulturelle Vielfalt läßt sich leider leichter zerstören als wiederbeleben. Nicht nur in Nicaragua.

Einschätzung der Lage und der Entwicklungsmöglichkeiten der slowenischen Volksgruppe in Kärnten

Beurteilung der Lage

Meine im folgenden thesenartig verkürzte Einschätzung der Lage der Kärntner Slowenen beruht auf mehreren Informationsquellen. Ich nenne die wichtigsten:

1. Systematische Erforschung von Biographien der Bewohner der zweisprachigen Region (mitverantwortlicher Autor von zwei Forschungsberichten »Über Zweisprachigkeit und Identität«).
2. Teilnehmende Beobachtung des Konfliktes um die zweisprachige Schule (Mitverfasser von Gutachten, Vorschlägen etc.; Leiter eines Arbeitskreises »Zweisprachige Schule« des wissenschaftlichen Beirates des Renner-Institutes; Vertreter der Universität beim Hearing »Minderheitenschulwesen« und Mitverfasser des Gutachtens der Universität; Fortbildner zweisprachiger LehrerInnen etc.).
3. Möglichkeit zu Vergleichsstudien aufgrund ca. zehnjähriger Praxis als Lehrerfortbildner für ZweitsprachlehrerInnen in Südtirol.
4. Hearings im Rahmen der 2. Tagung der Expertenkommission der österreichischen Rektorenkonferenz.
5. Beobachtungen im Alltagsleben meines Kärntner Wohnortes, der als »Assimilantendorf« gilt.

Die wichtigste Erkenntnis will ich den weiteren Ausführungen voranstellen:

Nicht die Minderheit, sondern die Mehrheit ist das Problem

Das eigentliche Problem der Kärntner Volksgruppenfrage ist nicht die Lage der slowenischsprachigen Minderheit, sondern die psycho-soziale Verfassung der deutschsprachigen Mehrheit in der zweisprachigen Region. Dies soll in ein paar Sätzen erläutert werden:

Der Kampf um das ethnische Überleben hat die Kärntner Slowenen sensibel gemacht für eine politische Interpretation ihrer Existenz, für die Notwendigkeit kritischer Distanz gegenüber Herrschaft, für die Selbstorganisation ihrer Bedürfnisse. Ihr Beharren auf dem Eigensinn, ihr Widerstand gegen Anpassungszwänge an die Mehrheitskultur hat ihre Identität als Volksgruppe geprägt. Sie wissen, wer sie sind und was sie wollen.

Relativ viele Angehörige der deutschsprachigen Mehrheit dagegen sind eher unpolitisch, unkritisch, autoritätsgläubig, außengelenkt. Insbesondere in der zweisprachigen Region Südkärnten ist ihre Zusammensetzung sehr heterogen. Die wichtigsten - und schwierigsten - Segmente bilden die einerseits relativ kleine, aber einflußreiche Gruppe der deutschnationalen Betreiber des Volkstumskampfes, der seit fast hundertfünfzig Jahren mit der Parole »Kärnten ist deutsch« ideologisch Besitz und Herrschaft sichert; andererseits die sehr große Gruppe der Assimilanten, die aus Sorge um ihre Lebenschancen (in der Nazizeit muß es heißen: um ihre Überlebenschancen) der slowenischen Volksgruppe abgeschworen haben und nunmehr sich selbst, ihren Autoritäten, aber auch den Angehörigen ihrer ehemaligen Volksgruppe immer wieder beweisen müssen, daß sie keine Slowenen, sondern richtige Deutsche sind. Ihr »Identitäts-Notstand« - Folge einer tragischen Geschichte der Marginalisierung und Ausbeutung des sozial schwächsten Segments der Gruppe, die schließlich zur Assimilation führte (vgl. dazu die Ergebnisse unseres Projekts »Zweisprachigkeit und Identität« - Boeckmann/ Brunner/Egger/Gombos/Juriç/Larcher 1988), zwingt sie geradezu, sich ständig abzugrenzen, jeden Bezug zu ihrer Herkunft zwanghaft abzuwehren. Sie haben panische Angst, in die alten Verhältnisse von Armut, Ausbeutung, Rechtlosigkeit ihrer slowenischsprachigen Vorfahren zurückzufallen.

Diese irrationale Angst wird von Ideologieproduzenten weidlich ausgenützt, um politisches Kapital daraus zu schlagen: Sie bieten klare Feindbilder an, sie teilen die Welt in Schwarz-Weiß-Schemata (gute, angepaßte, obrigkeitsgläubige, heimattreue Deutschkärntner und »Windische« versus böse, eigensinnige, slowenische Heimatverräter), sie erzeugen Gemeinschaftssinn und Solidarität durch das Lebendighalten von Abwehr-Haltung: Die Slowenen, die Jugoslawen, die Kommunisten wollen uns überfluten, daher müssen wir uns wehren! Dies alles wird in weitverbreiteten Periodika (»Der Kärntner« - ehemals »Ruf der Heimat«, Leserbriefseite der Kleinen Zeitung etc.) immer wieder abgedruckt. Jede irrationale Angst setzt in den Menschen Gewaltpotentiale frei. In Südkärnten wird dieses Gewaltpotential nicht offen ausagiert wie zu Zeiten des Dritten Reiches, als man zur Endlösung der Slowenenfrage mittels Zwangsaussiedlung schritt. Es setzt sich aber latent, in sublimierter Form, in Alltagshandlungen durch, die den meisten Handelnden überhaupt nicht als diskriminierend oder rassistisch bewußt sind - etwa im spontanen Lachen, wenn auf die slowenische Herkunft einer Person angespielt wird, im Verwenden des Wortes »windisch« in der Umgangssprache, um einen grammatischen Fehler anzuprangern, im Insistieren auf dem Gebrauch des Deutschen in öffentlichen Verkehrsmitteln, in der Disqualifikation der slowenischen Sprache als »häßlich, nutzlos, unwichtig«, in der Ablehnung zweisprachiger liturgischer Handlungen, das Entfernen slowenisch beschrifteter Grabsteine, in der Ablehnung von deutsch-slowenischer Zweisprachigkeit überhaupt. Das größte Problem bildet die Unfähigkeit dieser Assimilanten zur Empathie. Zu sehr sind sie mit ihrem eigenen Leid beschäftigt.

Außerhalb der slowenisch besiedelten Region Südkärnten weiß die große Mehrheit der Bevölkerung Kärntens so gut wie gar nichts über den Volksgruppenkonflikt und seine Ursachen bzw. will nichts davon wissen. Es ist erstaunlich, wie gering die Informationen selbst in den angrenzenden Bezirken Kärntens (z. B. St. Veit) sind - so als ginge es die seit Jahrhunderten deutschsprachige Bevölkerung Kärntens gar nichts an, was im zweisprachigen Süden des Landes passiert. Diese Verdrängungshaltung dürfte mehrere Gründe haben, auf die aber im folgenden nicht weiter eingegangen wird, um den Text auf das Wesentlichste zu beschränken.

Die Crux der Kärntner Volksgruppenfrage besteht also in der Existenz einer großen Gruppe von Menschen slowenischer Herkunft, die ihre Volksgruppenzugehörigkeit gewechselt haben oder aus Familien stammen, welche schon vor einer Generation diesen Wechsel vollzogen haben. Diese Assimilanten sind der politische Spielball der Rechten, sie sind die verachteten Abtrünnigen in den Augen der bewußten Slowenen. Alle öffentlich gehandelten Klischees zur Beschreibung der »Kärntner Seele«, wie Urangst, Hang zur Depressivität, Heimatvergötzung, Fremdenangst, lassen sich an ihnen festmachen. Ihr Ethnozentrismus, ihr Deutschnationalismus, ihr Antislowenismus läßt sich als Reaktionsbildung bzw. Identifikation mit dem Aggressor interpretieren.

Ich stelle aufgrund eingehender Untersuchungen der Sozialgeschichte dieser Assimilanten die Behauptung auf, daß

a) diese Bevölkerungsgruppe aufgrund ihrer tragischen gesellschaftlichen Erfahrungen in der Vergangenheit gar nicht anders agieren kann, als sie es derzeit tut;
b) eine Bearbeitung des Kärntner Volksgruppenkonflikts auf rationaler Basis nur möglich ist, wenn die psycho-soziale Lage dieser Bevölkerungsschicht verbessert wird. Darauf werde ich in einem späteren Abschnitt noch zu sprechen kommen.

An dieser Stelle soll zunächst noch etwas ausführlicher meine Einschätzung skizziert werden.

Zur Binnenstruktur der slowenischsprachigen Volksgruppe

Die slowenischsprachige Volksgruppe ist keine homogene Gruppe, die sich zahlenmäßig festschreiben ließe. Es ist zu unterscheiden zwischen

a) bewußten Slowenen, die politisch aktiv für die Rechte ihrer Volksgruppe eintreten; es handelt sich zumeist um Personen, die das Slowenische Gymnasium absolviert haben und in einer Slowenenorganisation eine Funktion innehaben;

b) bewußten Slowenen, die sich öffentlich zu ihrer Sprache und ihrer Kultur bekennen; es handelt sich zumeist um Personen bäuerlicher Herkunft, die durch die slowenische Tradition ihrer Familie, ihres Dorfes, ihrer lokalen Vereine geprägt sind; die das Slowenische so oft wie möglich gebrauchen;
c) Kulturpendler, die sich in beiden Sprachen gleich kompetent und gleich gerne bewegen; es handelt sich entweder um Personen, die in verschiedensprachigen Umwelten zugleich leben (z. B. in einer slowenischsprachigen Familie und an einem deutschsprachigen Arbeitsplatz), oder um Kinder aus Mischehen, oder um Intellektuelle slowenischer Herkunft, die als Folge ihres Studiums individualisiert wurden - d. h., die zwar weiterhin bei Gelegenheit ihr Slowenisch gebrauchen und es schätzen, aber aufgrund ihrer Isolation von der Volksgruppe weder für die Rechte der Slowenen kämpfen noch in Kulturorganisationen den kulturellen Bestand pflegen.
d) Assimilierte (nicht Assimilanten!), die in der Kindheit slowenisch sprachen bzw. in privaten Situationen mit eng vertrauten Partnern slowenisch sprechen, aber aufgrund von verschiedensten Anpassungszwängen und Distanzierungsbedürfnissen ihre slowenische Herkunft verleugnen und die Sprache ihrer Kindheit als »Windisch« bezeichnen.

Von diesen vier Gruppen sind nur die beiden ersten als »Slowenen« statistisch zu erfassen. Die dritte und die vierte sind auf dem Sprung zum Deutschtum bzw. lehnen Volkstumsbekenntnisse ab. Bei Volkszählungen geben sie als Muttersprache eher Deutsch als Slowenisch an.

Das Problem scheint mir darin zu bestehen, daß die Politik der bewußten Slowenen zu wenig Rücksicht auf die spezielle Problematik der Kulturpendler und der Assimilierten nimmt - sie überläßt diese beiden Gruppen dem Einfluß der Eindeutschungspolitik -, aber auch darin, daß die meisten politischen Bestrebungen zur Unterstützung der slowenischen Sprache und Kultur sich nur an die bewußten Slowenen richten und die anderen Gruppen nicht berücksichtigen.

Sprachliche Isolation

Die slowenische Sprache und Kultur in Kärnten hat sich nur als Orts- und Talkultur entwickeln können, weil die Nationenbildung der Slowenen verhindert bzw. später auf Jugoslawien beschränkt wurde. Die überregionalen ökonomischen, administrativen, kulturellen Vernetzungen der slowenischsprachigen Peripherie mit der Zentrale erforderten in Kärnten den Wechsel von slowenischer Lokalsprache zu deutscher Verkehrssprache, von slowenischer Dorfkultur zu deutschsprachiger Stadtkultur. Dies hatte zur Folge, daß die slowenische Hochsprache und die slowenische Hochkultur nur für jenen Kreis der Kärntner Slowenen wirklich Teil der Lebenspraxis geworden ist, der im Verlaufe höherer Bildung sich intensiv damit befassen konnte. Das ist die Elite, die das slowenische Gymnasium absolviert hat. Die Mehrheit - auch der bewußten Slowenen - liebt vor allem das Lokalkolorit oder, um mit Illich zu sprechen, die vernakuläre Sprache und Kultur, steht aber der slowenischen Hochsprache und Hochkultur reserviert gegenüber; für die Assimilierten gilt sogar, daß sie sie ablehnen, nicht als ihre Sprache betrachten; ihre Sprache, so betonen sie, sei das »Windische«. Die deutschnational orientierte Wissenschaft in Kärnten hat sich beeilt, Beweise zu konstruieren, daß dieses Windische eigentlich dem Deutschen näher stünde als dem Slowenischen (vgl. Wutte 1930) - was aber die Slawistik endgültig widerlegt hat (vgl. Neweklowski 1985).

Das Problem scheint mir darin zu bestehen, daß die Reduktion des Slowenischen auf enge lokale Varianten jedesmal den Sprach- und Kulturwechsel erzwingt, wenn die bäuerliche Welt der unmittelbaren Umgebung transzendiert werden sollte - sei es im Gespräch, im Medienkonsum, in Arbeitszusammenhängen, bei kulturellen und/oder politischen Aktivitäten; daß aber auch eine sprachliche Entfremdung zwischen den jungen Absolventen des slowenischen Gymnasiums mit hochsprachlicher Kompetenz und der Herkunftsfamilie mit fast ausschließlicher Kenntnis der Lokalsprache zu bemerken ist.

Unvollständige Sozialstruktur

Die Sozialstruktur der slowenischsprachigen Minderheit in Kärnten ist unvollständig (vgl. Reiterer 1986). Sie besteht in der Hauptsache aus Bauern und Akademikern, vor allem Lehrern, Priestern und, mit einigem Abstand, Ärzten. Es ist den Slowenen bisher erst in Ansätzen gelungen, andere Positionen in der Gesellschaft für ihre Volksgruppe zu öffnen, z. B. Arbeiter in einigen zweisprachigen Betrieben, Angestellte ebendort, Wirtschafts- und Gewerbetreibende, Beamte im öffentlichen Dienst.

Das Problem scheint mir darin zu liegen, daß gerade hochqualifizierte junge Slowenen in ihrer engeren Heimat keinen Arbeitsplatz finden können, der ihren Qualifikationen entspräche; daß also ein Brain-Drain, eine Abwanderung der slowenischen Intelligenz in deutschsprachige Ballungszentren in Gang gesetzt wird, der die Volksgruppe Substanz kostet.

Kulturembargo

Die Kärntner Slowenen haben viel zu wenig Kontakt mit dem Land, dessen offizielle Staatssprache Slowenisch ist, also mit der Republik Slowenien. Dies hat mehrere Gründe. Vor allem die Last der Geschichte und - bis vor kurzem - der Unterschied der politischen Systeme verhindert, daß die Beziehungen der zweisprachigen Region Südkärnten zur Republik Slowenien so intensiviert werden, daß die kleine Minderheit in Österreich an der Entfaltung der slowenischen Kultur genügend partizipieren kann. Während die deutschsprachige Volksgruppe in Südtirol gerade wegen ihrer besonders engen Kontakte zu Österreich, der BRD und der Schweiz in allen Bereichen des gesellschaftlichen Lebens enorm bereichert wurde, muß die slowenische Volksgruppe in Kärnten ihre Kontakte zum großen Nachbarn im Süden eher vorsichtig dosieren, um den Verdacht des Irredentismus nicht zu nähren - einen Verdacht, den die deutschnationalen Kräfte in Kärnten ohnedies bei jeder Gelegenheit lautstark äußern. Das Problem liegt darin, daß jede kleine sprachlich-kulturelle Minderheit ohne engen Kontakt mit einer großen, nationsbildenden Volksgruppe in eine gefährliche Isolation gerät, die sie nur durch Partizipation an der Mehrheitskultur, in unserem Fall also an der deutschsprachigen Mehrheitskultur, kompensieren kann. Damit geht jedoch kulturelle Vielfalt verloren, damit verliert die Kultur der Minderheit ihre Eigenständigkeit. Statt Vermittlerfunktionen über Staats- und Systemgrenzen hinweg zur erfüllen, übersetzt sie nur, was es bei uns ohnehin schon gibt, in ihr Idiom. Dies kann aber nicht Sinn einer auf kulturellen Pluralismus hin orientierten Minderheitenpolitik sein; damit wird eine friedensstiftende Chance verspielt. Die neuesten politischen Entwicklungen in Slowenien erlauben allerdings die Hoffnung, daß sich hier vieles ändern wird.

Schulpolitische Benachteiligung

Das zweisprachige Schulwesen in Südkärnten leidet unter dem vom KHD 1958 und 1959 erzwungenen Bekenntnisprinzip. Während zu Beginn der Zweiten Republik Kärnten ein vorbildliches Minderheitenschulwesen auf der Grundlage des Territorialprinzips eingeführt hatte - alle Schüler im Geltungsbereich des Gesetzes mußten zweisprachig unterrichtet werden -, wurde durch das Abmeldungs- bzw. Anmeldungsprinzip 1958/59 ein Kompromiß geschaffen, der sich langfristig als assimilationsfördernd erweist. Beim Konflikt um die Neuregelung des Schulwesens konnte der status quo nicht gerettet werden (daß angemeldete und nichtangemeldete Schüler gemeinsam unterrichtet werden); aber auch damit könnte die weitere Assimilation der Kulturpendler und Assimilierten nur gebremst, nicht aber verhindert werden. Ja, selbst bewußte Slowenen, sogar solche, die politisch für ihre Volksgruppe aktiv sind, werden unter diesen Bedingungen zur »Folklorisierung« ihrer Sprache gezwungen - sie werden sie nur mehr zum Zwecke der Kulturpflege in eigenen Sprachenklaven benützen können; eine öffentliche Bedeutung wird das Slowenische in absehbarer Zukunft nicht mehr haben. Es wird zu einem Sprachmuseum verkommen.

Das Problem scheint mir darin zu bestehen, daß in einem gemischtsprachigen Gebiet die Minderheit ihre Sprache nur dann öffentlich gebrauchen kann, wenn die Mehrheit zumindest passive Kenntnisse der Minderheitssprache hat. Die gegenwärtige Schule schafft dies fast nicht mehr. Eine weitere Trennung von deutsch- und slowenischsprachigen Kindern im Unterricht würde das passive Erlernen des Slowenischen endgültig verhindern, die Ghettoisierung des Slowenischen würde enorm beschleunigt.

Es ist bereits heute so, daß in fast jeder Öffentlichkeit, sei es in Versammlungen, in informellen Gruppierungen, am Arbeitsplatz, nur mehr Deutsch gesprochen werden kann, sobald auch nur ein einziger Deutschsprachiger dabei ist; denn alle Slowenen sprechen Deutsch genauso gut wie Slowenisch, aber kaum ein Deutschsprachiger versteht das Slowenische. Trotzdem hält er es für selbstverständlich, daß sich alle ihm anpassen, denn »sie können ja Deutsch«, argumentiert er. Er hält es für sein verbrieftes Recht, daß selbst eine größere Gruppe von Slowenen seinetwegen, auch wenn er der einzige ist, auf den Gebrauch ihrer Muttersprache verzichten. Diese »kulturelle Selbstverständlikeit« zerstört in sehr vielen Fällen die Chance zum öffentlichen Gebrauch des Slowenischen. Sie ist die unmittelbare Folge einer Schulpolitik, die auf dem Bekenntnisprinzip beruht.

In Südtirol dagegen ist es - trotz der Spannung zwischen den Volksgruppen - in den meisten öffentlichen Situationen möglich, die eigene Muttersprache, sei's Deutsch oder Italienisch, zu gebrauchen, die Sprache des Angehörigen der anderen Volksgruppe zu verstehen. Die früher als selbstverständlich erwartete Sprachverleugnung der deutschsprachigen Südtiroler wird seltener - dank der für alle verpflichtenden zweisprachigen Schule.

Volksgruppenkonflikt als Sozialisationsagentur

Der Kärntner Volksgruppenkonflikt ist zu einer Sozialisationsagentur versteinert. Das betrifft nicht nur die Slowenen, sondern alle, die im zweisprachigen Gebiet leben. Das bedeutet nicht mehr und nicht weniger, als daß sich in den 150 Jahren, seitdem es den Konflikt gibt, die Grundstrukturen des Konfliktes verselbständigt haben und gleichsam als zweite Natur in das Denken, Fühlen, Sprechen, Handeln der Menschen eingewandert sind, um ihr gesellschaftliches Schicksal zu bestimmen.

Ich habe auf die vier unterscheidbaren Gruppen unter den Slowenen verwiesen (bewußte Slowenen, die politisch aktiv sind; bewußte Slowenen, Kulturpendler, Assimilierte), möchte aber hier noch die fünfte, nämlich die Gruppe der radikalen Assimilanten, dazunehmen:

Die Nähe oder Ferne zu einer dieser Gruppen bestimmt Weltdeutungen, Feindbilder, Kommunikationsmuster und politische Orientierungen der Individuen; ja sogar derer Berufs- und Partnerwahl sowie das Sozialprestige. Im Rahmen unserer großangelegten Untersuchung zur Kärntner Zweisprachigkeit (Boeckmann/Brunner/Egger/Gombos/Juriç/ Larcher 1989) haben wir nachgewiesen, daß Identitätsbildung der Menschen in der zweisprachigen Region über die von den einzelnen Gruppierungen entwickelten Muster verläuft.

Das Problem scheint mir darin zu liegen, daß hier ein Wiederholungszwang alle Menschen nötigt, dieselben alten Auseinandersetzungen mit denselben negativen Auswirkungen auf die Beteiligten seit hundertfünfzig Jahren immer von neuem auszutragen, manchmal mit manifester, meist mit latenter Gewalt. Dieser Zwang, die Geschichte immer aufs neue zu wiederholen, bindet alle Energien und verhindert konstruktive Auseinandersetzungen mit den großen Problemen der Gegenwart und der Zukunft. Dies dürfte wohl die eigentliche Tragik des Volksgruppenkonfliktes sein, daß er die ineinander verbissenen Gegner rund um die Uhr beschäftigt, ohne daß eine Lösung in Sicht kommen kann, solange die Entstehungsgeschichte im Dunklen bleibt (bzw. bewußt verdunkelt wird). Davon profitieren politische Rattenfänger der Rechten, seit es den Konflikt gibt, da ihre Blut-und-Boden-Ideologie den Assimilierten und Assimilanten hilft, ihren Identitätswechsel zu legitimieren, zu verteidigen und zu stabilisieren. Kein Wunder, daß diese Rechten den Konflikt immer aufs neue anheizen.

Fremde in der Heimat

Die österreichische Öffentlichkeit weiß so gut wie nichts über die Kärntner Slowenen - trotz der in den letzten Jahren gestiegenen Anzahl niveauvoller Berichte in den Zeitungen (Standrad, AZ, Wiener Zeitung, Presse, Salzburger Nachrichten, Profil, Präsent u. a.) und im Radio/Fernsehen. Zwar weiß man, daß es sie gibt und daß die Mehrheit in Kärnten nicht sehr nett mit ihnen umgeht, aber man glaubt fälschlicherweise zumeist, sie hätten ökonomische Probleme oder besäßen weniger staatsbürgerliche Rechte als die Mehrheit. Kaum jemand versteht jedoch die Problematik, die den Slowenen daraus erwächst, daß sie ihre ökonomischen Chancen und ihre staatsbürgerlichen Rechte zumeist nur in deutscher Sprache wahrnehmen können. Und noch weniger Österreicher verstehen, daß die Weigerung eines großen Teils der Kärntner Mehrheitsbevölkerung, sich zumindest passive Slowenischkenntnisse anzueignen, die Problematik verschärft. Wahrscheinlich weiß im gesamten Bundesgebiet überhaupt niemand, daß gerade diejenigen Slowenen, die von der Kärntner Mehrheitsbevölkerung am meisten als Heimatverräter angesehen werden, nämlich die bewußten Slowenen, und unter diesen vor allem die politisch aktiven, das stärkste Österreichbewußtsein haben, was von ihren deutschnationalen Gegenspielern vermutlich eher weniger behauptet werden kann (vgl. Boeckmann/Brunner/Egger/Gombos/Juriç/Larcher 1988).

Einschätzung der Entwicklungsmöglichkeit

Österreichische Identität als Perspektive

Meine thesenartig zusammengefaßte Einschätzung der Lage der slowenischen Volksgruppe in Kärnten ist von impliziten Vorannahmen und Wertentscheidungen geprägt; diese zu explizieren ist notwendig, wenn Grundzüge einer Minderheitenpolitik auf ihrer Basis vorgeschlagen werden sollen. Ich will daher im folgenden so knapp wie möglich auf die bislang unausgesprochen mitschwingenden Grundsätze zu sprechen kommen, auf denen die Interpretationen sowie die zu entwickelnden Perspektiven ruhen:

1. Die Identität des modernen Österreich leitet sich von einer Geschichte her, die nicht nationalstaatlich geprägt war, sondern den Versuch darstellte, das Zusammenleben vieler Nationalitäten in einem Staat zu organisieren. Österreichs geschichtliches Erbe besteht in dem Auftrag, mit besseren, d. h. demokratischen Mitteln eines jener Probleme zu lösen, an dem die Habsburgermonarchie gescheitert ist: ein Modell des friedlichen Miteinander unterschiedlicher Volksgruppen zu entwickeln; das gesellschaftliche Zusammenleben von Menschen unterschiedlicher Sprachen und Kulturen auf der Basis von Chancengleichheit zu gestalten; Mehrsprachigkeit und multikulturelles Leben nicht nur zu tolerieren, sondern zu fördern. Dies bedeutet unter anderem, daß kleine Gruppen wegen ihrer numerischen Schwäche in vielen Bereichen überproportional gefördert werden müssen, um gleiche Chancen zu haben bzw. um verlorenes Terrain aufzuholen. Es bedeutet aber auch, daß die Mitglieder der Mehrheit mehr oder weniger aktiv an dieser Förderung beteiligt werden müssen, damit die Vielheit der Kulturen mit der Einheit der multikulturellen Gesellschaft in ein fruchtbares Spannungsverhältnis gerät.
2. Eine nicht nur nach rückwärts gewandte Identitätsbildung des neuen Österreich sollte die Rolle eines friedenspolitisch höchst bedeutsamen Scharniergelenks zwischen den Systemen und zwischen den Welten entschiedener und auf breiterer Basis als bisher aufnehmen. Zum Bestandteil eines neuen österreichischen Selbstbewußtseins kann diese Vermittlungsrolle am ehesten dann werden, wenn die Alltagserfahrungen der mehrsprachigen Menschen für das mehrsprachige und multikulturelle Element der österreichischen Gesellschaft geöffnet werden; wenn sie erfahren, daß das Vertrautsein mit mehreren Kulturen das eigene Leben bereichert und die sozialen sowie die ökonomischen Chancen erhöht. Das heißt vor allem, das Fremde

im Eigenen zu erkennen, das Anderssein der Minderheiten als den blinden Fleck im Selbstbild zu verstehen, die Minderheiten als Teil von uns selbst zu akzeptieren. Dies erleichtert es, angstfrei über die Grenzen zu blicken und jene vermittelnde Rolle zu spielen, die aufgrund unserer geographischen Lage in der Mitte Europas unser historisches Schicksal ist.

Kurzfristige Maßnahmen

Um eine solche Vision österreichischer Identität nicht von vornherein zum utopischen Phantasiegebilde verkommen zu lassen, sind derzeit eine Reihe von minderheitspolitischen Maßnahmen notwendig, die kurzfristig zumindest den Status quo unserer Volksgruppen sichern. Bezogen auf die Kärntner Slowenen, handelt es sich dabei meines Ermessens um folgende:

Stolz statt Mitleid

Die allerwichtigste Maßnahme betrifft die Selbstdarstellung der Volksgruppe nach außen und nach innen. Sie hat jeden Grund, auf ihre Geschichte und ihre Leistungen stolz zu sein. Dieser Stolz muß artikuliert werden. Er muß zum integrierenden Kern des Selbst- und Fremdbildes der Kärntner Slowenen werden. Solange sie in ihren Selbstdarstellungen Leidensgeschichte in den Vordergrund stellen (wie berechtigt dies auch sein mag), wird man ihnen weiter aufs Haupt schlagen, bestenfalls Mitleid für sie übrig haben. Respektieren wird man sie nur dann, wenn sie starkes Selbstbewußtsein haben. Kurzfristig bedeutet dies, daß die Volksgruppe in ihren bzw. den ihnen freundlich gesinnten Medien eigene Stärken, Vorzüge, Errungenschaften stärker betont als ihr Leiden unter dem minderheitenfeindlichen Klima.

Die Wissenschaft könnte insoferne zur Entwicklung einer positiven Selbstdarstellung beitragen, als sie sich jenen Forschungsfragen mehr zuwendet, die ausgesprochene Stärken der slowenischen Volksgruppe in Kärnten thematisieren - z. B. warum gerade die bewußten Slowenen zugleich die bewußtesten Österreicher sind oder aufgrund welcher Bedingungen in bestimmten Ortschaften die slowenische Tradition nahezu ungebrochen stark ist.

Rettung der zweisprachigen Schule

Auf jeden Fall ist sicherzustellen, daß die Trennung von deutsch- und slowenischsprachigen Schülern in der Grundschule verkleinert statt vergrößert wird. Es bedeutet die Favorisierung von Unterrichtsorganisation, die zumindest passives Mitlernen des Slowenischen für alle Schüler ermöglicht.

Eine zweite, unbedingt erforderliche Sofortmaßnahme ist die Einrichtung einer zweisprachigen Übungsvolksschule an der Pädagogischen Akademie in Klagenfurt. Damit wäre nicht nur ein wichtiger Ort zur Entwicklung und Erprobung einer regional-spezifischen Didaktik der Zweisprachigkeit geschaffen, sondern es entstünde für alle angehenden Lehrer an zweisprachigen Schulen endlich eine Möglichkeit, vor Ort Lehrerfahrung zu sammeln - für alle anderen PädAk-Studenten längst eine Selbstverständlichkeit.

Die dritte Sofortmaßnahme im Schulbereich betrifft die Lehrerfortbildung. An drei oder vier regionalen Zentren sollten bestehende Lehrerwerkstätten neu organisiert werden, um

a) die Kooperation und den Erfahrungsaustausch der Lehrer an zweisprachigen Schulen autonom zu gestalten;
b) um Kontakt mit Wissenschaftlern zu ermöglichen, die in diesem Bereich forschen und lehren;
c) um wissenschaftlich angeleitete Entwicklung von Unterrichtsmaterialien für den zweisprachigen Unterricht zu ermöglichen.
d) um längerfristige Fortbildungslehrgänge selbst zu organisieren.

Die drei hier vorgeschlagenen Schritte sind nur defensive Maßnahmen, um im Schulbereich nicht noch mehr Terrain zu verlieren. Sie können die langsame Assimilation nicht aufhalten, aber ihre Beschleunigung verhindern. Universitäre Forschung und Lehre könnten dabei folgende Hilfsstellungen leisten:

a) Mitarbeit bei der Einrichtung und dem Betrieb der Lehrerwerkstätten;

b) Systematisierung und Kodifizierung einer Didaktik der Zweisprachigkeit, die auf die Bedürfnisse dieser Region, dieser Menschen, aber auch auf die Struktur dieser beiden Sprachen hin orientiert ist.

Mittel- und längerfristige Maßnahmen

Aufarbeitung der Geschichte

Das eigentliche Problem des Volksgruppenkonflikts ist nicht die Grüppe der bewußten Slowenen, auch nicht die der Kulturpendler, sondern die breite Schicht der Assimilanten - jener prozentuell wahrscheinlich größte Anteil der Südkärntner Bevölkerung, der ständig seine Herkunft verleugnen, seine Kindheit totschlagen muß, um sich selbst zu stabilisieren. Wer das minderheitenfeindliche Klima in der Region verbessern will, muß dieser Gruppe helfen, mit ihrer Vergangenheit und Gegenwart ins Reine zu kommen. Gerade für sie, die wie sonst niemand in Kärnten die gnadenlose Härte feudaler Ausbeutung und innerer Kolonisierung erlebt haben, ist es wichtig, ihre Rolle und Funktion in der Geschichte zu erkennen.

Dies kann nur in einem längerfristigen Prozeß geschehen. Die Wissenschaft - Geschichte und Sozialwissenschaft - muß zunächst die Kärntner Sozialgeschichte aus der Perspektive dieser Bevölkerungsschicht erforschen. Als zweiter Schritt empfiehlt sich die Darstellung der Ergebnisse in der Art, wie etwa Sichrovsky die Lage der Juden und der Kinder von Nazigrößen in der Darstellung von exemplarischen Einzelschicksalen nachvollziehbar gemacht und dabei Trauerarbeit ermöglicht hat (vgl. Sichrovsky 1985 und 1987). Vorgeschlagen wird daher ein Forschungsprojekt in zwei Teilen:

1. Studien zur Sozialgeschichte der Region, insbesondere zum Schicksal des slowenischsprachigen landwirtschaftlichen Proletariats.
2. Populärwissenschaftliche Darstellung bzw. mediale Aufbereitung der Forschungsergebnisse (TV, Zeitungen, Erwachsenenbildung).

Was die bewußten Slowenen betrifft, so wäre zur Gestaltung eines Museums zu raten, das vor allem dem unterdrückten Teil der Landesgeschichte Ausdruck ermöglicht. Das Landesmuseum verschweigt die Existenz der Slowenen in Kärnten. Es liegt nahe, den Beitrag der Slowenen zur Gestaltung Kärntens und Österreichs umso deutlicher und eindringlicher zu präsentieren - nicht nur, um dem museal inszenierten Verdrängungsprozeß gegenzusteuern, sondern um Arbeit an der eigenen Identität zu leisten; um sinnlich-anschaulich den positiven Beitrag der Slowenen zum Aufbau Kärntens und Österreichs darzustellen. Die Aufgabe der Wissenschaft könnte dabei sein:

1. Mitwirkung bei der Erstellung des Museumskonzeptes;
2. Beratung bei der museumspädagogischen Präsentation der Exponate, bei der Erstellung von Katalogen, Hand-Outs etc.
3. Entwicklung eines museumspädagogischen Programms.

Sprachbarrieren überwinden

Die folgenden Maßnahmen scheinen mir geeignet, dem Slowenischen in Kärnten größere Bedeutung zu verleihen und es für die Bewohner Südkärntens zu erleichtern, ihre verdrängten/vergessenen/unterschätzten verstümmelten Slowenischkenntnisse zu verbessern:

1. Eine großangelegte Werbekampagne für die Zweisprachigkeit in Kooperation von Volksgruppenvertretern, Wissenschaftlern und ORF. Im konkreten schlage ich die Ausschreibung eines Aufsatzwettbewerbes unter dem Titel »In zwei Sprachen leben« vor. Die besten Einsendungen werden von einer Jury aus zweisprachigen Wissenschaftlern und Publizisten ausgewählt, prämiert, in Buchform veröffentlicht, im ORF vorgestellt.
2. Die Entwicklung von Slowenisch-Kursen für Anfänger und leicht Fortgeschrittene zum Selbststudium, orientiert an moderner Sprachdidaktik. Die derzeit auf dem Markt befindlichen Slowenischkurse orientieren sich an altphilologischer Grammatikpaukerei. Die Mitarbeit vor allem

von wissenschaftlich geschulten Zweitsprach- und Fremdsprachdidaktikern ist dabei vonnöten.

3. Die Einrichtung von »Slowenischkursen für Windische« im Rahmen einer slowenischen Volkshochschule, in etwa dem burgenländischen Beispiel folgend; auf einer kontrastiven Sprachdidaktik basierend, die den lokalen Dialekt als gleichwertig gelten läßt, aber die anderen Funktionen der Hochsprache aufzeigt (à la Lehrgang Dialekt: Hochsprache kontrastiv). Dazu sind allerdings Vorstudien nötig, die von Linguisten geleistet werden müssen.

4. Die wichtigsten Kärntner Medien dafür gewinnen, in jeder ihrer Ausgaben einen Teil (eine Spalte, wie die »Dolomiten« für das Ladinische? Eine ganze Seite, wie der »Alto Adige« für das Deutsche?) für eine Kolumne in slowenischer Sprache zur Verfügung zu stellen.

Interkulturelles Lernen fördern

An zwei oder drei Orten sollten zweisprachige Schulen eingerichtet werden, die den Status von Magnetschulen haben: Einrichtungen, die durch ihre vorbildlichen pädagogischen Konzepte, durch die hervorragende pädagogische Kompetenz ihrer LehrerInnen, durch die Ausstattung mit besonders geeigneten Lernhilfen besondere Faszination ausüben, sodaß sie nicht nur für überzeugte Slowenen, sondern genauso für Kulturpendler und Assimilierte attraktiv sind. Das Angebot dieser Schulen sollte nicht nur aus einem modernen zweisprachigen Unterricht für alle, sondern aus einer intensiven Auseinandersetzung mit kulturellen Erfahrungen bestehen, die, soweit dies möglich ist, in das Schulleben integriert werden sollten.

Meiner Ansicht nach sollten diese Magnetschulen eher privat initiiert werden, um die Hürden bürokratisch gezähmter Schulreform zu umschiffen; aber sie sollten mit öffentlichen Geldern großzügig subventioniert werden (eine solche Schule wurde seit der Entstehung dieses Textes in Klagenfurt mit großem Erfolg eingerichtet). Die Aufgabe der Wissenschaft bestünde in der Mitarbeit an der Entwicklung eines pädagogischen Konzeptes, an der wissenschaftlichen Betreuung der Lehrer und an der Evaluation des Erfolges.

Berufschancen für Zweisprachige schaffen

Es ist unrealistisch und meiner Meinung nach auch nicht wünschenswert, ein Bildungsprogramm für Menschen mit zweisprachiger Kompetenz zu schaffen, das Angebot und Nachfrage unseres Wirtschaftssystems ignoriert. Die unvollständige Sozialstruktur der Kärntner Slowenen bringt es mit sich, daß die wichtigste slowenische Bildungsinstitution, das Slowenische Gymnasium, Qualifikationen erzeugt, die in dieser Sozialstruktur nicht sehr gefragt sind. Zusatzqualifikationen sind notwendig, um Arbeit zu finden. Wer etwas Systemangemessenes studiert (z. B. Wirtschaft, Technik), findet trotz seiner Doppelqualifikation keinen Arbeitsplatz. Er muß das zweisprachige Gebiet verlassen.

Hochschullehrgänge, die für zweisprachige Absolventen des slowenischen Gymnasiums eingerichtet werden sollten, könnten Basisqualifikationen im Umgang mit moderner Hochtechnologie, in Managementmethoden, in Betriebswirtschaft etc. vermitteln; Basisqualifikationen, die in der Region verwertbar wären und im Zusammenhang mit Kompetenz in beiden Sprachen der slowenischen Volksgruppe einen Modernisierungsschub im Bereich ihrer Selbstorganisation ermöglichten.

Die Wissenschaft hätte die Aufgabe, Bedarfsstudien durchzuführen, Lehrgänge zu konzipieren und abzuhalten.

Vorbereitung und Weiterführung der zweisprachigen Schule

Jede slowenischsprachige Familie in Kärnten weiß: Sobald ihr Kind den Kindergarten besucht, will es zu Hause nicht mehr slowenisch sprechen. Es erlebt dort zum ersten Mal seine Außenseiterposition. Es erfährt, daß die wichtigen Anderen deutsch sprechen. Die Krise in der sprachlichen Sozialisation ist tief und nachhaltig. Sie beeinflußt die Lernbereitschaft in der Volksschule. Kein Wunder, daß die Nationalsozialisten bei ihrer Germanisierungsarbeit größten Wert auf die Einrichtung deutscher Kindergärten im slowenischsprachigen Gebiet legten (vgl. Haas/Stuhlpfarrer 1977, S. 80). Jeder Lehrer, der zweisprachigen Unterricht erteilt, weiß, daß seine Schüler vom Kindergarten her an das Deutsche als Sprache zur Regulierung des Unterrichts gewöhnt sind. Es fällt ihm daher besonders schwer, dem Slowenischen die wichtigste Funktion zurückzugewinnen: seinen Gebrauch in Ernstsituationen, die nicht didaktisch-künstlich arrangiert sind.

Aus all diesen Gründen ist es wichtig, zweisprachige Kindergärten einzurichten, in denen Kinder spielerisch in das Leben mit zwei Kulturen und Sprachen eingeführt werden, ohne den großen Bruch mit dem Elternhaus zu erleben. Dasselbe gilt für die Einrichtung zweisprachiger Vorschulen. Die Wissenschaft könnte dabei Evaluations- und Beratungsaufgaben übernehmen. Wenn Heranwachsende die Pflichtschulen verlassen, ist für die meisten die Ausbildung im Slowenischen beendet. Die »wirkliche« Einführung in den Ernst des Berufslebens erfolgt auf deutsch. Dies hat Auswirkungen auf die sprachliche und kulturelle Sozialisation. Erneut wird die Erfahrung gemacht: Je wichtiger fürs Leben, desto deutscher ... Das Slowenische wird privatisiert. Man spricht es zu Hause, aber nicht an den Orten der Öffentlichkeit, wie z. B. in den Berufs- und Fachschulen.

Um diesem germanisierenden Effekt entgegenzutreten, wäre die Einrichtung von gemischtsprachigen Klassen oder Schulen in diesem Bereich dringend nötig. Vor allem eine zweisprachige Berufsschule könnte helfen, Arbeitswelt und slowenische Sprache in einen engeren Zusammenhang als bisher zu bringen und die Marginalisierung des Slowenischen auf den Privatbereich verhindern helfen. Die Wissenschaft hätte dabei vor allem im Bereich der Lehrerfortbildung zu helfen.

Verbesserte Kontakte zu Slowenien

Die offizielle Politik hat in ihren Proklamationen und Regionalabkommen das Hindernis der Grenzen in der Region Kärnten, Slowenien, Friaul überwunden. Was allerdings die Politiker in ihren Sonntagsreden verkünden: die Partnerschaft und enge Zusammenarbeit auf den Gebieten von Wirtschaft, Kultur und Wissenschaft kommt im Alltag der kleinen Leute überhaupt nicht oder nur sehr verstümmelt an. Es gibt zwar Inszenierungen von »völkerverbindender Gemeinsamkeit«, aber auf der Ebene von Ritualen; Vis-à-vis-Kontakte entstehen eher selten.

Um einen fruchtbaren kulturellen Austausch zwischen der slowenischen Kultur in der Republik Slowenien und in Südkärnten zu ermöglichen, müssen Formen der Begegnung organisiert werden, die Menschen von hüben und drüben in direkten Kontakt bringen. Dies hätte zugleich eine friedenssichernde Funktion, da Menschen, die einander persönlich kennengelernt haben, nicht mehr so leicht auf Feindbilder eingeschworen werden können. Es gibt aber einen Bereich gemeinsamer Geschichte, der zu nicht enden wollenden Verletzungen und gegenseitigen Verdächtigungen geführt hat. Diese Geschichte wird so lange als politische Tretmine fungieren, als sie auf beiden Seiten der Grenze völlig unterschiedlich tradiert und interpretiert wird. Die persönlichen Kontakte zwischen Menschen hier und dort können nur dann fruchtbar entwickelt werden, wenn die Tretmine entschärft, d. h. wenn eine gemeinsame, für Österreich und Jugoslawien, Kärnten und Slowenien verbindliche Interpretation erreicht wird - und auch entsprechend in den Geschichtsunterricht unserer Schulen eingeht.

Folgende konkrete Schritte scheinen mir denkbar:

1. Schulpartnerschaften: Schulklassen schreiben einander regelmäßig, besuchen sich, veranstalten gemeinsam eine Schiwoche oder eine Landschulwoche.
2. Sprachentausch: Familien in Kärnten und Slowenien tauschen während der Ferien für ein paar Wochen die Kinder etwa nach dem Vorbild »Scambio Vacanze« in Südtirol.
3. Ortspartnerschaften: Statt sich Partnerorte an der Nordsee oder in der Lüneburger Heide zu suchen (derzeit en vogue), sollten Kärntner Orte ermuntert werden, gerade mit jenen Orten Partnerschaften zu schließen, die im Krieg im ehemaligen »Feindesland« lagen, um bei gegenseitigen Besuchen die Basis für eine friedliche Zukunft zu bauen.
4. Intensivierung der Kontakte zwischen der Universität Klagenfurt und der Universität Ljubljana, regelmäßige Vergabe von Lehraufträgen in mehreren Fächern an Lehrende der jeweils anderen Universität; Studentenbesuche im Rahmen von Lehrveranstaltungen zum »Interkulturellen Lernen«.
5. Einrichtung einer Historikerkommission der beiden Länder, die ein gemeinsames Geschichtsbild entwickelt -

nach dem Vorbild österreichisch-polnischer und österreich-italienischer Historikerkommissionen.

6. Offizielle Ermöglichung des TV-Empfanges der beiden Laibacher Sender nach dem Modell Südtirol, das seit langem Umsetzer für die beiden österreichischen Programme hat. Dies scheint mir besonders wichtig, um die Vertrautheit der oft nur Dialekt sprechenden Kärntner Slowenen mit slowenischer Gegenwartskultur und der slowenischen Hochsprache zu fördern.

Bewußtseinsbildung in ganz Österreich

Der Volksgruppenkonflikt in Kärnten ist eine Inszenierung, die sich seit 150 Jahren gleicht. Wie ein Automatismus laufen die Programmnummern ab; das Reiz-Reaktionsschema scheint vordergründig alleine als Erklärung zu genügen. Es ist hinreichend untersucht worden, wie der Konflikt zustande kam, wessen politische Interessen dahinterstecken: die des deutschnationalen Bürgertums. In den 150 Jahren, die das Stück nun gespielt wird, hat sich vieles verselbständigt und als »kulturelles Muster« in das Verhalten der Menschen eingeschlichen; der Bruderzwist gilt bereits als naturwüchsig. Und immer noch profitieren Politiker an der Ausbeutung des Konfliktpotentials für ihre Herrschaftsinteressen.

In dieser Situation ist es nicht nur für den schwächeren Konfliktpartner, sondern auch für den stärkeren (der, wie hier eingangs behauptet wurde, den eigentlichen Problemfall darstellt) durchaus von Nutzen, wenn Österreichs Öffentlichkeit sich mit kritischem Interesse den Vorgängen in Kärnten zuwendet und - im Verlaufe der neuen Selbstfindungsdiskurse dieser Republik - in der Auseinandersetzung mit der Kärntner Problematik auch Arbeit an der Entwicklung der gesamtösterreichischen Identität leistet. In Kärnten entscheidet sich, inwieweit dieses Österreich bereit ist, seine europäische Rolle als integrierender, zwischen den nationalen Gegensätzen vermittelnder Staat zu spielen. Es wäre nicht nur für Österreich fatal, wenn die Kärntner Volksgruppenfrage im Geiste eines deutschtümelnden Provinzialismus entschieden würde. Hier steht mehr auf dem Spiel: nämlich die Frage, ob es im Herzen Europas möglich ist, trotz der verbrecherischen Greuel des Faschismus neue, friedensverheißende Formen des Zusammenlebens zwischen Menschen unterschiedlicher ethnischer Herkunft aufzubauen.

Der Kärntner Volksgruppenkonflikt ist also eine österreichische Frage. Die Österreicher müssen aber, um kompetent mitreden zu können, weit mehr über die Hintergründe dieses Konfliktes und über die Slowenen in Österreich wissen, als sie es bisher tun. Die naive Überzeugung, daß in Kärnten Slowenen unterdrückt werden, nützt wenig angesichts der Komplexität des Problems. Anzustreben ist vielmehr die Vertrautheit möglichst vieler Österreicher mit den heutigen Lebensbedingungen der slowenischen Volksgruppe, mit ihren Konflikten und Erfolgen im Zusammenleben mit den deutschsprachigen Kärntnern, mit ihrer Geschichte und ihrer Kultur - und zwar in einer Weise, die das Slowenische in Österreich als Teil unserer gemeinsamen Kultur darstellt.

Folgende Maßnahmen scheinen mir dazu geeignet:

1. Ausführliche Berücksichtigung der Volksgruppenfrage in Lehrplänen und Schulbüchern der AHS und BHS in den Fächern Deutsch (Literatur, Sprache, Geschichte/Sozialkunde und Politische Bildung).
2. Entwicklung einer Medien- und Materialiensammlung zur Volksgruppenfrage in Zusammenarbeit von Volksgruppenvertretern, Lehrern und Wissenschaftlern.
3. Einrichtung von Schulpartnerschaften zwischen zweisprachigen Kärntner Schulen und österreichischen Schulen außerhalb des zweisprachigen Gebietes mit Briefverkehr und gegenseitigen Besuchen.
4. Einrichtungen eines wöchentlichen Fernsehbeitrags über die Volksgruppenfrage, in dem für die deutschsprachigen Österreicher regelmäßig über aktuelle Ereignisse berichtet und Hintergrundinformationen vermittelt werden. Die derzeit bestehende Fernsehsendung am Sonntag, »Heimat, fremde Heimat« eignet sich dafür nicht.

Zusammenfassung und Ausblick

Die Problematik des Kärntner Volksgruppenkonflikts wird eher bei der Mehrheit geortet, nicht so sehr bei der Minderheit. Vor allem Assimilierte neigen dazu, sich für slowenenfeindliche Politik instrumentalisieren zu lassen. Diese Gruppe bildet ein leicht irritierbares und verführbares politisches Potential, solange ihre tragische Geschichte als verdrängtes Erbe der Vergangenheit auf ihr lastet und sie zu Urangstphantasien von der Slowenisierung Kärntens nötigt.

Die Kärntner Slowenen sind durch eine Reihe von Faktoren in ihrem Bestand bedroht, die sie selbst nur zum Teil beeinflussen können:

- Die Volksgruppe hat eine unvollständige Sozialstruktur. Dies führt zu einem Brain Drain - einer Abwanderung der Intelligenz.
- Selbst bewußte Slowenen haben wenig Beziehung zur slowenischen Hochsprache und Hochkultur, außer sie sind Absolventen des Slowenischen Gymnasiums. Dies hängt mit der Angst zusammen, die Kärntner Slowenen vor Kontakten mit der Republik Slowenien haben müssen - sie geraten leicht in Irredentismusverdacht und sind Kritik von seiten der »Deutschkärntner« ausgesetzt, wenn sie solche Kontakte suchen.
- Die seit 150 Jahren immer nach demselben Muster betriebene Minderheitenpolitik der Kärntner Deutschnationalen (so wenig Slowenischunterricht wie möglich, für so wenige Schüler wie möglich, an so wenigen Schulorten wie möglich, Mobilisierung der Eltern gegen den Unterricht in slowenischer Sprache unter dem Titel »Elternrecht«, Einführung von Slowenisch als »unverbindliche Übung«, usw.) versucht, die Reste der gemeinsamen Schule zu liquidieren.
- Der Volksgruppenkonflikt, der den Kärntner Slowenen aufdiktiert wurde und wird, bindet alle Energien, statt sie für die Arbeit an drängenden sozialen und ökonomischen Problemen freizusetzen. Er hat sich - zu Lasten nicht nur der Slowenen - zu einem Automatismus verfestigt, die das Denken der Menschen formt und beherrscht.
- Die Weigerung der Mehrheit der deutschsprachigen Kärntner, sich auch nur passive Kenntnisse der slowenischen Sprache anzueignen, macht den Gebrauch des Slowenischen in der Öffentlichkeit fast unmöglich. Es verkommt zu einer Privatsprache.

- Die österreichische Öffentlichkeit weiß fast nichts über die wirklichen Probleme der slowenischen Volksgruppe.

Als wichtigste Schritte zu einer Lösung der Kärntner Volksgruppenproblematik im Sinne eines multikulturellen, weltoffenen Österreich, das sich seiner friedenspolitischen Rolle im Zentrum Europas bewußt ist, werden folgende Maßnahmen vorgeschlagen:

- Werbung für Zweisprachigkeit.
- Verbesserung und Erweiterung des zweisprachigen Schulwesens, Einrichtung von interkulturellen Magnetschulen auf privater Basis; Vorbereitung der zweisprachigen Erziehung im Kindergarten und in der Vorschule; Fortführung der zweisprachigen Erziehung an Berufschulen; Einrichtung von zweisprachigen Hochschullehrgängen in den Bereichen Technologie, Ökonomie.
- Verbesserung der Slowenischkenntnisse der erwachsenen Bevölkerung durch Volkshochschulkurse, Kurse zum Selbststudium.
- Aufarbeitung der Geschichte, Erforschung der Sozialgeschichte des ehemals slowenischsprachigen, landwirtschaftlichen Proletariats, breitenwirksame Darstellung der Leidensgeschichte dieser Bevölkerungsschichte; Erarbeiten eines gemeinsamen österreichisch-jugoslawischen bzw. kärntnerisch-slowenischen Geschichtsbildes durch eine österreichisch-jugoslawische Historikerkommission.
- Verbesserung der Beziehungen zur Republik Slowenien.
- Ausführliche Information über die Volksgruppenproblematik für alle Österreicher - im Schulunterricht, Fernsehen etc.

Die Perspektiven, die mit diesen Vorschlägen eröffnet werden sollen, betreffen ganz Österreich: Sie führen in Richtung einer neuen österreichischen Identität, die sich endgültig von den Anschlußphantasien an ein großdeutsches Reich befreit, um - anknüpfend an die Tradition des alten Österreich - im Zentrum Europas die Vision einer multikulturellen, mehrsprachigen Gesellschaft zu realisieren; im Unterschied zum Habsburgerreich aber mit demokratischen Mitteln und ohne Führungsanspruch irgendeiner Nation.

BLICK
ÜBER DEN ZAUN –
MINDERHEITEN
AUSSERHALB
KÄRNTENS

Die Grille und die Ameise

Notizen zum widersprüchlichen Verhältnis zwischen Bürgern und »Zigeunern«

»Zigeuner« scheinen in allen Epochen und überall, wo sie auftauchen, mythisiert zu werden. Das beginnt als Verklärung in den Tagträumen jener, die mit ihnen das »dolce vita« etwa in rauschenden Festen mit schönen, jungen, tanzenden Mädchen etc. »miterleben«, und endet in handfester Aggression jener, die Andersartigkeit mit Anderswertigkeit gleichsetzen. Eine Studiengruppe der Universität Klagenfurt wollte vor dem »Fremden« nicht länger zurückweichen, den Standpunkt der anderen wahrnehmen und den Schleier von den »arbeitsscheuen, schmutzigen Zigeunern« etwas lüften. Erreicht haben sie ein besseres Verständnis dafür, »was wir selber sind«.

Vorbemerkung

Im Mai des Jahres 1986 untersuchte eine Studiengruppe der Universität Klagenfurt das Zusammenleben der Volksgruppen im Raum Oberwart im südlichen Burgenland. Eine Kleingruppe, der auch der Verfasser angehörte, hatte die Aufgabe, sich insbesondere den »Zigeunern« (der Begriff »Zigeuner« gilt als rassistisch. Da sich jedoch die von uns Beforschten selbst als »Zigeuner« bezeichnen, benütze ich ihn hier trotz aller Bedenken) zu widmen, ihre Lebensverhältnisse zu erkunden und ihre Beziehungen zur Mehrheitskultur zu erforschen. Eine Reihe von Beobachtungen und Selbstbeobachtungen, aber auch die abendlichen Reflexionen im Plenargespräch der Studiengruppe führten dem Autor vor Augen, daß »Zigeuner« – vielleicht mehr als andere Objekte von Feldforschung – den klaren Blick des forschenden Auges trüben und eher Wunschprojektionen als Realitäten sichtbar machen. Angeregt durch das Aha-Erlebnis beim Entdecken der eigenen Projektionen, auf die ihn andere mit der Nase stießen, hat er genauer nachgeforscht: bei sich selber und bei anderen Klein- und Bildungsbürgern, um diesem Spiel der Phantasie und Übertragung, welches die Wahrnehmung trübt, ein wenig nachzugehen. Im folgenden geht es daher nicht um »Zigeuner«, sondern um Mythen über »Zigeuner«, die - so soll begründet werden - nicht ganz zufällig in der bürgerlichen Kultur entstehen. Das Erkenntnisinteresse des Textes beschränkt sich auf die Selbstreflexion im Spiegel des Fremden; es zielt nicht auf die Erhebung der »objektiven Wirklichkeit« des Zigeunerlebens, obwohl des öfteren der vordergründige Schein der erfahrungslosen Wirklichkeitskonstruktion zugunsten erfahrungsreicherer durchbrochen werden muß. Dies geschieht nicht, um Daten, Fakten und Hintergrundwissen über Zigeuner zu kompilieren, sondern um das Strickmuster bürgerlicher Zigeunermythen besser sichtbar zu machen.

Jeder Bürger sein eigener Künstler - zum Konstruktionsprinzip des bürgerlichen Zigeunermythos

»Es gibt keine Zigeuner!« sagt mir der Zigeuner Janos. Ich blicke ihn ratlos an. Er wiederholt: »Es gibt keine Zigeuner!« Dabei stehen wir doch inmitten des Zigeunergettos von Oberwart, ringsum die primitiven Reihenhäuser, rundum die dunkelhäutigen Menschen in grellfarbenen Gewändern; durch den Schmutz des großen Platzes tollen Kinder und Hunde zugleich, ohne daß Mütter rasend werden; und hinten im Eck sitzen Halbwüchsige beim Glücksspiel, Geldscheine vor sich auf dem Tisch aufgetürmt. Durch die Luft fliegen Brokken einer fremden, geheimnisvollen Sprache. Aber es gibt keine Zigeuner. Der Schein trügt. Was wir, die bürgerlichen Observateure, die akademischen Feldforscher, mit eigenen Augen sehen, ist ein Konstrukt; die Wahrnehmung trügt. Wir sehen nicht, was der Fall ist - wir sehen vielmehr, was wir sehen wollen. Oder was die Phantasie uns sehen heißt: ein aus Versatzstücken von romantischer Sehnsucht, panischer Angst und Wirklichkeitssplittern zusammengekleistertes Bild. Jene Phantasie, von der Freud sagt, daß sie seinerzeit, als sich die Entwicklung des Realitätssinnes vollzog, ausdrücklich den Ansprüchen der Realitätsprüfung entzogen und für die Erfüllung schwer durchsetzbarer Wünsche bestimmt blieb. Daß dies so ist, daß wir Traumbilder gesichtet, Wunschträume und Alpträume im Wachzustand erlebten, sollte sich erst später herausstellen. Es begann uns bewußt zu werden, als - bei zweiten, dritten und vierten Besuchen - die Bilder zu kippen begannen, die ersten Eindrücke sich in ihr Gegenteil verkehrten, dies Gegenteil zum Phantom zerfiel; und als am Ende nur mehr ein Konglomerat unzusammenhängender Eindrücke jenen Platz einnahm, den anfangs, beim ersten Hinsehen und Hinhören, »die Zigeuner« besetzt hielten. Es war uns klar geworden, daß unsere ersten Eindrücke von den »edlen Wilden«, den »undomestizierten Gesellen«, den »vom Zivilisationsprozeß verschont Gebliebenen« der Realität nicht standhielten. Wer oder was diese Menschen nun wirklich sind, wissen wir weniger als zuvor. Wir haben jedoch verstehen gelernt, was Janos meinte, als er sagte: »Es gibt keine Zigeuner«. Er hat die illusionäre Bedeutung unserer bürgerlichen Phantasie vom Zigeuner entlarvt: sie beziehen sich auf keine Realität, sie benützen lediglich die wirklichen Zigeuner als Versatzstücke auf der Bühne ihrer Phantasie, wo sie die Dramen ihrer verdrängten, verschobenen, verstümmelten Triebe als Heldenstücke tagträumend inszenieren. Was ihnen (was uns) versagt bleibt, projizieren sie (wir) in die Protagonisten unserer Illusionen - und nennen sie Zigeuner. Sie (wir) klatschen ihnen begeisterten Szenenapplaus und verachten sie zugleich, weil sie das Verbotene lustvoll und genüßlich darzustellen scheinen.

Im folgenden will ich einige, mir besonders typisch scheinende Inszenierungen des Zigeunerlebens durch die bürgerliche Phantasie untersuchen. In manchen Fällen wird sich zeigen, daß Phantasie und reales Handeln einander überschneiden - manchmal in unheilvoller Weise; es wird sich herausstellen, daß oberflächliche und unkritische Beobachtung des Zigeunerlebens zu Projektionen verleitet; schließlich wird sich verdeutlichen, daß selbst die Haltung des kritischen

Feldforschers zum seltsamen Objekt seiner wissenschaftlichen Begierde keineswegs frei von den Obsessionen bürgerlicher Kulturarbeit ist. Die Quellen dieser Untersuchung sind Textpassagen, Lieder, Speisekarten, Opernlibretti, Erlässe und Verordnungen, Biertischgespräche, Passanteninterviews, Eindrucksprotokolle von Feldforschern etc.; kurz: bürgerliche Äußerungen über Zigeuner. Ihnen werde ich bürgerliche Äußerungen über das Leiden am Programm des bürgerlichen Zivilisationsprozesses, über die als Folge der Kulturarbeit unerläßlichen inneren und äußeren Konflikte gegenüberstellen. Dabei werde ich mich in erster Linie auf dichterische und theoretische Texte stützen, die des Bürgers Lust mit der Qual und vice versa auf allgemein anerkannte Weise zur Sprache gebracht haben. Ich benütze also eine Maschine zum Generieren meines Textes: sie transformiert Beobachtungen aus dem Äußeren und Inneren, Texte und Dokumente aus dem bürgerlichen Zigeunermythos in Spiegelbilder bürgerlicher Seelenarbeit. Doch alles der Reihe nach, wie es der Ordnungssinn gebietet.

Die Grille und die Ameise

Eines schönen, klaren Wintertages begegnete eine hungrige Grille einer Ameise, die etliche Körner herbeitrug, um sie in der Sonne zu trocknen. »Würdest du mir etwas zu essen geben, gute Ameise«, bat die Grille, »damit ich ein wenig meinen Hunger stille? Ich hatte schon lange nichts mehr zu essen«. »Wie komme ich dazu, dich zu ernähren!« entgegnete die Ameise. »Was hast du den ganzen Sommer über getan?« »Im Sommer«, antwortete die Grille nicht ohne Künstlerstolz, »da habe ich tagaus, tagein gesungen!« »Ausgezeichnet!« bemerkte die Ameise. »Da du im Sommer gesungen hast, sollst du im Winter tanzen.« (Äsop)

Wie wir alle wissen, sind Zigeuner arbeitsscheu. Dieses, unser Wissen haben wir nicht durch Anschauung, Erfahrung oder Unterricht erworben, sondern mit dem Erwerb der Sprache gelernt. »Zigeunern« - so steht es im Duden - heißt »sich herumtreiben, auch: herumlungern«; in Österreich gilt die Variante »herumzigeunern« - sie dient zur Beschimpfung der Menschen, die, statt ernsthaft und absichtsvoll arbeiten, den Müßiggang pflegen. Selbst das Wort »Zigeuner« hat diese Färbung angenommen und bezeichnet nicht nur Angehörige der Bevölkerungsgruppe der Zigeuner, sondern arbeitsscheue, verwahrloste Menschen; das Wort ist nicht deskriptiv, sondern schüttet aggressiven Spott auf die durch dasselbe Gezeichneten. In den Schimpfwörtern haben die Zigeuner Österreichs überall den Holocaust überlebt, selbst dort, wo alle vergast wurden. Ihre Arbeitsscheu überlebt in unserer Sprache. Arbeit macht frei. Auch das überlebt in unserer Sprache. Unsere Sprache ist unser praktisches Bewußtsein. Wir wissen, daß Zigeuner arbeitsscheu sind und wir wissen, daß Arbeit Freiheit begründet. Wir verfügen über Basissätze, um unsere Ressentiments zu begründen. Wir verfügen über Ressentiments, um unsere Basissätze zu begründen. Wir verfügen über die Sprache, die sich hermetisch gegen Erfahrung abschließt, erfahrungsundurchlässig geworden ist. Mit dieser Sprache bestätigen wir uns, daß alles so ist, wie es ist. Auch in bezug auf die Zigeuner.

Arbeit

Ähnlich wie dem lat. Wort für den Begriff »Arbeit« labor, laboris der Begriff des Leides, eigentlich des unter der Last Wankens, zugrunde liegt, geht das franz. Wort »travailler« auf die galloroman. Bezeichnung für ein mittelalterliches Folterwerkzeug zurück: trepallium. Gleichermaßen hat sich das dt. Wort »Arbeit« entwickelt: dem griech. Wort »orphanós« = Waise und lat. orbus = verwaist entsprechen bulgar. rob = Sklave, Knecht, poln. robota = Arbeit, got. arbi = das Erbe, arbja = der Erbe, das erbende Kind. »Erbe« und »Arbeit« sind demnach stammverwandte Wörter. Der Bericht von Tacitus, daß der Germane die grobe Arbeit dem Knecht überließ, wird durch die Etymologie des Wortes »Arbeit« bestätigt: got. arbaiths = Bedrängnis, Not; noch mhd. ist arebeit = Mühsal, Not; die erste Strophe des Nibelungenlieds lautet: »Uns ist in alten maeren wunders vil geseit/ von heleden lobebaeren, von großer arebeit ...«. Erst seit der moralischen Aufwertung des Arbeitsbegriffes durch die Reformation (Kalvinismus) wird die Bedeutung des Begriffes gehoben bis zum modernen »Arbeit adelt«.

(Maas 1966, S. 21)

Viele Oberwarter Bürger, mit denen wir über die Zigeuner sprachen, hatten zwar kaum Kontakt mit ihnen und hatten niemals das Getto besucht, wußten aber genau, daß die Zigeuner allesamt nicht arbeiteten. Man würde ihnen ja ihre

KZ-Entschädigung vergönnen, aber ... (»ja, aber«, verräterische Sprachmuster, zu lesen als »nein, überhaupt nicht«). Aufgeklärte zeigten sich besorgt darüber, daß man zu viel Geld auf einmal ausbezahlt habe, daß man die Zigeuner nicht auf den Umgang mit Geld vorbereitet habe, daß es besser gewesen wäre, wenn man nur soviel gezahlt hätte, daß sie weiter hätten arbeiten müssen usw. Weniger Aufgeklärte sagten unverhohlen, daß die Entschädigungen nur schlecht für die Zigeuner seien, weil dadurch ihr natürlicher Hang zur Arbeitsscheu offiziell unterstützt werde. Nur sehr wenige kannten Zigeuner persönlich und wußten Bescheid über deren Schwierigkeiten am Arbeitsmarkt. Jeder aber sagte, er kenne reiche Zigeuner, die Handel trieben. Bei unseren Besuchen im Getto erfuhren wir nicht sehr viel über die Einstellung der Zigeuner zur Arbeit. Die älteren erzählten uns von der harten Landarbeit vor dem Krieg, die jüngeren berichteten zumeist, daß sie Schwierigkeiten hätten, Arbeit zu finden; die Männer der mittleren Generation - soweit nicht arbeitslos - seien in Wien bei Baufirmen beschäftigt und kämen nur an den Wochenenden nach Hause. Frauen würden prinzipiell keinem Beruf nachgehen. Wir sprachen einige Arbeitslose an, um von ihnen zu erfahren, warum sie keine Arbeit haben. Die Antworten schienen uns ausweichend: die letzte Arbeit sei schlecht bezahlt gewesen; das Arbeitslosengeld sei genauso hoch wie der Lohn; die ewige Pendlerei nach Wien zahle sich nicht aus usw. Wir wissen nicht, wie diese Antworten einzuschätzen sind und ob es hinter diesen spärlichen Informationen ein von uns verborgen gehaltenes Wissen gibt.

Nach allem, was wir erfahren haben, drängt sich aber eine Schlußfolgerung auf: Die Zigeuner haben eine andere Beziehung zur Arbeit als die im bürgerlichen Staat sozialisierten Menschen. Die Gründe liegen zum einen in ihrer eigenen kulturellen Tradition, zum anderen in der Art und Weise, wie sich diese ihre Kultur an der europäischen wundgerieben hat. Ursprünglich waren sie Schmiede, Kesselflikker, Pferdehändler, Akrobaten, Gaukler, Musikanten. Da sie nomadisch lebten, gliederten sie sich nie in das seit dem Beginn der Neuzeit immer komplexer werdende Netz von Arbeitsteilung und Abhängigkeit ein. Das heißt sie entrannen oder entzogen sich durch ihre stete Wanderschaft diesem wichtigsten Vergesellschaftungsprozeß des abendländischen Menschen, der am Arbeitsplatz - angehalten durch Kontrolle und Überwachung - Entfremdung vom Produkt seiner Arbeit lernte; und zwar in einem solchen Maße, daß diese durch äußeren Druck erzeugten Haltungen zu seiner zweiten Natur geworden sind. Die Zigeuner spielten nicht mit. »Der Disziplinarblick muß die Instanzen der Disziplin streuen. Er muß die Überwachung aufgliedern und funktionstüchtig machen. Das ist das Problem der großen Werkstätten und Fabriken, in denen sich ein neuer Typ von Überwachung entwickelt. Diese Überwachung unterscheidet sich von derjenigen in der Manufaktur, die ›von außen‹ ausgeübt wurde, d. h. von Inspektoren, die mit der Durchsetzung der Reglements beauftragt waren. Nunmehr geht es um eine innere, intensive, stetige Kontrolle, die den gesamten Arbeitsprozeß durchzieht und sich nicht allein auf die Produktion bezieht (Art und Menge der Rohstoffe, Art der eingesetzten Instrumente, Dimensionen und Qualitäten der Produkte), sondern die Tätigkeit der Menschen, ihre Geschicklichkeit, ihre Gewandtheit, ihre Behendigkeit, ihren Eifer, ihr Verhalten erfaßt. Diese Überwachung unterscheidet sich aber auch von der häuslichen Kontrolle, bei welcher der Herr neben seinen Bediensteten oder Lehrlingen steht. Denn sie wird durch Angestellte, Aufseher, Kontrolleure, Vorarbeiter sichergestellt. Je umfangreicher und komplexer der Produktionsapparat wird, je höher die Zahl der Arbeiter und der Grad der Arbeitsteilung steigen, umso dringlicher und schwieriger werden die Kontrollaufgaben. Die Überwachung wird zu einer eigenen Funktion, die aber integrierendes Element des Produktionsprozesses sein muß und ihn in seinem ganzen Verlauf begleiten muß.« (Foucault 1979, S. 225 f.)

Sie weigerten sich, Steuern zu zahlen; sie schlossen sich Banden an, sie bekämpften die Büttel und Söldner der jeweiligen Landesherren, durchaus nicht ohne Unterstützung durch deren Untertanen. Josef II. versuchte sie mit den Mitteln des Kolonialstaates einer der Krone nützlichen Arbeit zuzuführen. In den Toleranzpatenten (1781) bestimmte er, »daß die im Land tolerierten Familien seßhaft werden sollten, die Kinder männlichen Geschlechts zu den Rekruten gestellt, die weiblichen Geschlechts in Handarbeit unterrichtet und in die Normalschule geschickt werden sollten. Auch wurde verfügt, daß Zigeunerburschen einheimische Mädchen heiraten, die Kinder zu Handwerkern gemacht und von Landeseinwohnern mit staatlicher Beihilfe erzogen würden« (zitiert nach Streck 1979, S. 68). Als die Industrialisierung neue Probleme mit sich brachte, bekamen das die Zigeuner mehrfach zu spüren. Das hochexplosive Verhältnis von Lohnarbeitermassen und Besitzbürgern durfte nicht durch »Vaganten« zusätzlich bedroht werden; ihre traditionelle Funktion als Wanderhandwerker war überflüssig geworden. Nun begann ihre Umzingelung durch die Macht: der Ordnungsstaat ließ seine Bürokratie auf sie los - dadurch wurden sie in die Ecke der Gesetzlosigkeit gedrängt als funktionslose, ordnungswidrige Elemente unsteten Aufenthaltes. Zwangsarbeit, Zwangslager, Zwangserziehung waren die nächsten Stufen der Unterwerfung, bis der NS-Staat zur Endlösung schritt, um die »Asozialen«, die Feinde im Inneren, zu liquidieren. Doch das »arbeitsscheue Gesindel« hat sogar die Gaskammern überlebt. Aber die Vorurteile gegen die Zigeuner hat es nicht überlebt. Zigeuner sind Parasiten, denkt der rechtschaffene Mann von der Straße, der selbst keinen einzigen Zigeuner näher kennt; und er fühlt sich legitimiert, weil ein flüchtiger Blick auf ihre Lebensumstände sein Vorurteil bestätigt: Arbeitslosigkeit, Sozialhilfe, Prostitution, obskure Handelsgeschäfte - daran bleibt sein Auge haften. Er sieht den Zustand der Verelendung, ohne die gesellschaftlichen Bedingungen und die historischen Zusammenhänge dieses Verelendungsprozesses zu kennen. Statt komplexen Ursachen nachzugehen, benützt er die aus der Vorurteilsforschung sattsam bekannte Komplexitätsreduktion: er führt des Zigeuners Elend auf angeborene Arbeitsscheu zurück, die alleine für dessen mißliche Lage verantwortlich sei. »Und dennoch wird Arbeit als Weg zum Glück von den Menschen wenig geschätzt. Man drängt sich nicht zu ihr wie zu anderen Möglichkeiten der Befriedigung. Die große Mehrzahl der Menschen arbeitet nur notgedrungen, und aus dieser natürlichen Arbeitsscheu der Menschen leiten sich die schwierigsten sozialen Probleme ab« (Freud 1930, hier zitiert nach FTV 1972, S. 78).

Wenn wir Freud folgen, dann gibt es tatsächlich diese »natürliche Arbeitsscheu«; aber sie zeichnet nicht bloß den

Zigeuner aus, sondern jeden von uns. Indem der Bürger sie an sich selbst nicht wahrnimmt, dafür am Zigeuner umso deutlicher, spaltet er einen Teil von sich ab und verlegt ihn nach draußen. Der innere Feind wird ein äußerer. Damit wird es leichter, die Opfer jahrhundertelanger Disziplinierungsprozesse zu verteidigen; damit wird es auch leichter, am anderen zu bekämpfen, was einen aus dem eigenen Innersten bedroht. Allerdings ist diese bürgerliche Einstellung zur Arbeitsmoral der Zigeuner komplexer und ambivalenter als es hier dargestellt worden ist. Denn in die Verachtung mischt sich auch Bewunderung für die Entsprungenen, Neid auf die Davongekommenen, die sich der großen Disziplinierungsmaschine der kapitalistisch organisierten Arbeit entzogen haben. Irgendwo im Hinterkopf weiß schließlich jeder, daß die psychischen Unkosten für den Disziplinierungsprozeß verdammt hoch sind, höher als nötig; daß die gesellschaftlich notwendige Arbeit wohl auch, wenn sie anders organisiert wäre, weniger unterdrückend sein könnte. Wer sich der Disziplinierungsmaschinerie entzieht, wer nicht an »Arbeit macht frei« glaubt, der wird - wie verstümmelt und verzerrt auch immer - bewundert und gehaßt zugleich. Allerdings, wie schon eingangs erwähnt, wird im Falle des »arbeitsscheuen Zigeuners« eine Chimäre bewundert und gehaßt. Denn die Realität der Zigeuner läßt sich mit diesen Phantasien kaum zur Deckung bringen.

»Drei Zigeuner fand ich einmal / Liegen an einer Weide, Als mein Fuhrwerk mit müder Qual / Schlich durch sandige Heide. / Hielt der eine für sich allein / In den Händen die Fiedel, / Spielte, umglüht vom Abendschein, / Sich ein feuriges Liedel. / Hielt der zweite die Pfeif' im Mund, / Blickte nach seinem Rauche, / Froh, als ob er vom Erdenrund / Nichts zum Glücke mehr brauche. / Und der dritte behaglich schlief, / Und sein Cimbal im Baum hing, / Über die Saiten der Windhauch lief, / Über sein Herz ein Traum hing. / Dreifach haben sie mir gezeigt, / Wenn das Leben uns nachtet, / Wie man's verraucht, verschläft, vergeigt / Und es dreimal verachtet. / An den Kleidern trugen die drei / Löcher und bunte Flicken / Aber sie boten trotzig frei / Spott den Erdengeschicken. / Nach den Zigeunern lang noch schaun / Mußt' ich im Weiterfahren, / Nach den Gesichtern dunkelbraun, / Den schwarzlockigen Haaren.«

(Nikolaus Lenau: Die drei Zigeuner, 1838)

Lustig ist das Zigeunerleben

Lustig ist das Zigeunerleben,
faria faria
brauch' dem Kaiser kein' Zins zu geben,
faria faria
lustig ist es im grünen Wald,
wo des Zigeuners Aufenthalt
faria faria faria faria faria faria ...

»Lustig« kommt von »Lust«. Der bürgerliche Mensch hat sie zu bekämpfen gelernt. Das Lustprinzip fordert uneingeschränkte Befriedigung aller Bedürfnisse; mit diesem Programm handelt es sich, wie Freud sagt, nur »Hader mit der ganzen Welt« ein. Es ist undurchführbar. Unter dem Einfluß der Außenwelt wird es zum bescheidenen Realitätsprinzip umgebaut. Es ermäßigt seine Glücksansprüche, indem es Ersatzbefriedigungen, Illusionen oder Räusche anstelle der »maßlosen« Erfüllung treten läßt. Die Arbeit an der Bezähmung dieses Lustprinzips erfordert mehr als bloß Selbstdisziplin. Die Lust kann nicht allein von innen her bekämpft werden; besonders dann nicht, wenn die gesellschaftliche Wirklichkeit Not und Entbehrung aufzwingt. Je stärker der Realitätsdruck, desto stärker die Triebzensur. Das Ich hat die Aufgabe, die Versagungen rational zu bewältigen. Wird der Realitätsdruck jedoch übermächtig, entstehen kollektive Lösungen für das Problem der Triebabwehr. »Die Kenntnis der neurotischen Erkrankungen einzelner Menschen hat für das Verständnis der großen sozialen Institutionen gute Dienste geleistet, denn die Neurosen selbst enthüllen sich als Versuche, die Problematik der Wunschkompensation individuell zu lösen, welche durch die Institution sozial gelöst werden sollen« (Freud 1913, S. 416). Der einzelne, so Freud, sei »virtuell ein Feind der Kultur« (Freud 1927, S. 326), der institutionelle Rahmen sei eine notwendige Repression von Triebregungen. »Die Kultur muß also gegen den Einzelnen verteidigt werden und ihre Einrichtungen, Institutionen und Gebote stellen sich in den Dienst dieser Aufgabe; sie bezwecken nicht nur eine gewisse Güterverteilung herzustellen, sondern auch diese aufrechtzuerhalten, ja sie müssen gegen die feindseligen Regungen der Menschen all das beschützen, was der Bezwingung der Natur und der Erzeugung von Gütern dient« (Freud 1927, S. 327). Kürzer und schlichter: was die Neurose von innen leistet, leisten die Institutionen von außen; sie unterdrücken und befriedigen Wünsche zugleich; sie fügen Schmerz zu und gewähren karge Kompensationen für das Leid, das sie den Menschen zufügen. Mit Habermas: Sie sollen »den Konflikt zwischen Antriebsüberschuß und Realitätszwang dauerhaft lösen« (Habermas 1973, S. 343). Aber sie tun das schlecht, »weil sie, auf der affektiven Grundlage der Repression, den Zwang pathologischer Ersatzlösungen erzeugen« (ebd., S. 349). Doch lauschen wir dem Bürger, der singend seine Phantasien äußert: der Zigeuner ist lustig, denn er braucht dem Kaiser keinen Zins zu geben. Er lebt ja im Wald. Ich lese dies so: Wir beneiden die Zigeuner, weil sie sich dem Prozeß der Vergesellschaftung entzogen haben, jener Vergesellschaftung, die, vermittelt über Geld, immer mehr Menschen aneinanderkettet und in abstrakte Zusammenhänge einspannt. Wir beneiden sie, weil sie dem Staat (dem Kaiser) und seinen Institutionen ein Schnippchen schlagen. Der Preis, den sie dafür zahlen, nämlich »im Wald«, am Rande der Gesellschaft zu hausen, ist in Wirklichkeit ein Übergenuß, denn dort draußen herrscht ja auch die Lust, weil der lange Arm der Institution nicht hinreicht. Im Dikkicht, im Unterholz, im Gestrüpp gibt es die zweckrationale Ordnung nicht. Dort wundert's, dort strotzt es vor Leben. Wer im Wald haust, der ist Teil dieser ungebremsten Lust am Leben. Die Oberwarter Zigeuner leben am Rande des Waldes, am Rande der Gesellschaft. Der Wald ist vom sauren Regen geschädigt, die Gesellschaft hat die Zigeuner längst erfaßt und ihre Daten längst mit elektronischen Medien gespeichert. Die Zigeuner finden leichter ihren Weg durch die kahlgewordenen Wälder als durch das Gestrüpp der Institutionen. Denn die Natur ist in ihrer Umgebung (und nicht nur dort) zweckrational aufbereitet und technischer Verfügungsgewalt unterstellt worden, während die Institutionen ein zunehmend undurchsichtigerer Dschungel wurden. Doch zugleich sind diese für sie immer bedeutsamer geworden: Fürsorgerenten, Krankenkasse, Arbeitslosengeld, KZ-Entschädigung, Bewährungshilfe, Sozialfürsorge, Beschulung, Anschluß an die Infrastruktur des Ortes - das alles kann ihnen nicht mehr gleichgültig sein, um den Preis des Überlebens (»Leider kümmern sie sich viel zu wenig um die Schullaufbahn ihrer Kinder«, meint fürsorglich der Herr Direktor der städtischen Volksschule ...). Den Wald, den durchforsteten, durchlichteten, können sie zur Not entbehren. Wenn der eine oder andere dort Pilze sucht, wirkt dies nur wie ein Zitat. Die undomestizierte Lust außerhalb rechtschaffener Wohlanständigkeit findet er dort nicht. Aber was kümmert sich Illusion um Realität? Je mehr wir selbst uns einschnüren mit unseren kulturellen Versagungen, je dichter wir das institutionelle Korsett schnüren, um unsere kulturellen Opfer uns selbst abzuzwingen, je mehr wir unsere Umwelt zerstören, desto notwendiger brauchen wir lustige Zigeuner in lustigen grünen Wäldern, um zumindest illusionär dem Unheil zu wehren, das wir zusammenbrauen. Realität kann da nur stören. Also weitersingen.

Die unausrottbare Lust

Wieder die Lust! Die Lust des Zigeuners ist unausrottbar, behauptet ein - im übrigen den Zigeunern wohlwollend gesonnenes - Buch. Die »Wanderlust«, so heißt es ganz genau, sei unausrottbar. Nun, wer »unausrottbar« sagt, der unterstellt, daß es ausrottbare Lust gibt; und wenn er ferner sagt, daß die Lust der Zigeuner (die Wanderlust, steht an der Oberfläche des Textes) unausrottbar sei, so behauptet er damit zwischen den Zeilen, daß man Lust zwar ausrotten, daß man aber die Lust der Zigeuner nicht ausrotten könne, so beflissen man dies auch versuche. Daß das »Wandern« der Wanderlust nicht nur Fortbewegung im Raum, sondern auch (sexuelle) Unstetigkeit signalisieren könnte, will ich nur andeuten. Der Text hat recht und unrecht zugleich. In der Tat hat die bürgerliche Gesellschaft viele Versuche gemacht, den Zigeunern die Lust auszutreiben. Im Burgenland begann der Prozeß, die Zigeuner seßhaft zu machen, mit der Verordnung von Joseph II. und erreichte den Höhepunkt mit der »Ausgliederung der biologischen Volksschädlinge aus dem deutschen Volkskörper«, im Klartext: mit der industrialisierten Ermordung der Zigeuner in den nationalsozialistischen Vernichtungslagern. (Das Bezirksgendarmeriekommando Oberwart berichtet am

30. Mai 1946, daß von den etwa 3.000 Zigeunern dieses Bezirkes kaum 200 überlebten bzw. in ihre Wohnorte zurückkehrten. Vgl. DÖW, Akt Nr. 12.540: Bericht des Bezirksgendarmeriekommandos von Oberwart vom 30. Mai 1946, S. 8) Es hat also nicht an Versuchen gefehlt, diese Lust und die Träger dieser Lust vollständig auszurotten. Daß es nicht gänzlich gelungen ist, war ein Betriebsfehler der Vernichtungsmaschine. Sie arbeitete zu langsam. Noch bevor die Endlösung realisiert werden konnte, ging die Maschine kaputt; genauer: wurde zerstört. Die wenigen, zu Skeletten abgemagerten Überlebenden, schleppten sich todkrank an Leib und Seele in die Heimat (?) zurück und nahmen dort ihr lustiges Leben wieder auf. Unausrottbar. Soweit stimmt der Text. Als Bozzi vom KZ nach Oberwart zurückkam, irrte er durch die Straßen: »Es war nichts mehr vorhanden. Keine Häuser, einfach nichts. Was sollte ich machen. Keine Schwester, keinen Bruder, keinen Vater, keine Mutter. Alle haben die Hitler vergast.«

Die Lust, die unausrottbare Lust der Zigeuner, diese Lust gibt es nicht. Die Zigeuner waren seit Beginn ihrer Geschichte Deklassierte, ins Abseits Gedrängte, denen die Not das Wandern als Schicksal aufgezwungen hatte: schon in ihrer Urheimat Indien gehörten sie einer verfemten Kaste an, die, um ihr Überleben zu sichern, das Land verlassen mußte und seither als verfolgte und verachtete Minderheit durch die Welt zieht. Diebstahl und Prostitution waren von der äußersten Entbehrung aufgezwungene Überlebenstechniken. Indem sie sich, nicht nur räumlich, sondern auch kulturell außerhalb des Randes der approbierten abendländischen Zivilisation einrichteten, bekamen sie eine Doppelfunktion für die Kulturentwicklung der Europäer im allgemeinen, der Mitteleuropäer im besonderen. Einerseits waren/sind sie diejenigen, welche die von der Kultur erzwungenen sexuellen Opfer in jener Grauzone außerhalb der bürgerlichen Ordnung befriedigen helfen (das Nachtleben wird in der Oberwarter Umgebung angeblich überproportional häufig von Zigeunern betrieben); andererseits stehen sie als Außenseiter genau deswegen für die Sündenbockrolle zur Verfügung. Freud meint, daß die Aggressionsneigung das stärkste Hindernis der Kultur sei; daß Menschen nur dann auf die Befriedigung ihrer Aggressionstriebe verzichteten, wenn andere für die Äußerung der Aggression übrigbleiben. Die Zigeuner bleiben übrig. Sie ziehen den Haß der ehrenwerten Gesellschaft auf sich. Sie ermöglichen denen, die drinnen sind, die Erfüllung jenes ersten Gebotes des kulturellen Über-Ich: »Liebe deinen Nächsten wie dich selbst«. Sie sind die Fernsten. Sie bleiben ausgeschlossen. Sie erfahren Sonderbehandlungen: vom Kindergarten bleiben sie ausgesperrt, dann besuchen sie die Sonderschule, sie erhalten ausgesonderte Wohngettos, sie werden in Sonderabteilungen von Spitälern behandelt, selbst im Friedhof gibt es Sonderzonen, wo sie begraben werden. Sie werden ausgegrenzt, erfahren Verachtung und Hohn und Benachteiligung. Sie selbst erzählen mit Erstaunen, daß es Bürger gibt, die sie so behandeln, als wären sie Gleichberechtigte. Sie berichten mit einiger Befriedigung, daß sie in Wien besser behandelt würden als in Oberwart: man würde sie dort für jugoslawische Fremdarbeiter halten und das sei für sie allemal günstiger denn als Zigeuner identifiziert zu werden. Die unausrottbare Lust: wenig von dieser Lust zeigt sich dem Besucher. Da ist der alte Bozzi, der nicht mehr schlafen kann, seit er vom KZ zurückgekommen ist. Die ganze Nacht brennt in seiner Hütte das Licht. Ich habe es selbst gesehen. Da ist Paula, die Häftlingsnummer von Auschwitz in ihrem Unterarm eintätowiert, die weinend erzählt, sie wisse nicht, wieso sie überlebt habe. Da ist der fünfzehnjährige Michael, der keine Arbeit findet. Da ist die fünfundreißigjährige Ilona, die bereits drei Enkelkinder hat und nie ihr Getto verlassen können wird. Und da sind die anderen, die mir ihre Geschichte erzählen: zumeist eine Geschichte der Resignation vor der Macht des Schicksals; - das Schicksal entpuppt sich bei näherem Hinsehen als Mechanismus der Abspaltung von Teilbereichen, die der bürgerlichen Kultur nicht in ihr Selbstbild passen. Die unausrottbare Lust: welch verräterisches Wort. Lust wird von den Bürgern verleugnet und zugleich gesucht - bei den Zigeunern; obwohl es sie dort nicht gibt. Unausrottbar ist die Lust - der Zigeuner, wird scheinheilig behauptet; in Wirklichkeit ist es die eigene Lust. Dafür rächt man sich an den Zigeunern und rottet sie aus.

Kleiner Versuch über den Schmutz

Im Zigeunergetto Oberwart gibt es einen zentralen Platz, der an drei Seiten von niedrigen, primitiven Reihenhäusern umgeben ist. Dieser Platz ist nicht asphaltiert; selbst in trockenen Zeiten ist er morastig. Beim Überqueren muß man ständig darauf achten, den Pfützen auszuweichen. Breiig, schlammig, erdig, schmutzig ist dort alles. Dieser Platz ist das Zentrum des geselligen Lebens. Vor allem Kinder und Hunde tollen über den schmutzigen Boden, laufen durch Lacken, wirbeln Staub auf, steigen barfuß in den Dreck. Manche flitzen mit dem Fahrrad durch den Morast, emsig bemüht, keine Pfützen auszulassen. Der Zuschauer gewinnt den Eindruck, daß es ihnen das größte Vergnügen macht. Die Mütter und Großmütter, die ihre Kleinkinder schiebend, tragend, schleppend über den Platz transportieren, nehmen nur selten Notiz vom schlammaufwühlenden Treiben ihrer größeren Kinder. Nur manchmal, wenn sie zu nahe kommen und mit dem Kot nicht nur sich selbst beflecken, sondern auch die Mütter und die Babys, entringt sich eine der Frauen einen Aufschrei oder eine schnelle Handbewegung in Richtung des Frevlers, der lachend das Weite sucht, nur um bald wiederzukehren. Offenbar nimmt niemand dieses Spiel mit dem Schmutz sehr ernst. »Sauber ist schön und gut. Sauber ist hell brav lieb. Sauber ist oben und hier. Schmutz ist häßlich und anderswo. Sauber ist doch das Wahre, schmutzig ist unten und übel, schmutzig hat keinen Zweck. Sauber hat recht« (Enzensberger 1980). Das von den Medien propagierte Sauberkeitsverhalten wird von der bürgerlichen Gesellschaft in Putzmittel-Orgien ausgelebt mit »ihrer unüberschaubaren Fülle von Wasch-, Putz-, Spülmitteln, von Desodorantien und Intimlotionen, von Duft- und Ozonsprays und was es noch alles gibt, um Heim und Herd, um den Körper blitzblank, weiß und rein, geruchlos und keimfrei zu erhalten« (Gidion 1984, S. 41). Wir, die von Weißmachern und Meister Propers geschädigten Forscher, können uns nicht sattsehen am tollkühnen Schlammfest der jungen Zigeuner. Ich lache begeistert über die Schmutzfinken mit den Dreckpatzen auf Hemd und Hose. So lange lache ich, bis einer mit seinem Rad durch die Pfütze neben mir rauscht und einen Schwall dunklen

Dreckwassers auf meine Hose spritzt. Auweh, meine einzige Hose! Morgen soll ich in der Burg Schlaining ein Referat halten. Verdammt, mir ist die gute Laune vergangen ... »Der Antrieb zur Reinlichkeit entspringt dem Drang nach Beseitigung der Exkremente, die der Sinneswahrnehmung unangenehm geworden sind. Wir wissen, daß es in der Kinderstube anders ist. Die Exkremente erregen beim Kind keine Abscheu, erscheinen ihm als losgelöster Teil seines Körpers wertvoll. Die Erziehung dringt hier besonders energisch auf die Beschleunigung des bevorstehenden Entwicklungsganges, der die Exkremente wertlos, ekelhaft, abscheulich und verwerflich machen soll« (Freud 1930, hier zitiert nach FTV 1972, S. 93). Einen kurzen Moment lang läßt man sich verführen zur Regression; man vergißt die Opfer und Entsagungen des eigenen Zurechtgebogenwerdens. Freilich nur als Voyeur, aber immerhin. Doch dann tritt einem solch ein Schmutzfink zu nahe - das geht denn doch zu weit! Klick, rasten die andressierten Mechanismen wieder ein: Man schämt sich des Bekleckertseins und ist wütend auf den Täter, den man kurz vorher noch neidisch hatte durch die Pfützen flitzen sehen.

Zum Fressen gern?

Auf den Speisekarten der Oberwarter (und tausend anderer gutbürgerlicher) Restaurants liest man: »Zigeunerspieß«, »Zigeunerbraten«, »Zigeunergulyas«, »Zigeunersalat«. Offenbar wird solcherlei gerne gegessen. Woher die gutbürgerliche Neigung, sich Zigeunerspieß, -braten, -gulyas etc. einzuverleiben? Was bedeutet es, wenn Wirte auf Speisekarten mit dem Hinweis auf Zigeuner (in deren Speisenplan die oben genannten Gerichte keine Rolle spielen) ihre Speisen für die Gäste verlockender machen wollen? Gehen wir von der Annahme aus, daß die Wirte, deren Menüpläne Zigeunerspieße etc. enthalten, keinerlei böse Gedanken gegen Zigeuner hegen. Unterstellen wollen wir aber, daß - ähnlich wie bei der »unausrottbaren Lust« - unbewußte Phantasien und Wünsche die sprachlichen Formulierungen insgeheim bestimmen; daß sich also hinterrücks, unbemerkt von den Sprechern bzw. Schreibern, schlaglichtartige Einblicke in dunkle Seiten des gesellschaftlichen Bewußtseins eröffnen. Angenommen, diese Unterstellung erfolgt zurecht, was sehen wir und was bedeutet es? Vermutlich den Wunsch, die Zigeuner zu fressen. Selbstverständlich höchst sublimiert, mit den nötigen Verschiebungen, um das Ziel des Wunsches kulturell akzeptabel zu machen. Wer frißt denn Menschen?! Selbst wenn nicht ganz sicher ist, ob es sich dabei um vollwertige Menschen handelt, aber doch immerhin ... Das Fressen bedeutet Vernichten, aber zugleich auch Einverleiben. Der Mensch ist, was er ißt. *»Eines Tages taten sich die ausgetriebenen Brüder zusammen, erschlugen und verzehrten den Vater und machten so der Vaterhorde ein Ende. Vereint wagten sie und brachten sie zustande, was dem einzelnen unmöglich geblieben wäre. ... Daß sie den Getöteten auch verzehrten, ist für den kannibalen Wilden selbstverständlich. Der gewalttätige Urvater war das beneidete und gefürchtete Vorbild eines jeden aus der Brüderschar gewesen. Nun setzten sie im Akt des Verzehrens die Identifizierung mit ihm durch, eigneten sich jeder ein Stück seiner Stärke an. Die Totenmahlzeit, vielleicht das erste Fest der Menschheit, wäre die Wiederholung und die Gedenkfeier dieser denkwürdigen, verbrecherischen Tat, mit welcher so vieles seinen Anfang nahm, die sozialen Organisationen, die sittlichen Einschränkungen und die Religion«* (Freud 1913, S. 159). Meine Spekulation schließt an Freud an, geht aber doch in eine andere Richtung. Von ihm übernahm ich die Voraussetzung dieser Interpretationsfigur: daß der Kannibalismus seine sublimere Motivierung aus folgendem bezieht: »Indem man Teile vom Leib einer Person durch den Akt des Verzehrens in sich aufnimmt, eignet man sich auch die Eigenschaften an, welche dieser Person angehört haben« (ebd., S. 93). Während Freuds Brüderhorde damit letztlich Kultur gründete, indem die schuldbewußten Söhne die beiden fundamentalen Tabus - Inzest und Mord - der primitiven Gesellschaft schufen, dürften unsere braven Wirtshausbesucher eher Gegenteiliges anstreben: durch das Einverleiben der Zigeuner ein wenig von dem verlorenen paradiesischen Zustand der ungehemmten Genußfähigkeit zurückzugewinnen, die sie in ihrer Phantasie den Zigeunern zuschreiben. Jeder Bürger sein eigener Zigeuner ... Kleine Fluchten aus der Kultur.

L'amour est un enfant de bohème, elle n'a jamais connu le loi

Die berühmteste Arie aus »Carmen«, der tragischen Oper von der Liebe der schönen Zigeunerin zu Don Josè, proklamiert die Ordnungs- und Gesellschaftsfeindlichkeit sinnlicher Liebe. Jener Don Josè, ein stolzer spanischer Soldat, wird von der zerstörerischen Schönen aus seinem Soldatenstand und seiner Soldatenehre herausgeschleudert, nachdem er sich durch einen einzigen ihrer glühenden Blicke hat behexen lassen. Ihm bleibt nur mehr der Weg ins Verbrechen, den er an der Seite der Zigeunerin einschlägt. Diese betrügt ihn freilich mit einem Stierkämpfer. Seine Ehre gewinnt er erst zurück, indem er sie tötet und sich dem Gericht stellt. Die Ordnung ist wiederhergestellt. Carmen ist die femme fatale, Hure und Hehlerin, wild und eigenwillig, eher bereit zu sterben als sich an einen Mann zu ketten, zu dem ihre Liebe bereits erkaltet ist. Don Josè verliert unter dem Einfluß des Teufelsweibes jede Macht über sich selbst und wird durch die Beziehung zu ihr immer tiefer in den Untergang getrieben.

Meyers Konversationslexikon (1884):

»Wenn man über schwarzen Samt olivenfarbigen Flor legte, so würde dies ungefähr den Eindruck widergeben, den die Epidermis der Zigeuner auf das Auge macht. Ihre Gesichtsfarbe gleicht der des übrigen Körpers, aber ohne eine Spur des dem Europäer eigentümlichen Rot; die Leidenschaft ruft nur eine größere Blässe des Gesichtes hervor. Im allgemeinen sind die Zigeuner von mittlerer Statur, schlank, von schöner Muskulatur der Schultern, Arme und Beine; sie haben kleine Füße und Hände und lange, ungespitzte Finger. Fettleibigkeit kommt nur bei alten Weibern vor. Die schönen Formen der Zigeunerinnen erinnern an bronzene Meisterwerke der Plastik aus dem Altertum. Sie haben etwas schief gegen die Schläfe aufsteigende und lang gewimperte, schwarze, höchst lebendige Augen, meist einen Mund mit schönen, geradestehenden Zähnen. Die Nase ist gewöhnlich wohl geformt und etwas gebogen; das Kinn ist rund, die Stirn hoch, häufig aber durch das lange straffe und starke Haar bedeckt. Aus den glühenden Augen blickt tierische Wildheit hervor; unstet schwankt der Ausdruck zwischen Schlauheit, Furcht und Haß; die wohlgeformte Stirn drückt die Begabtheit des Geistes aus.«

Es ist kein Zufall, daß gerade die Oper Carmen eine unerhörte Popularität erlangt hat und in den letzten Jahren mehrfach verfilmt worden ist - wobei jeder Streifen ein großer kommerzieller Erfolg wurde. Das Libretto erfüllt in phantastischer Weise Wunschträume und Strafbedürfnisse der bürgerlichen Zuschauer: mit dem Helden dürfen sie den Sexual- und Blutrausch miterleben, die Wonnen und Schauer undomestizierten Begehrens durchkosten, um doch am Ende gereinigt, das bittere Ende vor Augen, die Strafe für das Selbstvergessen an sich selbst mitvollzogen, aus dem Abgrund wieder in den Alltag zielgehemmter Liebe und Triebsimulierung zurückzukehren. Die Zigeunerin wurde getötet, die Triebe wurden in die Schranken gewiesen, das »Zigeunerische« in jedem von uns hat sich ein wenig bemerkbar machen dürfen, nur um eindrucksvoller von den höheren psychischen Instanzen getötet zu werden. - Bis zur nächsten Carmenaufführung.

Die Sexualität ist das größte Faszinosum, das den von Bürgern imaginierten Zigeuner umgibt. Niemand, so phantasiert der Bürger, habe es wie der Zigeuner verstanden, am Lustprinzip festzuhalten und die Glücksansprüche, konkret die Lustempfindungen durch geschlechtliche Liebe, aufrechtzuerhalten gegenüber den Verzichtsforderungen der Kultur. Das eigene Maß der Entsagungen im Dienste ihrer kulturellen Ideale vergleichen die Bürger neidvoll mit den von ihnen lustvoll (libidinös und aggressiv - siehe »Carmen«!) ausgemalten sexuellen Zügellosigkeiten ihrer selbsterfundenen Zigeuner. Sie bewundern und hassen die realen Zigeuner dafür, daß den künstlichen Zigeunern ihrer Phantasie die Einschränkungen der Kulturentwicklung erspart geblieben sind. Die Gerechtigkeit fordert, daß jeder dieses Opfer zu bringen habe (selbst jemand, der im »Eigensinn bürgerlich Konvention« gar nicht existiert), daß niemand von den auf Ordnung hin angelegten Kulturvorschriften ausgenommen werde, auch nicht die Zigeuner. Da die Bürger unterstellen, die Zigeuner unterwürfen sich nicht, beneiden und bekämpfen sie sie zugleich. »Erlaubt ist, was gefällt« versus »Erlaubt ist, was sich ziemt« lautet der bürgerliche Konflikt. Wie schwer sich die Bürger mit diesem von der Kultur erzwungenen Verzicht tun, wie sie sich abplagen und selbst peinigen, demonstriert in klassischer Vollendung Goethes Roman »Die Wahlverwandtschaften« - der Roman bürgerlichen Zurandekommens mit dem grenzenlosen Begehren. Der Autor, Geheimrat Goethe, arrangiert schreibend ein erotisches Experiment, den

Partnertausch zweier Paare, die sich, entgegen Sitte und Konvention, gerade demjenigen zugehörig fühlen, dem sie rechtens nicht zugehören. Goethe hat sein Konzept des Romans so definiert: »Zwar müsse also in solchen Darstellungen stets das Sinnliche Herr werden, aber bestraft durch das Schicksal, das heißt: durch die sittliche Natur, die sich durch den Tod ihre Freiheit salviert! ... Goethes Roman suggeriert, wahlverwandtschaftliche Verhältnisse entstünden nur, wo die Gelegenheit dazu gemacht werde« (Kreutzer 1980, S. 62 ff.). Goethe befreit sich - und die bürgerliche Welt zugleich - vom Alptraum der schicksalhaften Liebe, indem er deren als bedrohlich gefürchtete Macht auf Machbarkeit - und damit Vermeidbarkeit - reduziert. Bezeichnend ist der Unterschied der Todesarten in Carmen und den Wahlverwandtschaften: Bluthochzeit dort, Magersucht hier. Wo Zigeuner mitmischen, zerbirst der Mensch an Leidenschaft, wo Bürger unter sich bleiben, implodiert er, Mord versus Selbstmord, Rache und Ehre versus Selbstbestrafung - auf diese Formel lassen sich die Unterschiede vereinfachen.

Wie aber sieht die Realität der Zigeuner aus? Ein einziger Ausschnitt aus der Wirklichkeit, im Grunde alles, was wir erfahren konnten, abgeluchst von einer gleichermaßen listigen wie mutigen Studentin, die sich beim folgenden vorwagte: Zwei Zigeuner in einem Auto, auf dem Hintersitz des Wagens zwei ca. 15jährige Mädchen, die während des folgenden Gesprächs kein Wort sagen. S (= Studentin) fragt Zigeuner A: Was machst du? A: Ich lebe von der Luft und der Liebe. Ich lebe von der Luft und der Liebe. S: Schickst du deine Freundin auf den Strich? A: Das verbietet mir meine Religion. B: (scharf) Was ist da dabei? S: Ich als Frau kann sagen: Wenn's die Frau freiwillig macht - warum denn nicht? A: Okay, das paßt eh schon. S: Gibt's da eigentlich Zuhälter? A: Die gibt's auf der ganzen Welt. S: Da auch? B: Ah, gehört denn Burgenland nicht zur Welt? Die gibt's da auch!

Die beiden Zigeuner grinsen, sagen dann, sie würden sich jetzt massieren lassen und fahren mit ihrem Auto davon. S wendet sich an einen ca. 18 jährigen Zigeuner, der das Gespräch mitgehört hat und während des Zuhörens immer wieder den Arm und sie geschlungen und sie zu sich herzuziehen versucht hat. S: Waren die zwei da drin Zuhälter? C: I sog da liaba nix ... Es wea net guat für den ... Polizei ... S: Gibt's da (in der Siedlung, Anm. D. L.) einen Zuhälter? C: Was, aan?! Genug! S: Und die Mädchen, die sie auf den Strich schicken, wie alt sind die? C: Die sind 18 oder 19. Aber sie machen es freiwillig, wegen dem Geld.

Spieglein, Spieglein an der Wand

Seltsam beklemmend erlebten wir, die bürgerlichen Feldforscher, folgende paradoxe Situation (ich zitiere aus meinem Forschungstagebuch): »Um mich stehen fünf ältere Personen, die jahrelange KZ-Haft überlebt haben. Sie tragen die Häftlingsnummern in ihre Unterarme eingebrannt. Eine erzählt von Auschwitz. Sie schildert den Lageralltag. Sie beschreibt Fluchtversuche von Häftlingen, die immer tödlich endeten. Die Flüchtlinge blieben im starkstromgeladenen Stacheldraht hängen. Sie erzählt unter Tränen, wie dann alle antraten und stundenlang auf den im Stacheldraht hängenden Leichnam starren mußten. Wer nur einmal wegschaute, wurde sofort von einem SS-Mann niedergeprügelt. Die Frau sagt, sie wisse nicht, wieso sie jemals von Auschwitz weggekommen sei, sie wisse es einfach nicht. Mehrmals schüttelt sie den Kopf. Pause ... Dann, berichtet sie weiter, sei sie nach Ravensbrück verlegt worden. Sie habe geglaubt, sie sei ins Paradies gekommen; wirklich ins Paradies! Längeres Schweigen. Dann sagt einer der KZ-Überlebenden: ›Der Hitler war gut. Nur das mit dem Rassenwahn war schlecht. Aber er war gut. Er hat Ordnung und Arbeit gebracht.‹ Auf meinen vehementen Protest hin mischten sich die anderen KZ-Häftlinge ein und sagten auch, der Hitler sei schon in Ordnung gewesen. Nur seine Schergen, die SS, die Wachen in den KZ, sie seien ganz arge Verbrecher gewesen. Aber Hitler habe davon nichts gewußt, er könne nichts dafür. Und dann begann der perverseste Streit meines Lebens. Ich versuchte die Überlebenden von Auschwitz davon zu überzeugen, daß Hitler schlecht gewesen sei (jüngere Zigeuner unterstützten mich dabei), während die dem Holocaust Entkommenen vehement darauf bestanden, daß er gut gewesen sei. Ich bekam Schwindelgefühle und Kopfweh.« (Ende der Eintragung)

Eine zweite Episode (ebenfalls aus meinem Forschungstagebuch zitiert): »Zwei junge Zigeuner (16 und 13 Jahre alt) fahren in unserem Auto mit, um uns zu einer Familie aus ihrer Sippe in einem kleinen Dorf zu führen. Wir passieren das stattlichste Haus der Zigeunersiedlung. Der ältere der beiden Jugendlichen sagt: ›Dort drinnen wohnt der Hitler.‹ Ich frage, was er damit meine. Dort drinnen lebe der reichste und mächtigste Zigeuner dieser Siedlung, der alles anschaffe. Deswegen werde er von den Zigeunern Hitler genannt.« (Eine Information, die ich en passant von einer gegenüber den Zigeunern sehr aufgeschlossenen Lehrerin erhielt: Im Nachbarort seien junge Zigeuner bei der Neuen Rechten organisiert. Zur Lehrerin hätten sie gesagt, wenn sie an der Macht seien, dann sei die Lehrerin als erste dran. Und außerdem würden alle Sonderschulen abgeschafft.) Die beiden Episoden dürften eine Wahrnehmungs- und Deutungsweise, möglicherweise eine Unterstellung der Zigeuner spiegeln. So unangenehm dies für uns Bürger klingen mag: die Zigeuner scheinen jene Züge unserer Gesellschaft, die uns selbst am peinlichsten sind, die wir am liebsten verdrängen würden, für besonders wichtig zu halten und zu respektieren. »Der Hitler« bezieht sich eher nicht auf die historische Person dieses Namens, sondern bezeichnet vermutlich ein gesellschaftliches Ordnungsprinzip, das man etwas vage mit Gemeinschaftsideologie, Führerprinzip, Aufhebung rechtsstaatlicher Garantien zugunsten des »Rechts des Stärkeren« bezeichnen könnte; Züge also, die den Faschismus geprägt haben. Es dürfte nicht ganz unwahrscheinlich sein, daß unsere Gesprächspartner uns unterstellten, wir würden solcherlei Aussagen von ihnen ganz gerne hören - mit anderen Worten, sie haben vielleicht gerade unsretwegen, um uns ihre Nähe zu demonstrieren, den Faschismus weißgewaschen. So typisierten sie uns und dementsprechend behandelten sie uns. (Ich hoffe, daß ich mich irre.) Und es dürfte außerdem nicht ganz unwahrscheinlich sein, daß sie - ganz unabhängig von uns - ihre eigene Schreckensgeschichte als Opfer der nationalsozialistischen Terrorherrschaft überhaupt nur dadurch bewältigen können, daß sie die Wirklichkeit ins Gegenteil verkehren. Und es könnte im übrigen in der Logik ihres Assimilationsprozesses an die bürgerliche Gesellschaft liegen, daß sie sich mit dem Aggressor identifizieren; und dabei gerade jene Züge übernehmen, von denen sie am meisten bedroht werden - Züge, die diese Gesellschaft an sich selbst nicht wahrhaben will. Im Spiegel dieser seltsamen psycho-sozialen Abwehr- und Anpassungsmuster entdeckt der Forscher die blinden Flecken seiner Gesellschaft.

Abgesang

Am Schluß dieser Desillusionierungen ist dem Autor nicht wohl zumute. Zwar glaubt er, mit Recht die bürgerlichen Phantasien von den Zigeunern auf das Unbehagen in der Kultur zurückgeführt zu haben und sowohl den Träumen vom besseren Leben der Zigeuner als auch den ängstlichen Visionen von ihrer dämonischen Gesellschaftsfeindlichkeit ein etwas realistischeres Bild entgegengehalten zu haben. Und trotzdem bleibt da ein Rest, der weder durch Ideologiekritik noch durch Entlarvung der unbewußten Gestaltungsmechanismen bürgerlicher Zigeunerbilder aufgelöst werden kann. Man möchte ihn als eine Aura bezeichnen, die von den Zigeunern ausgeht: eine - trotz aller Aufklärung, trotz aller Blicke auf die Hinterbühne - magische Verzauberung, von der nicht leicht zu sagen ist, woher sie stammt und welche Seiten des Forschers sie berührt; eine Aura, der man sich trotz intellektueller Analyse nur schwer entziehen kann. Es sollte nicht der Eindruck entstehen, das Rätsel der Zigeuner sei durch Demaskierung bürgerlicher Projektionsmechanismen zu lösen; mit solchen Demaskierungen ist nur den unbewußten Aspekten der bürgerlichen Kulturanstrengungen ein wenig auf die Schliche zu kommen. Die Zigeuner sind letztlich nicht erforschbar. Unser Versuch ihrer Beforschung, genauso wie der vieler anderer Sozialwissenschaftler, prallte ab an den Verschleierungs- und Geheimhaltungstaktiken, die sich verfolgte und verachtete Menschen über Jahrhunderte ihres Leidensweges angeeignet haben: wir blickten nie wirklich unter die Oberfläche der Zigeunerkultur: wir durchschauten zwar, daß unsere bürgerlichen Vorstellungen von dieser Kultur in den Zwängen unserer eigenen Kultur ihre Begründung fänden, aber wir durchschauten nicht, daß unsere eigene

Forscherhaltung gegenüber den Zigeunern im Grunde ebenfalls ein klassisches Muster der Angstabwehr darstellte. Statt sich auf lebendige Beziehungen einzulassen, ist es weit weniger gefährlich, jemanden/etwas zum Gegenstand von Neugierde zu verdinglichen, um ihm Geständnisse über seine Wahrheit zu entlocken. Erst im nachhinein wurde uns bewußt, wie sehr unser eigenes Forschen solche klassischen Muster des objektivierenden Wissens reproduzierte. Unsere Daten - wie spärlich auch immer - waren dadurch in Gefahr, Teil von Herrschaftswissen zu werden; von einem Wissen, das, aus unsymmetrischer Kommunikation entstanden, letztlich nur zur besseren Verfügung über die Beforschten dient. Deshalb soll hier Aufklärung über das Wesen der Zigeuner gar nicht erst versucht werden. Was wir von ihnen gelernt haben, ist etwas mehr Klarheit darüber, wer wir selber sind.

Im Tal der Könige

Beobachtungen zur Lage der Ladiner in Südtirol

Die Rätoromanen waren vor ca. 2.000 Jahren die Bewohner des Gebietes zwischen Adria und nördlichem Alpenvorland. Sie waren illyrischen Ursprungs und entwickelten eine eigene Kultur und Sprache. Die römische Eroberungspolitik unterwarf den rätoromanischen Siedlungsraum und gliederte ihn dem römischen Imperium ein. Die deutlichste Spur, die die Römer hinterließen, war ihre beherrschende Sprache. Sie veränderte die lokalen Dialekte und formte sie in Richtung des Lateinischen um. Von daher stammt die Bezeichnung »Ladinisch«, mit der heute diese Sprache und diese Kultur in Südtirol bezeichnet werden.

Während die Römer die Sprache der Alpenbewohner veränderten, ohne sie ganz auszurotten, vernichteten die in die Alpengebiete eingewanderten Germanen im 6. und 7. Jahrhundert die Menschen in blutigen Gemetzeln oder zwangen sie zur Flucht in einsame Berggegenden. Trotzdem waren bis zum 12. und 13. Jahrhundert noch sehr viele Täler in den Zentralalpen rätoromanisch besiedelt, und selbst in der unmittelbaren Umgebung von Städten wie Innsbruck wurde noch vereinzelt rätoromanisch bzw. ladinisch gesprochen. Erst ein neuerlicher Besiedelungsschub, als »mittelalterliche Binnenkolonisation« bekannt, eroberte der deutschen Sprache im 13. Jahrhundert neue, bisher vorwiegend rätoromanische Gebiete in Nebentälern, auf Bergrücken und Hochplateaus.

Immer mehr Rätoromanen assimilierten sich. Im 15. Jahrhundert sprach man in den meisten Hauptverkehrstälern bereits nur mehr deutsch. Nur im Vinschgau, einem 100 km langen Tal von Meran bis zur heutigen Grenze zwischen Südtirol, der Schweiz und Österreich, und im angrenzenden Oberinntal bis Landeck sprach man noch rätoromanisch, obwohl es auch hier sehr viel Durchzugsverkehr gab. Aber im unteren Vinschgau und im oberen Inntal dauerte es nicht lange, bis die rätoromanische Sprache ausstarb. Im oberen Vinschgau starb sie erst vor etwa 100 Jahren. Heute lebt die rätoromanische Sprache nur mehr in sehr entlegenen Hochalpentälern fort, und zwar im Engadin in der Schweiz, in den Südtiroler Dolomitentälern (dort wird sie, wie erwähnt, »Ladinisch« genannt) und im Fassatal sowie in der Gegend von Cortina d'Ampezzo.

Im folgenden soll von der ladinischen Volksgruppe und der ladinischen Sprache in Südtirol die Rede sein. Ladinisch wird in zwei Dolomitentälern gesprochen, und zwar im Grödnertal und im Gadertal. Laut offizieller Statistik (1981) leben dort ca. 17.700 sich als Ladiner bekennende Menschen, die in ihrem Alltag ladinisch sprechen. Allerdings ist dieses Ladinisch keine einheitliche Sprache, sondern unterscheidet sich so stark, daß Gadertaler und Grödnertaler einander relativ schwer verstehen. Doch nicht nur die Täler unterscheiden sich sprachlich sehr stark, sondern auch die einzelnen Dörfer innerhalb desselben Tales. Dies hat vor allem Folgen im Bereich der Massenkommunikation. Es gibt z. B. jeden Abend eine halbstündige Radiosendung auf ladinisch. Damit sie verstanden werden kann, muß sie an einem Tag in der Sprache der Badioten, am nächsten in der Sprache der Grödner, am dritten in der Sprache der Fassataler gesendet werden. Diese Sprachgruppen schreiben die ladinische Sprache auch unterschiedlich. Selbst innerhalb der einzelnen Sprachgruppen ist die Schreibung unterschiedlich. Im Gadertal werden in der schriftlichen Hochsprache Ausspracheunterschiede gekennzeichnet, die je nach Gegend variieren. So schreibt man z. B. manchmal ein a und darüber ein e. Das will besagen, daß dieser Laut im unteren Tal als a, im mittleren Tal als ä und im oberen Tal als e ausgesprochen wird.

Daß Sendungen und Druckerzeugnisse in größerem Ausmaß erscheinen, ist vor allem ein Verdienst des seit etwa zehn Jahren existierenden ladinischen Kulturinstituts. Es sorgt dafür, daß Massenkommunikation, literarische und mediale, überhaupt erst möglich wird. Denn bis vor kurzem war das Ladinische eine Sprache, die nur im häuslichen Gespräch und bei Arbeitsgesprächen eingesetzt wurde. Es eignete sich nur zur Beschreibung bäuerlicher Lebenswelt. Die modernen gesellschaftlichen, technischen, wirtschaftlichen und politischen Entwicklungen wurden nicht in den Dolomitentälern vorangetrieben, ja, sie fanden dort kaum Eingang - daher spiegelten sie sich nicht in der Sprache. Wenn die Ladiner nun trotzdem über Themen sprechen wollten, die den bäuerlichen Alltag überschritten, mußten sie Anleihen beim Italienischen und beim Deutschen machen. Der Anteil deutscher und italienischer Wörter in der ladinischen Sprache war bald so groß, daß auswärtige Beobachter vielfach behaupteten, das Ladinische sei gar keine eigene Sprache. Das neue Kulturinstitut sorgt nun für eine Reinigung der Sprache von der übergroßen Anzahl geborgter Wörter. Damit ladinische Nachrichtensendungen auch wirklich ladinisch klingen, müssen zum Teil neue Wörter erfunden werden. Ein paar Beispiele:

ciuciastop (tschütschaschtöp)	= Staubsauger
scatola da ciare luntsch (skatola da tschare luntsch)	= Schachtel, mit der man in die Ferne schauen kann (= Fernsehapparat)
aparat da braciadures (aparat da bratschadures)	= Apparat mit Trägern (= Büstenhalter)

Vielfach werden diese Neubildungen nur langsam akzeptiert. Für gewöhnlich werden sie zuerst einmal belächelt, dann aber doch zögernd übernommen. Unter den Jugendlichen gibt es gar nicht wenige, die sich für die ladinische Kultur einsetzen und auch diese neuen Ausdrücke gebrauchen. Sie wissen allerdings, daß sie durch das Benützen dieser neuen Wörter auffallen, daher ironisieren sie ihren eigenen Sprachgebrauch, um nicht von ihren Landsleuten verlacht zu werden. Doch es gibt auch Jugendliche, deren Sprachschatz zu fast der Hälfte aus italienischen und deutschen Wörtern besteht. Obwohl sie so viele fremde Wörter gebrauchen, machen sie im Bereich der grammatikalischen Strukturen aber keine Anleihen beim Deutschen und Italienischen, sondern benützen die grammatikalischen Muster der ladinischen Sprache. Im übrigen bestehen auch sie, obwohl sie die neuen Wörter nicht akzeptieren, fest darauf, daß Ladinisch eine eigene Sprache sei.

Überhaupt - das ladinische Selbstbewußtsein. In ihren Tälern fühlen sich die Ladiner groß und stark wie Könige. Sie reden ihre Sprache und assimilieren sich nicht an die deutsche oder italienische Kultur. Wer zuzieht, muß sich ihnen anpassen. Es ist unmöglich, daß ein Deutscher oder Italiener von außen in das Tal kommt und den Leuten seine Ordnungsvorstellungen aufzwingt. Die lassen sich nichts aufzwingen. Gegenüber Nicht-Ladinern sind sie eher mißtrauisch und nicht allzu gastfreundlich. Bei näheren Kontaktversuchen spürt man bald eine Grenze. Falls ein Ladiner zuhause deutsch oder italienisch spricht - durch die Kinder wird soetwas schnell bekannt - wird er von der ganzen Dorfgemeinschaft verachtet.

Aber daß das Ladinische eine Kultur sein soll, das können die älteren Leute immer noch nicht ernst nehmen. Sie halten ihre Sprache, ihre Lieder und Texte nicht für Kultur. Sie haben Schwierigkeiten, die Messe auf ladinisch gelten zu lassen, obwohl gerade solche Beschreibungen wie etwa das Weihnachtsevangelium mit dem Ochsen und dem Esel in der rauhen, zupackenden Bauernsprache besonders ergreifend klingen.

Wenn die Ladiner ihre Täler verlassen, geht ihr Selbstbewußtsein total verloren. Es verkehrt sich ins Gegenteil. Sie fühlen sich wie Idioten und werden auch wie Halbdebile behandelt. Schon die Bezeichnung »Krautwalsche« (= Kraut-Italiener), die sie sich von deutschsprachigen Südtirolern immer wieder anhören müssen, drückt diese herabwürdigende Einschätzung recht drastisch aus. Erst in allerletzter Zeit beginnt sich da ein wenig zu ändern; eigentlich erst, seit die Ladiner politisch im Landtag und in der Landesregierung vertreten sind und seit neue politische Bewegungen Sympathie und Solidarität mit ethnischen Minderheiten bekunden. Seither steigt auch die Zahl der Ladiner wieder: 1953 gab es 12.600, heute 17.700.

Woher Minderwertigkeits- und Ohnmachtsgefühle der Ladiner stammen, braucht nach meiner kurzen Darstellung ihrer 2.000jährigen Geschichte nicht weiter erläutert werden. Erklärungsbedürftiger erscheint mir ihr großes Selbstbewußtsein und ihre Selbstsicherheit, die sie in ihrer Heimat an den Tag legen; erklärungsbedürftiger erscheint mir ihr ungebrochenes Bekenntnis zur ladinischen Sprache.

Die wichtigste Erklärung dürfte wohl sein, daß die politische und ökonomische Herrschaft in den Tälern von der ladinischen Bevölkerung in ladinischer Sprache ausgeübt wird. Bei den Behörden spricht man ladinisch, alle Beamten sind Ladiner, Versammlungen werden auf ladinisch abgehalten, in Geschäften und Gasthäusern wird vorwiegend ladinisch gesprochen, in der Schule wird zunächst ladinisch unterrichtet, später allerdings treten Italienisch und Deutsch in den Vordergrund, aber immer muß Ladinisch als eigenes Fach gelernt werden; und wenn in den Fächern, die auf deutsch bzw. auf italienisch unterrichtet werden, Erklärungen nötig werden oder wenn Disziplinprobleme auftreten, wird ganz selbstverständlich ladinisch gesprochen. Deutsche und italienische Kinder, die im Tal wohnen, müssen dieselbe Schule besuchen und Ladinisch lernen. Jeder Lehrer muß alle drei Sprachen beherrschen. Als Volksschullehrer erhält man dafür eine monatliche Zulage in der Höhe von umgerechnet 1.500,- Schilling.

In der Kirche gibt es hauptsächlich ladinische Gottesdienste. Die Touristen finden diese ladinischen Messen interessant und schön. Im Krankenhaus von Bruneck, wohin ladinische Patienten für gewöhnlich überwiesen werden, sind die Ärzte alle deutsch- bzw. italienischsprachig. Um ihre Patienten und auch die Pfleger zu verstehen, wollten sie Ladinisch lernen. Vor kurzem wurde für sie mit großem Erfolg ein Ladinischkurs abgehalten.

Wenn ein Deutschsprachiger oder Italienischsprachiger im ladinischen Gebiet Grund kaufen will, kriegt er keinen. Die Leute akzeptieren nur dann jemanden, der bei ihnen lebt, wenn er sich sprachlich anpaßt. Dann kann er sich auch einkaufen. Es gibt genug Beispiele von Zugezogenen, welche die ladinische Sprache und die ladinische Lebensart gelernt haben und nun dort eine neue Heimat gefunden haben.

Wie schwierig es für den einzelnen ist, einer so kleinen Volksgruppe anzugehören, welche Probleme sich daraus ergeben, zeigt die Lebensgeschichte der heute 22jährigen Justina Piccolruaz, derzeit Deutschlehrerin an einer italienischsprachigen Volksschule in Bozen. (So, wie man die Situation der ladinischen Minorität ohne allzu große Schwierigkeiten mit der Situation der slowenischen Minorität in Kärnten vergleichen kann, könnte es vielleicht auch mit der Biographie dieser Frau gehen: Als slowenischer Kärntner wird man möglicherweise zu Vergleichen mit der eigenen Lebenssituation angeregt.)

Justina Piccolruaz wuchs in dem Dorf St. Vigil bei Enneberg im Gadertal auf. Sie war ein lediges Kind einer ladinischsprachigen Frau. Diese überließ die kleine Justina den Großeltern, sodaß diese ihre Zieheltern wurden. Sie sprachen mit Justina immer ladinisch, sodaß Justina heute das Ladinische als ihre Muttersprache bezeichnet, obwohl eigentlich ihre wichtigsten Bildungserlebnisse, die sie zu dem gemacht haben, was sie heute ist, in italienischer und deutscher Sprache stattfanden. Diese Muttersprache ist für sie etwas Schicksalhaftes, von dem sie nicht loskommt, obwohl sie nicht sehr viele positive Erfahrungen mit der Sprache und in der Sprache gemacht hat, obwohl sie wichtige Bereiche ihres Lebens in dieser Sprache gar nicht ausdrücken kann, obwohl sie perfekt Italienisch und Deutsch spricht, obwohl sie das Ladinische derzeit fast nie braucht.

Doch schauen wir uns ein paar wichtige Abschnitte im Leben der Justina Piccolruaz genauer an, um diese Aussage besser zu verstehen:

Zuhause, am Bauernhof, wuchs sie also in der ladinischen Sprache auf und in der Schule lernte sie schon Ladinisch. Doch immer, wenn die Mutter zu Besuch kam, brachte sie italienische Freunde mit, die mit der kleinen Justina italienisch redeten, spielten und scherzten. Das gefiel ihr sehr, wenn es ihr auch ein bißchen seltsam vorkam, daß diese Leute anders redeten als ihre Zieheltern. Sie schenkten ihr italienische Mickymaus-Hefte und halfen ihr bei ihren Versuchen, italienisch zu sprechen.

Weil sie ein lediges Kind war, war sie eine Außenseiterin im Dorf. Vielleicht war das der Grund, daß sie lieber italienisch als ladinisch sprach. Als sie in der Schule Italienischunterricht hatte, ab der 2. Klasse war das, war sie die eifrigste Italienischschülerin, verliebte sich in den Italienischlehrer, machte Fleißaufgaben, schrieb italienische Gedichte und suchte sich einen italienischen Freund. Im Ladinischunterricht dagegen - das scheint ihre tiefste Erfahrung geblieben zu sein - blieb das Gefühl kalt: sie lernte, daß man im Ladinischen zu den Eltern »Sie« sagt, und seither sagte sie tatsächlich zu ihren Zieheltern und zu ihrer leiblichen Mutter »Sie«. Ihre Muttersprache, das Ladinische, wurde für sie eher ein Beziehungshindernis, das Italienische dagegen, die zweite Sprache also, das wichtigste Medium ihrer Beziehungen. Schrecklich war für sie der Deutschunterricht. Sie erinnert sich an den Beginn wie an den Einbruch eines Unwetters. Der Lehrer knüppelte die Kinder mit der Grammatik nieder: die Mutter, der Mutter, der Mutter, die Mutter, die Mütter, der Mütter, den Müttern, die Mütter. Der Deutschlehrer schlug sie und riß sie an den Haaren, wenn sie die Wörter falsch abwandelte. Er sprach ihr überhaupt die Fähigkeit ab, jemals Deutsch zu lernen. Sie haßte ihn, sie haßte alles Deutsche. Deutsch konnte sie wirklich nicht, als sie mit 15 ihr Heimattal verließ.

Es geht auf diese intensiven Erfahrungen mit Sprache zurück, wenn Justina sagt, in der Liebe sei für sie Italienisch die wichtigste Sprache. Deutsch sei einfach mit zu vielen negativen Erfahrungen verknüpft. Das Ladinische sei nicht geeignet, Zärtlichkeit auszudrücken. Justina sagt, sie würde sich furchtbar schämen, Kosewörter und Zärtlichkeiten ladinisch zu sagen, denn dafür gebe es nur primitivste Wörter und plumpe Ausdrücke. Das Wort »schmusen« z. B. existiere gar nicht in der ladinischen Sprache, für das Miteinander-Schlafen benütze man dasselbe Wort, das für das Vieh gebraucht werde. Sie sagt, allein das Wort zu hören, flöße ihr Abneigung ein. Nur im Italienischen fühle sie sich mit einem geliebten Mann wohl. Vielleicht, meint Justina, habe sie deswegen nie einen ladinischen Freund gehabt.

Als Justina mit 15 ihr Heimatdorf verließ, um in das nur 12 km entfernte Bruneck zu ziehen und dort die Lehrerbildungsanstalt zu besuchen, verließ sie zum ersten Mal die ihr vertraute ladinischsprachige Umgebung. Sie sollte nun in einer deutschsprachigen Stadt leben - aber sie haßte alles Deutsche, sie konnte nicht Deutsch sprechen, nur ein wenig verstehen, und auch das nur, wenn die Leute langsam und in der Hochsprache redeten. Die Lehrer hielten sie für blöd, weil sie immer fragend dreinschaute und so wenig verstand. Für Justina war das die Hölle. Sie begann sich zu schämen, weil sie eine Ladinerin war. Und sie begann sich als minderwertig zu empfinden. Ihre Rettung in dieser Situation war ihre Banknachbarin, eine deutschsprachige Südtirolerin, die kaum Italienisch konnte. Die beiden halfen einander zu überleben. Justina lehrte sie Italienisch und lernte von ihr Deutsch. Nach einem Jahr konnte sie genug, um die Schule zu bestehen.

Nach diesem einen Jahr zog sie in die Wohnung ihrer leiblichen Mutter. Als die Mutter hörte, daß Justina in der Schule Schwierigkeiten mit der deutschen Sprache hatte, redete sie mit ihrer Tochter nur mehr deutsch. Das Tragische dabei war, daß die ohnehin nicht besonders intensive Beziehung zur Mutter durch den Gebrauch der deutschen Sprache noch kühler und noch distanzierter wurde. Nur wenn die Mutter wütend wurde, dann schimpfte sie auf ladinisch. Justina sagt, das war das einzig Vertraute, das sie von der Mutter hörte, und es schien ihr fast schön.

Der Haß gegen alles Deutsche, sagt sie, habe bei ihr bis heute nicht aufgehört, vor allem nicht der Haß gegen die von ihrem Deutschtum überzeugten Südtiroler. Deutschlehrerin wurde sie als eine Revanche gegenüber allem, was sie durch diese und in dieser Sprache mitgemacht hatte. Sie wollte sich selbst und den anderen beweisen, daß sie perfektes Deutsch erlernen könne. Um dann aber eine Stelle als Deutschlehrerin zu bekommen, mußte sie sich offiziell als Angehörige der deutschen Volksgruppe bekennen. Nun kann sie nur sehr schwer in ihre Heimat zurück, denn sie müßte sich schämen, ihre Volksgruppe verraten zu haben. Dabei hat sie gerade in letzter Zeit entdeckt, wie schwer es ihr fällt, immer wieder vorzutäuschen, Deutsch sei ihre Muttersprache. Und noch mehr: sie hat entdeckt, daß man sie in ihrem Heimatdorf nicht vergessen hat, daß sie nie so ausgeschlossen war, wie sie sich das eingebildet hatte. Justina erzählt, daß sie sogar gefragt wurde, ob sie zurückkomme. Da sei ihr zum ersten Mal in ihrem Leben ein großes Licht aufgegangen, sagt sie.

Ich werde nun versuchen, aus diesen beiden Darstellungen zu verallgemeinern. Ich möchte in einer eher abstrakten Sprache Aussagen über die Rolle der Muttersprache für die Minderheit machen. Das, was in der Geschichte der Ladiner und in der Lebensgeschichte der Justina Piccolruaz sichtbar wird, hat vermutlich nicht nur für Ladiner Gültigkeit, sondern für die meisten kleinen Minoritäten.

Aus dieser Fallgeschichte und aus ähnlichen über slowenischsprachige Kärntner (vgl. Slowenische Jahrbücher 1985) ziehe ich gewisse Schlüsse, die wohl auch für die slowenischsprachige Volksgruppe in Kärnten gelten dürften.

1. Man kann sich von seiner eigenen Sprache nicht nach Belieben verabschieden. Man kann sie nicht einfach weglegen wie einen alten Hut. Die Sprache der Kindheit ist etwas Schicksalhaftes. Sie prägt das Empfinden und das Denken sehr tief.
2. Fluchtversuche aus der eigenen Sprache sind gefährlich:
   - Sie zerstören die Entwicklung einer stabilen, belastungsfähigen Persönlichkeit;
   - Sie zerstören die Glücksfähigkeit des Menschen;
   - Sie erzeugen einen seelischen Abwehrkampf gegen die eigene Vergangenheit, sie machen den Menschen unfrei.
3. Es ist für jeden Menschen wichtig, die Sprache seiner Kindheit weiterzuentwickeln und auszubauen. Das ist nicht linguistischer Denkmalschutz, sondern Arbeit an der Entwicklung der eigenen Persönlichkeit. Dadurch wird die Basis für das Denken und für das Handeln gelegt. Selbst das Erlernen einer zweiten Sprache gelingt erst dann, wenn man zur eigenen Sprache ein positives Verhältnis entwickelt. Ein starkes Ich setzt eine lebendige Beziehung zur eigenen Sprache voraus.
4. Die Weiterentwicklung einer Sprache, und damit der sprechenden Menschen, setzt mehreres voraus, was außerhalb der Möglichkeiten des einzelnen liegt.
   - Eine Gesellschaft, in deren Alltag die Sprache gebraucht wird;
   - Einrichtungen wie Familie, Schule und Kindergarten, die diese Sprache vermitteln;
   - Vermittlungsweisen und Lehrmethoden, die zur liebevollen Identifikation mit der Sprache anleiten;
   - gesellschaftliche Anerkennung der Sprache; öffentlicher Gebrauch der Sprache in den Medien, Massenkommunikation etc.

5. Wenn eine Sprache auf Restfunktionen beschränkt wird (zum Singen und Beten und Märchenerzählen), kann sie noch immer Geborgenheit bieten, Rückzug und Idylle vermitteln. Einen Beitrag zur persönlichen und gesellschaftlichen Weiterentwicklung leistet sie nur bedingt.
6. Für die Angehörigen von Minderheiten ist es empfehlenswert, aus sehr egoistischen, persönlichen Motiven dafür zu kämpfen,
   - daß die eigene Sprache öffentlich anerkannt wird,
   - daß sie sich weiterentwickeln kann,
   - daß sie durch Massenkommunikation vermittelt wird (Zeitung, Radio, Fernsehen),
   - daß sie durch Institutionen wie z. B. die Schule systematisch und mit Liebe vermittelt wird,
   - daß sie nicht nur von den Angehörigen der eigenen Volksgruppe gesprochen wird, sondern auch von den anderen Menschen, die in ihrem Siedlungsraum leben, zumindest verstanden wird.

Insbesondere die letzte Forderung ist wichtig, und zwar aus alltagspraktischen Gründen. Sonst werden in Alltagssituationen Angehörige von Minderheiten immer wieder gezwungen, ihre Sprache zu verdrängen, sobald auch nur ein Angehöriger der anderssprachigen Mehrheit dabei ist. Es ist das mindeste, daß man von jedem Menschen, der in einem zweisprachigen Gebiet lebt, ein wenig passive Beherrschung der zweiten Sprache erwarten darf. Wer selbst diese minimale Bereitschaft zur Verständigung in Frage stellt, der plant die Vernichtung von menschlichen Fähigkeiten im großen Stil.

Ausflug in die Dreisprachigkeit

Zu Gast in ladinischen Schulen

Endlich, nach langer Fahrt durch das Pustertal, dann durch das Gadertal, schließlich noch durch ein weiteres Seitental, nähern wir uns der Ortschaft St. Vigil. Schattenseite, tiefer Graben. Ein unscheinbares graues Haus mit winzigen Fenstern steht unter der Straße, eingeklemmt zwischen Böschung und Gegenhang. Unser erstes Ziel.

Wir fahren vorbei. Erst als es zu spät ist, entdecken wir, daß das unansehnliche Haus im Graben das Haus unserer Gastgeberin ist. Wir wenden und fahren zurück. Da steht sie schon vor dem Haus und begrüßt uns lebhaft im Pustertaler Dialekt. Sie küßt mich nach italienischer Sitte links und rechts auf die Wange. Meinen beiden Mitarbeitern, die sie zum ersten Mal sieht, schüttelt sie die Hand. Sie redet beide mit dem Vornamen an und duzt sie.

Wir steigen die hölzerne Außentreppe hoch und betreten das Innere. Hundegebell, Vogelgezwitscher, Dämmerlicht. Wir betreten eine winzige holzgetäfelte Stube mit Lehmofen, Ofenbrücke, Ofenbank, Sitzecke, Herrgottswinkel: alles wie im Bilderbuch, gemütlich, sauber, warm. Aber alles ist viel kleiner als in durchschnittlichen Tiroler Bauernhäusern. Wir spüren es, als wir uns auf die Holzbank hinter den Tisch drängen.

Unsere Gastgeberin stellt Schnaps auf den Tisch, klaren, hausgebrannten Schnaps. Sie sagt, daß ihre Oma, Besitzerin und einzige Bewohnerin dieses Hauses, zu Bett gegangen sei. Jetzt, zu Mittag? Sie habe in der Nacht schlecht geschlafen, vor lauter Aufregung, unseres Besuches wegen; am Vormittag habe sie für uns gekocht und sich dann ins Bett gelegt. Sie habe Angst vor uns. Sie könne nicht verstehen, daß wir uns für die ladinische Sprache und die ladinische Schule interessieren, das sei doch uninteressant und unwichtig; wahrscheinlich seien wir Kommunisten. Aber später würde sie, die verschreckte alte Frau, doch zu uns kommen und uns begrüßen.

Unsere Gastgeberin sagt, daß ihre Großmutter, von der sie aufgezogen worden war, auch davor Angst habe, deutsch zu sprechen. Sie sei sehr einsam und gehe nie unter die Leute, deshalb komme sie, die Enkelin, alle vierzehn Tage von Bozen, wo sie Lehrerin ist, hier herein nach St. Vigil zur Oma auf Besuch. Aber sie halte es hier nie sehr lange aus. Einmal habe sie ihren Freund, einen Süditaliener, hierher mitgebracht - da habe die Oma den Atem angehalten: einen Walschen! Daß er ein »Walscher« war, war noch schlimmer, als daß er mit ihrer Enkelin schlief.

Unsere Gastgeberin unterrichtet an einer italienischen Schule Deutsch. Ihre Muttersprache ist Ladinisch. Mit der Oma spricht sie nur ladinisch, mit ihrem Freund nur italienisch, mit uns, ihren Bekannten, nur deutsch. Sie ärgert sich, weil sie derzeit mit der deutschen Sprache Schwierigkeiten hat. Wir merken nichts davon. Sie redet wie ein Wasserfall, temperamentvoll, klar, akzent- und fehlerfrei!

Sie habe auch schlecht geschlafen, sagt sie. Hier müsse sie immer das Bett mit der Oma teilen. Jedesmal wenn sich diese zur Seite drehe, zöge sie ihr die Decke fort - doch in der Schlafkammer, unter Dach, sei es saukalt, das Dach sei nicht dicht, nur gut, daß jetzt eine dicke Schneeschicht daraufhänge, sonst bliese der Wind ungehindert herein.

Sie trägt Speckknödel, Gulasch und Salat auf, ein richtiges Tiroler Mittagessen. Dazu tischt sie Wein auf. Und dann bringt sie zwei große Teller mit »Tirtla«, einer Pustertaler Spezialität, Teiggebäck mit Füllung: auf dem einen Teller sind die Tirtla mit Sauerkraut, auf dem anderen mit Mohn gefüllt. Sie schmecken ausgezeichnet.

Als wir glauben, uns platzt der Bauch, tritt die Oma in die Stube. Die Oma ist ein großer, grauer Körper. Der große, graue Körper mit dem grauen Haar auf dem Kopf geht zögernd auf uns zu. Ich lache auf den großen, grauen Körper hin. Da spiegelt sich das Lachen als kleines, vorsichtiges Lächeln im Gesicht der Oma. Wir begrüßen uns. Sie nötigt uns zu weiterem Essen. Damit es nicht zu wenig werde, hat sie einen Kuchen mitgebracht, den sie gestern gebacken hat. Wir trinken Wein und essen Kuchen, um der Oma zu zeigen, daß wir schätzen, was sie uns gibt. Ein altes Ritual, das nicht nur hier gilt: indem man in den Mund nimmt und schluckt, was der Gastgeber gekocht hat, stiftet man Verbindung und Vertrautheit, und dann erst kommt das Gespräch in Gang.

Auch mit der Oma läuft alles dem Ritual gemäß ab. Bald beginnt sie zu erzählen. Sie jammert, daß sie nun alleine in diesem Haus lebe, daß ihr Mann, mit dem sie fünfunddreißig Jahre glücklich verheiratet gewesen war, vor zwei Jahren verstorben sei, daß sie nun gar nicht mehr unter die Leute komme (dabei war sie diejenige, die den Kontakt zur Lehrerin von Enneberg letztlich fixiert hat, obwohl die Lehrerin Angst vor uns hatte), daß ihr Bruder - er sei Missionar in Brasilien - auch nur mehr ganz selten hier in St. Vigil auftauche.

Ab und zu wechselt sie ein paar kommentierende Sätze auf ladinisch mit ihrer Enkelin, unserer Gastgeberin, um dann wieder auf deutsch mit uns weiterzusprechen. Ihr Deutsch kommt ihr eher langsam von der Zunge, langsamer jedenfalls als das Ladinische. Es ist ein pustertalerisch gefärbtes Deutsch mit ein paar in der Artikulation kenntlich werdenden ladinischen Eigenheiten. K spricht sie zum Beispiel manchmal wie G. Das geschieht aber nur selten, und man merkt es nur, wenn man genau hinhört. Doch hie und da unterbricht sie ihren Redefluß, weil sie eine genaue Formulierung auf deutsch sucht. Sie wendet sich, nachdem sie den sprachlich bedingten Grund für die Gesprächsunterbrechung auf deutsch erklärt hat, auf ladinisch an ihre Enkelin und sucht mit ihr zusammen eine treffende Formulierung, die sie uns dann anbietet.

Wir verstehen uns gut mit der Oma. Am nächsten Tag bringen wir ihr Blumen. Als wir uns verabschieden, weint sie. Unsere Gastgeberin sagt, daß sie sich sehr vornehme und arrogante Stadtleute erwartet habe, aber dann sofort, als sie uns gesehen hatte, erkannte, daß wir »bescheidene Leute« seien - das habe schnell einen Einstellungswandel bei ihr bewirkt. Sie habe nicht nur uns durch das Gespräch als »nette Menschen« kennengelernt, sondern würde nun auch die Tätigkeit ihrer Enkelin als Lehrerin und Studentin besser akzeptieren.

Wir fahren einen steilen Berghang hoch. Die Straße windet sich über schwieriges Gelände, Wiesenhänge, Waldstriche, Gräben zum Dorf hinauf. Bauernland ringsum, trotz der steilen Hänge. Unter uns das Fremdenverkehrsdorf mit seinen Hotels und Pensionen, ober uns das kleine Bergdorf mit seinen Bauernhäusern rund um die Kirche. Zehn oder fünfzehn große Bauernhäuser, uralte Bauten, manche nur aus Holz, das von der Sonne geschwärzt worden ist. Vor der Kirche lassen wir das Auto stehen und steigen zu einem riesigen, dunkelbraunen Holzhaus hinauf. Unsere Gastgeberin sagt, sie würde versuchen, hier eine Gesprächsmöglichkeit für uns zu finden. Wir sollten inzwischen heraußen warten. Sie verschwindet im Hausinneren. Wir sehen uns um. Vor uns ein gewaltiger Steinbau, ein Haus mit mindestens vier Geschossen. Es sieht aus wie ein alter Ansitz. In den Fenstern der oberen Stockwerke fehlen die Glasscheiben. Vor manchen Fenstern sind Gitter. Einige Fensteröffnungen sind bloß tiefe schwarze Löcher, die nirgendwohin führen. Das Riesenhaus wirkt unheimlich. Einen Steinwurf ober uns kleben zwei schwarze, hölzerne Bauernhäuser am Hang. Rauch dringt aus dem Kamin des einen. Viel Brennholz liegt gestapelt an den Wänden.

Es ist still, totenstill. Einer von uns hält das nicht mehr aus und durchschneidet diese absolute Stille. Er sagt, um die Stille zu unterbrechen, daß es sehr still sei. Wir stimmen laut zu: Ja, es sei wirklich ungewohnt still hier.

Aber da dringen schon Laute aus dem Haus, helle und hohe - die Stimmen unserer Gastgeberin -, dunkle und tiefe - die Stimme des Bauern. Sie sprechen ladinisch miteinander. Wir hören fremdartige Töne, eine schöne Melodie, ein seltsamer Rhythmus. Nicht zu erraten, wovon gesprochen wird. Ö und ü und sch und tsch und drängen sich vor, ich höre Fragezeichen und bilde mir manchmal ein, die beiden sprächen französisch. Es scheint, als läge bei vielen Wörtern der Ton auf der letzten Silbe.

Da tritt der Bauer aus der Tür: ein mittelgroßer Mann, um die vierzig vielleicht, ganz leicht rötliches Haar, hohe Stirn, fragender Blick, riesige Hände. Wir sollten in die Stube hereinkommen und dort auf seine Schwester, die Lehrerin, warten. Er reicht uns seine steinharten, überdimensionalen Hände und geht voran durch das Dunkel des Flurs. Wir treten in eine große, von oben bis unten holzgetäfelte Stube mit Lehmofen, Ofenbrücke, Ofenbank, Sitzecke, Bänken, Stühlen. Ganz wie im ärmlichen Haus unserer Gastgeberin, aber alles viel größer, prächtiger, aus teurerem Holz. Und außerdem entdecke ich Musikinstrumente in diesem Raum, ein Klavier, ein Waldhorn. Nein, er könne mit seinen Händen nicht Klavierspielen, lacht der Bauer, er würde dabei immer zwei Tasten auf einmal anschlagen.

Ich lasse den Raum auf mich wirken: ein Raum mit Aura. Ein altes Tiroler Schloß kommt mir in den Sinn. Dort hatte ich einen ähnlichen Raum gesehen. Das viele Holz wirkt leicht, aber es wirkt auch wie ein lebendiger Leib, der sich rund um mich legt, der mich wärmt, ohne mich einzuschnüren. Der Bauer stellt scharfen Schnaps auf den Tisch. Er redet. Jetzt spricht er deutsch.

Ich weiß nicht mehr, was er sagte. Denn ich war gefesselt von der Art, wie er sprach. Ich konzentrierte mich nicht auf den Inhalt seiner Worte, sondern auf seine bedächtige Art, Worte zu Sätzen zu formen, auf seine Genauigkeit beim Formulieren, auf seine spürbare Distanz zu den Lautgestalten, die er mit dem Mund hervorbrachte. Das Deutsch, das er sprach, war vom Dialekt des Pustertals gefärbt und von der Melodie seiner ladinischen Sprache getönt. Er sprach langsam und ruhig. Wenn man nur oberflächlich hinhörte, konnte man denken, Deutsch sei seine Muttersprache.

Ein Intellektueller, so schien mir, der jedes seiner Wörter bedächtig formte und mit dem Kolorit seiner Persönlichkeit auspinselte, um es dann als Glied in die wohlgeformte Kette seiner bereits gesprochenen Wörter einzuhängen.

Die Schwester betrat den Raum. Die Lehrerin. Eine große Frau mittleren Alters, etwas dunklere Haare als ihr Bruder; zurückhaltend und vorsichtig schritt sie zu unserem Tisch. Sie sei schon sehr aufgeregt wegen unseres Besuches, es sei nichts Besonderes, was da in ihrer dreisprachigen Klasse passiere, und sie sei keine besondere Lehrerin, habe keine besondere Ausbildung für das Unterrichten in drei Sprachen, verstünde nichts von moderner Sprachdidaktik, während wir dagegen .... Sie erklärte, wie sie unterrichtet: am Montag Italienisch, am Dienstag Deutsch, am Mittwoch Italienisch und so weiter. Dazu komme Ladinisch als notwendige Stützsprache. Sie würde diesem Ladinisch aber relativ viel Zeit widmen, damit es die Kinder gut lernen. Allerdings, im Verlaufe der Volksschulzeit, sagt sie, bleibe immer weniger Zeit für das Ladinische, gegen Ende müsse es aus dem Unterricht ganz verschwinden und dürfte eigentlich nur mehr eine Stunde pro Woche unterrichtet werden.

Inzwischen ist ihr zweiter Bruder in den Raum gekommen. Er hat überhaupt nichts Bäurisches mehr an sich, sieht eher aus wie ein Intellektueller in einem Café am Boulevard St. Michel in Paris. Unser Bedenken, daß es schade sei, wenn die Kinder nur mehr eine Wochenstunde Ladinisch lernten, versteht er nicht. Er ist selbst Lehrer in Corvara. Dort gibt es viel Fremdenverkehr. Die Fremdengäste sind Italiener und Deutsche. Sie verstehen kein Ladinisch. Wer mit den Gästen Geschäfte machen will, muß deren Sprache sprechen. Im Leben komme man mit Italienisch und Deutsch weiter, nicht mit Ladinisch, sagt er, und doch, unseren Einwand, daß man ein Recht auf seine Muttersprache habe, den will er nicht wegschieben. Da wirft sich auch seine Schwester in die Bresche und wendet sich gegen das Verdrängen des Ladinischen. Die beiden streiten nun, ob und wie das Ladinische zu retten sei, ob es gerettet werden solle, wem das diene. Der Assimilant und die bewußte Ladinerin, eine Figur, die wir aus Südkärnten bestens kennen, ein Konflikt, wie er auch in Südkärnten quer durch die Familien geht.

Wir verabschieden uns. Am nächsten Tag stehen wir, wie vereinbart, um acht Uhr vor der Schule. Die Kinder und die Lehrerin haben schon, wie jeden Tag, die Messe besucht, der Unterricht hat bereits begonnen. Nun beginnt unser großes Staunen.

Die Lehrerin kommt uns entgegen. Die Kinder hat sie alleine gelassen, die können auch einmal ohne sie auskommen. Heute mache sie mit den Kindern den Igel, il riccio durch, und zwar auf italienisch. Morgen werde sie auf deutsch über den Igel weiterarbeiten. Vielleicht jedoch, verspricht sie, würde sie uns zuliebe aber heute nur eine halbe Stunde Italienisch, dann jedoch Deutsch unterrichten, damit wir sehen könnten, wie sich die Kinder in beiden Sprachen zurechtfänden. Wir sind allerdings auch auf das Ladinische neugierig. Sie will es einbauen. Wir sollten alles kennenlernen.

Wir betreten die Klasse, einen großen hellen Raum mit zwei Bankreihen, in denen zehn Kinder sitzen - achtjährige

Bauernkinder mit Sommersprossen im Gesicht, Zöpfen, unbändigen Haarschöpfen, gestrickten Pullovern. Ruhe, leises Staunen, kaum wahrnehmbares Lächeln auf den Gesichtern. Sie stehen auf, als wir eintreten, und sagen »bun de«. Wir antworten mit »bun de«. Die Lehrerin stellt sich frontal vor die Bankreihen und fixiert ihre Schüler. Sie spricht langsam und leise: »Cosa fa il riccio quando c'è l'inverno?« Die Kinder denken nach, dann zeigen einige auf und antworten ebenso langsam und leise, aber klar und deutlich und fehlerfrei, was der Igel im Winter macht. Sie fragt auch, wer schon einmal einen Igel gesehen habe und wie groß der denn gewesen sei, und ob der Igel auch in Häuser gehe und was er bei Gefahr mache und so weiter und so fort. Jede Frage wird beantwortet. Ganz selten überprüft sie auf ladinisch, ob tatsächlich alle alles verstehen, was in der Klasse gesprochen wird.

Ab und zu unterbricht sie ihre Fragen nach den Lebensgewohnheiten des Igels, um eine Frage nach der Schreibung eines Wortes, nach der Beistrichsetzung oder nach einer grammatischen Form einzuflechten (z. B. ob ein Wort in der Einzahl oder in der Mehrzahl, im Akkusativ oder Dativ verwendet worden ist). Aber sie betreibt nicht nur Kasuistik, sie will auch dahinterliegende Regeln wissen. Die Kinder sind solche Fragen gewohnt, sie wissen Bescheid, bleiben keine Antwort schuldig. Dies alles läuft in mäßigem Tempo und großer Ruhe ab. Die Kinder blicken wie gebannt auf die Lehrerin. Die Lehrerin suggeriert Ruhe und Konzentration. Es scheint, als würden sich ihre Ruhe und ihre Konzentration auf die Kinder übertragen. Ohne Zweifel hat sie Charisma. Ohne Zweifel dringen ihre vorbildlichen Äußerungen tiefer als nur ans Trommelfell der Kinder. Und offensichtlich nisten sie sich im Körper der Kinder ein und warten dort, bis sie gebraucht werden. Nur so kann ich mir erklären, was hier geschieht. Die Lehrerin gibt mit jedem Satz, auch wenn er inhaltlich bedeutungslos scheint, ein Stück von sich her; die Kinder verschlingen es.

Später schreiben sie. Im Schreiben, hatte die Lehrerin schon gestern erwähnt, seien die Kinder besser als im Reden. Sie schreiben aus dem Gedächtnis, was sie über den Igel wissen. Gestochen sauber, ohne Fehler.

Dann wechselt die Lehrerin die Sprache. Jetzt ist Deutsch dran. Alles geht genauso weiter wie bisher. Unheimliche Konzentration, ein dichtes Netz von unsichtbaren Fäden zwischen der stillen Lehrerin und ihren stillen Kindern. An diesen unsichtbaren Fäden pendeln die Sätze hin und her, diese Geschenke aus den tieferen Regionen des Ichs. Es geht nicht so sehr um die Inhalte, will mir scheinen (mir fällt das hier so oft auf; ob ich projiziere?), sondern um ein Beziehungsspiel. Und wieder die Fragen nach Interpunktion, Rechtschreibung, Grammatik, nach Regeln und Gesetzen. Und wieder Ladinisch dazwischen. Dann Schreiben.

Am Heimweg wird uns unsere Gastgeberin, die früher selbst Schülerin dieser charismatischen Frau gewesen war, erzählen, daß sie als Kind diese Lehrerin geliebt hatte und für sie gelernt hatte.

Ob jemand von uns unterrichten wolle?

Ich will. Ich möchte wissen, ob die Kinder auf diese frontale Methode, dieses liebevolle Identifizieren mit dem bewunderten Vorbild fixiert sind oder ob auch kommunikatives Sprachlernen ankommen würde. Zuerst mache ich ein kleines Vorstellungsspiel mit den Kindern, sage meinen Namen, frage nach ihren Namen, wiederhole absichtlich falsch, frage nach, ob ich's richtig getroffen hätte, lasse mir helfen, verwickle die Kinder in kleine Gespräche und registriere mit Spaß, daß es den Kindern gefällt. Nun hole ich mir einen, der mir zwar schüchterner als die anderen schien. Ich hebe ihn auf den Tisch der ersten Reihe und sage, er sei ein Igel. Ich berühre seine fiktiven Stacheln, steche mich, bitte andere, seine Stacheln zu berühren. Dann hebe ich noch ein Mädchen auf den Tisch und sage, sie sei die Frau des Igels, also die Frau Igel. Sie kommen am Abend von der Arbeit heim und begrüßen sich, sage ich, und sie tun's. Nun sollen sie einander erzählen, was sie getan haben. Sie haben gefressen: eine Maus, eine Schlange. Getrunken haben sie auch, nämlich Milch. Ich muß zwar manchmal den Souffleur spielen, aber es geht überraschend gut und macht allen Spaß. Der schüchterne Bub ist gar nicht mehr so schüchtern, sondern redet mit, so gut er kann.

Jetzt sticht mich der Hafer. Ich möchte herausfinden, wie sich diese dreisprachigen Kinder, die ja das Hin- und Herpendeln zwischen den Sprachen gewohnt sind, verhalten würden, wenn sie mit einer vierten, ihnen bisher völlig unbekannten Sprache konfrontiert würden. Die Lehrerin hat nichts dagegen, daß ich Englisch unterrichten will. Aber sie will meine englischen Anweisungen an die Kinder ins Ladinische übersetzen, damit sie wissen, was sie tun sollen. Doch mir paßt das gar nicht. Mich interessiert vielmehr, ob die Kinder mit dem kompromißlosen Englisch zurechtkommen würden. Ich bitte daher die Lehrerin, gar nichts zu sagen. Nun wiederhole ich mein Vorstellungsspiel von vorhin: Halloh, I am Dietmar. Who are you?

Ich sause hin und her, bin zugleich ich selbst und der Souffleur des von mir angesprochenen Kindes, doch bald geht es ohne Souffleur, wir reden schon ganz flott, die Kinder stellen nun selbst die Fragen, ich brauche nur mehr auf andere zu zeigen und die Kinder fragen schon: »Who are you?« doch nun muß es irgendwie weitergehen. Ich zeige ihnen »get up« und »sit down«. Das verstehen sie sofort. Ein paarmal kommandiere ich allen, zeige ihnen pantomimisch, daß sie alle zugleich im Chor wiederholen sollten, was ich da befehle. Dann befehlen sie sich's gegenseitig - get up, sit down! Und nun zeige ich auf den Igel - »hedgehog« - das muß ich mehrmals vorsprechen, bis sie es nachsprechen können. Ich frage eines der Kinder, ob es ein hedgehog sei. Noooouuu, souffliere ich, noouu, sagt das Mädchen und lacht. Und so geht's weiter, bis alle an der Reihe waren.

Ich bin erschöpft - die Kinder nicht. Mir gehen die Ideen aus, mir fällt aus dem Stegreif nicht ein, wie ich weitermachen könnte. Ich muß jetzt Schluß machen, jetzt, solange es noch lustig ist und solange noch alle lachen. Ich freue mich, daß es so gut geklappt hat, daß die Achtjährigen auch mit der vierten Sprache so gut zurechtkamen. Ich verabschiede mich händeschüttelnd von jedem Kind.

Die Lehrerin schenkt mir zum Andenken drei Hefte von drei verschiedenen Kindern: ein Ladinisch-, ein Deutsch-, ein Italienischheft. Wunderschöne Schriften, keine Fehler, das meiste aus dem Gedächtnis geschrieben. Ich habe sie österreichischen LehrerInnen gezeigt. Alle dachten, dies seien Musterhefte eines Vorzugsschülers, der das alles von der Tafel abgeschrieben hatte. Es sieht tatsächlich so aus, als könnten normale Schüler das nicht aus sich heraus schaffen. Aber die stillen ladinischen Bauernkinder, die gar nicht wissen, wie groß ihre Leistungen sind, finden das alltäglich.

Unser zweiter Besuch gilt der Schule im Tal. Dort hat uns der Lehrer der fünften Volksschulklasse eingeladen, eine Stunde lang zu hospitieren. Auch er will unseretwegen von seinem gewohnten Rhythmus - je einen Tag für eine Sprache - abgehen und verspricht uns, in allen drei Sprachen zu unterrichten. Seine Klasse ist größer als die auf dem Berg: zwanzig zehnjährige Kinder sitzen in einem mit Schaubildern und didaktischem Material reich ausgestatteten Raum. Der Lehrer steht vorne und läßt einen italienischen Text lesen. Die Leserin kommt nicht weit, denn bald unterbricht der Lehrer und fordert eine grammatische Analyse des gelesenen Satzes. Die gelingt einwandfrei, und zwar mit italienischen Fachausdrücken. Nun wechselt der Lehrer die Sprache, will wissen, wie diese Fachausdrücke auf deutsch und auf ladinisch heißen, will in jeder Sprache Beispiele für das vom Fachausdruck Bezeichnete, jagt die Schüler durch Deklinationen und Konjugationen deutsch, ladinisch, italienisch, will den Unterschied zwischen passato rimoto und imperfetto erklärt haben, fragt nach den Tempusregeln des Ladinischen, läßt sich wieder Beispiel um Beispiel von schwierigen Konjugationen unregelmäßiger deutscher Verba im Konjuktiv zurufen. Kurz und gut, uns bleibt der Mund offen. In mir steigt die Erinnerung an die vierte Klasse meines humanistischen Gymnasiums hoch, als mein Jahreserfolg in Latein und Griechisch gefährdet schien und ich, um durchzukommen, wie ein Wilder alle Verbformen gepaukt hatte und auf Zuruf ausspucken konnte. Nur - ehrlich gestanden -, die Regeln, die das Wann und Warum und Wozu dieser krausen Unregelmäßigkeiten doch noch in ein System einordneten - diese Regeln hätte ich nur bruchstückhaft zu sagen gewußt; ganz im Unterschied zu diesen braven Kindern, die alles wußten, alles konnten. Eine einzige falsche Antwort in einer Stunde! Mir schien es unfaßbar.

Als ich vom Zuhören erschöpft war, machte ich den Kollegen ein Zeichen zum Aufbruch. Wir standen auf und wollten gehen. Doch der Lehrer, der nun richtig in seinem Element war, merkte das gar nicht; zu sehr war er damit beschäftigt, seine Schüler durch sämtliche Tempussysteme aller drei Sprachen zu jagen. Wir mußten ihn mit sanfter Gewalt unterbrechen. Danke, es war eindrucksvoll.

Schule und Gesellschaft in Südtirol – Ein Vergleich mit Südkärnten

Vorbemerkung

Es ist nicht ganz einfach, das zweisprachige Schulwesen Südtirols (das dreisprachige der ladinischen Täler Südtirols) so zu beschreiben, daß sein gegenwärtiger Zustand und seine Probleme verständlich werden und daß es mit dem zweisprachigen Schulwesen Südkärntens vergleichbar wird. Um nicht bloß Schulorganisationsformen und Schulunterricht oberflächlich darzustellen, ist es notwendig, die Philosophie der italienischen Schule insgesamt unter die Lupe zu nehmen und zu überprüfen, ob und inwieferne sie für die besondere Gestalt der Südtiroler Schule mitverantwortlich ist. Außerdem muß aufgezeigt werden, welche historischen und sozialen Entwicklungen dazu beigetragen haben, die beiden Schulsysteme so verschieden werden zu lassen. Auf dem Hintergrund eines Vergleiches zwischen Südtirols und Südkärntens Geschichte sollen schließlich die unterschiedlichen Realisierungen zweisprachiger Schule diskutiert werden.

Die Integrationsphilosophie der italienischen Schule

Gehen wir von einer simplen Definition der gesellschaftlichen Funktion von Schule aus: Sie ist »das öffentlich kontrollierte Instrument der gesellschaftlichen Selbststeuerung ..., (das) den Fortbestand der Ordnung und Einrichtungen und Vorstellungen garantiert, aus denen wir alle leben« (Hentig 1973, S. 9–14). Nach den Vorstellungen der Linken dient die Schule der Herrschaftssicherung des Kapitals. Sie erreiche dieses Ziel nicht durch Didaktik und Methodik, sondern durch organisatorische Trennung der bürgerlichen Jugend von der proletarischen, wird in der Schulkritik immer wieder betont. Durch ihre Funktionsweise, durch den heimlichen Lehrplan, d. h. durch ihre Regelung des institutionellen Alltags erziele sie, dieser Kritik zufolge, ihre größten Lernerfolge. Ähnliches sagt auch die radikale Schulkritik, z. B. Hentig, den ich hier stellvertretend zitiere: »Schulbildung hat eine ›Herrschafts‹-Eigenschaft: Sie erzeugt, wo sie aus dem Gefälle von Lehrer zu Schüler, von Gelernt-haben zu Noch-lernen-müssen entsteht, eine scheinbar natürliche und darum schwer zu bekämpfende Hierarchie, ein Bewußtsein von Minderwertigkeit bei dem einen und Überlegenheit bei dem anderen, das alle gegenläufige Erfahrung vorgängig verhindert;

Schulbildung hat eine ›kapitalistische‹ Eigenschaft: Sie ist akkumulierbar, gibt dem, der mehr akkumuliert hat, einen prinzipiellen Vorteil über den, der weniger akkumuliert hat, und setzt, wie anderes Kapital, den Reicheren in die Lage, die Bildungsmittel zu monopolisieren - allein schon dadurch, daß eine längerdauernde Bildung, die der Ärmere sich nicht leisten kann, als die ›höhere‹ und bessere gilt ...

Bildung als Schulbildung ist damit zum Gegenteil dessen geworden, was Menschen sich darunter vorstellen wollen und was in den Lexika, in den Präambeln und Theorien steht - ein Stück sozialer Determinismus statt ein Akt geistiger Emanzipation.« (ebd., S. 9-14)

Die Verfassung der italienischen Schule paßt nicht so recht in das Schema der radikalen Kritik. Die italienische Schulreform des Jahres 1963 hat nämlich vieles von dem, was kritische Pädagogen als »sozialen Determinismus« des Schulsystems bezeichnen, völlig verändert: Alle Kinder von sechs bis vierzehn besuchen eine gemeinsame Schule. Diese Schule ist nicht leistungsdifferenziert, sondern heterogen. Es gibt keine ersten, zweiten oder dritten Leistungsgruppen, sondern nur Klassen mit Schülern unterschiedlicher sozialer Herkunft und unterschiedlichem Niveau des Könnens. Dieses Schulsystem integriert nicht nur in sozio-ökonomischer und sozio-kultureller Hinsicht, sondern bezieht auch Behinderte (körperlich und geistig Behinderte) in das Regelschulwesen mit ein. Italien hat die Sonderschule abgeschafft. Es ist alltäglich, daß man in einer Schulklasse ein oder zwei behinderte Kinder findet. Italienische Kinder lernen dadurch schon ab dem ersten Schuljahr sozial-integrative Verhaltensweisen. Da sie nicht die Erfahrung von einer auf abstrakter, entfremdeter Leistung begründeten Hierarchie haben, lernen sie sich in ihrer Verschiedenheit zu akzeptieren und zu respektieren.

Ob bzw. wie weit dieses Schulsystem irgendeine Wirkung auf die Gesellschaftsstruktur Italiens gehabt hat (es ist ja immerhin schon fast dreißig Jahre in Kraft), wage ich nicht zu beurteilen. Nach klassisch linkem Dogma kann es nicht, darf es nicht. Bernfeld, von dessen radikaler Schulkritik die heutige Schultheorie der Linken am meisten gelernt hat, sagt von der schulischen Erziehung, daß sie in bezug auf die Gesellschaft immer konservativ sei und sich an Machttendenzen der erziehenden Gruppen orientiere: »Meine allgemeinste Formel der Erziehung: Reaktion der Gesellschaft auf die Entwicklungstatsache, begreift all diese Sachverhalte völlig in sich. Die ökonomisch soziale Struktur der Gesellschaft hat ihren eindeutig bestimmten Rahmen für diese Reaktion in sich. Die Organisation der Erziehung ist aufs genaueste bestimmt ... Die Erziehung ist konservativ. Ihre Organisation ist es insbesondere. Niemals ist sie die Vorbereitung für eine Strukturänderung der Gesellschaft gewesen. Immer - ganz ausnahmslos - war sie erst die Folge der vollzogenen.« (Bernfeld 1967)

Wer die sozio-ökonomische und sozio-kulturelle Situation Italiens und des italienischen Schulsystems etwas genauer und unbeeinflußt von österreichischen Medienklischees kennt, wird zögern, Bernfeld ohne weiteres zuzustimmen. Denn es wurde zwar die Macht des Kapitals in Italien durch die Schulreform keineswegs abgeschafft, aber der politische Einfluß und die Mitbestimmungsmöglichkeiten der gesamten Bevölkerung haben sich auf regionaler und lokaler Ebene bedeutend erhöht. Es liegt mir fern, dies als direktes Resultat der Schulreform darzustellen. Wohl aber möchte ich die Vermutung riskieren, daß die schulische Sozialisation bei den Menschen neue Dispositionen geschaffen hat, die es ermöglichten, den Kampf um die Macht im Medium demokratischer Auseinandersetzung - dem Diskurs - so zu führen, daß sie nicht schon von vornherein die Unterlegenen waren bzw. sind. (Es hat allerdings in Italien, mehr als anderswo, eine relativ große Zahl von Ungeduldigen gegeben, die darin den Verrat am Proletariat erblickten. Sie versuchten mit den Mitteln des Terrors revolutionäre Veränderungen einzuleiten, scheiterten aber nicht nur am Widerstand der Staatsgewalt, sondern auch an dem der Bevölkerung.)

Es wäre nun in bezug auf das zwei- bzw. dreisprachige Schulwesen Südtirols anzunehmen, daß das Prinzip der gesellschaftlichen Integration dort in besonderer Weise verwirklicht würde; daß also Kinder der verschiedenen Sprachgruppen gemeinsam erzogen würden; daß in der Schule die Entstehung einer bikulturellen Identität gefördert würde. Dem ist nicht so. Die Schulen der Sprachgruppen sind strikt getrennt (über Ausnahmen wird zu reden sein). Zwar lernt jedes Kind die Sprache der anderen Gruppe - aber mit den Methoden der Fremdsprachdidaktik, nicht durch schulisch vermittelte Begegnungen mit den Sprechern der anderen Sprache.

Andererseits wäre zu erwarten, daß Österreich mit seinem auf Trennung basierenden Schulsystem (Hauptschule, AHS, Sonderschule etc.) auch eigene Schulen für die Minderheiten einrichten würde. Dem ist nicht so. Die Schulen der Volksgruppen sind integriert, deutschsprachige und slowenischsprachige Kärntner Kinder werden in denselben Gebäuden, in denselben Räumen, in denselben Klassen, von denselben LehrerInnen unterrichtet.

Wir stehen also vor dem Paradoxon, daß das italienische, auf Integration basierende Schulsystem im Bereich des Südtiroler Minderheitenschulwesens segregiert, während das österreichische, auf Trennung basierende Schulsystem im Bereich des Minderheitenschulwesens integriert. Erklärbar wird das Paradoxon durch die unterschiedliche Entwicklung der Minderheitensituation: Während die Südtiroler deutschsprachige Minderheit erst seit 65 Jahren eine Minderheit bildet und alles daransetzt, sich von der Mehrheit abzugrenzen, sind die Kärntner Slowenen seit Jahrhunderten in der Position der Minderheit und haben in dieser langen Zeit - trotz vieler negativer Erfahrungen - für sich die Lehre gezogen, daß eine Integration der Minderheit in das Mehrheitsvolk bei

Wahrung von möglichst viel Eigenständigkeit anzustreben sei, um das eigene Überleben als Volksgruppe zu sichern.

Es wird jedoch, um diese unterschiedlichen und scheinbar paradoxen Entwicklungen verständlich zu machen, eine genauere Darstellung des historischen Wandels der Gesellschaft und ihrer Schule in Südtirol und Südkärnten notwendig sein.

Gesellschaftlicher Wandel in Südtirol

Südtirol wurde 1919 gegen den Willen seiner Bewohner, trotz politischen Widerstands von seiten Österreichs, dem italienischen Staatsverband einverleibt, und zwar als Prämie für den Frontenwechsel Italiens von der Seit der Mittelmächte zu den Alliierten. Der italienische Staat war damals als konstitutionelle Monarchie verfaßt. Doch wenige Jahre später (1922) erfolgte die faschistische Machtergreifung, die für das politische Schicksal Südtirols folgenschwere Konsequenzen haben sollte. Der Faschismus trat in Südtirol unverhüllt kolonialistisch auf: das Land wurde als Beuteobjekt betrachtet, dessen natürlicher Reichtum den Eroberern gebühre, dessen eigene sozio-ökonomische und sozio-kulturelle Strukturen keine Überlebensberechtigung hätten, soferne sie sich der Italianisierung widersetzten.

Um diese Italianisierung durchzusetzen, war es notwendig, das zu 90 % mit deutsch- und ladinischsprachigen Tirolern besiedelte Land als Siedlungsgebiet für Italiener aus dem Süden attraktiv zu machen. Da die in Südtirol betriebene Landwirtschaft wegen ihrer besonders arbeitsintensiven und ertragsarmen Produktionsweise keinerlei Anziehungskraft auf italienische Zuwanderer ausübte, wurde mit gewaltigem Kapitaleinsatz eine Industrie aus dem Boden gestampft (z. B. wurde ein Zweig der Lancia-Werke nach Bozen verlegt), die nun tatsächlich eine kleine italienische Völkerwanderung, vor allem von Menschen aus den wirtschaftlichen Notstandsgebieten des Südens, nach Südtirol in Bewegung setzte. Der faschistische Staat baute großzügige Wohngelegenheiten, überzog das ganze Land mit seinen Institutionen und Reglementierungen, und zwar nicht nur um die Einwanderer gesellschaftlich und politisch möglichst eng an die römische Zentralgewalt zu binden und um Stellen für immer neue Einwanderer zu schaffen, sondern auch um die deutsch- und ladinischsprachigen Einheimischen mit der Macht der Staatsmaschinerie zu italianisieren.

Die deutsche Sprache wurde verboten, jeder öffentliche oder halböffentliche Gebrauch der deutschen Sprache wurde bestraft, deutschsprachige Kindergärten, Schulen, Medien, Kulturangebote wurden verboten. Selbst die Namen der Menschen wurden italianisiert; sogar auf Grabsteinen mußten die neuen italienischen Namen eingemeißelt werden. (Allerdings war die Italianisierung der Namen offenbar ein sehr zeitaufwendiges Unternehmen, denn der faschistische Staat schaffte es nur bis zum Buchstaben c bis er abgeschafft wurde. Anfang der siebziger Jahre konnten die Südtiroler, deren Namen italianisiert worden waren, ihre ursprünglichen deutschen Namen wieder annehmen ...)

Daß alle geographischen Namen, die Namen der Städte und Dörfer, Berge und Täler, Flüsse und Fluren italianisiert wurden und nur mehr in italienischer Sprache genannt werden durften, stellte einen weiteren Schritt der Enteignung von Heimat und Identität dar. An grenznahen Orten (am Reschenpaß, in Gossensaß am Brenner und in Innichen, nahe der Grenze zu Osttirol) wurden italienische Heldengräber errichtet, monumentale Rundbauten, Ruhestätten für die sterblichen Überreste italienischer Soldaten, die fernab von Südtirol, in den Kämpfen am Isonzo oder am Pasubio gefallen waren und nun zum Zwecke der Geschichtsfälschung von Staats wegen exhumiert und zur Demonstration eines in Wirklichkeit nie stattgehabten Kampfes um Südtirol an die neuen Grenzorte verfrachtet und neuerdings bestattet wurden. In Bozen, am Eingang zum neuerbauten Teil des Stadtviertels Grieß, das die Faschisten im Stil florentinischer Palazzi gestaltet hatten, errichteten die Machthaber einen gewaltigen Triumphbogen nach römischem Vorbild, den sie »Siegesdenkmal« nannten. Die lateinische Inschrift auf diesem Siegesdenkmal ist bezeichnend: »HINC CETEROS EXCOLUIMUS LINGUA LEGIBUS ARTIBUS«. Noch heute ist dieses Symbol einer großangelegten Unterwerfungs-, Kolonialisierungs- und Identitätsberaubungskampagne zu besichtigen.

Die Aufgabe der faschistischen Schule bestand darin, die Italianisierung der Bevölkerung voranzutreiben. Die Schulen wurden im Verlauf der faschistischen Kolonisierung Südtirols Vorposten im Kampf um das Bewußtsein der Menschen. Als »Missionsposten« einer faschistisch verstandenen Italianità gingen die Lehrer direkt auf den Geist und die Seelen der Kinder los. Über zwanzig Jahre lang erfolgte der Unterricht nur in italienischer Sprache, und zwar durch Lehrer, die kein Wort Deutsch konnten, die örtlichen Verhältnisse nicht kannten, weil sie zum Zwecke der Kolonialisierung von Menschen eben erst ins Land gerufen worden waren, die aber die faschistische Ideologie zu verbreiten hatten und deren Aufgabe es war, die lokale Kultur bei jeder Gelegenheit verächtlich zu machen und auf die Überlegenheit der italienischen Kultur hinzuweisen. Die außerschulische Jugenderziehung bestand einzig im paramilitärischen Drill der Balilla, der faschistischen Jugendorganisation. Unterricht in deutscher Sprache, Unterricht der deutschen Sprache war aufs strengste verboten, selbst außerhalb der Schule, als Privatunterricht. Trotzdem gab es ihn: verschwörerisch, heimlich, in Kellern als Unterrichtsräumen. In der Heldenmythologie, wird er als »Katakombenunterricht« erinnert. Aber dieser »Katakombenunterricht« konnte nicht verhindern, daß eine ganze Generation lang Bildung und Ausbildung in der Muttersprache für deutsch- und ladinischsprachige Südtiroler unmöglich war; daß jede berufliche Karriere mit Ausnahme der landwirtschaftlichen Berufe an die zumindest partielle Identifikation mit der italienischen Sprache und der faschistisch stilisierten italienischen Alltagskultur gebunden war. Wie tief die ging, läßt sich daraus ablesen, daß selbst heute noch, über vierzig Jahre nach dieser faschistischen Zwangsitalianisierung, viele Südtiroler der älteren Generation weder deutsch rechnen noch komplexere Kulturtätigkeiten ausführen können. Viele von ihnen haben auch Italienisch nie richtig gelernt, sodaß sie zeit ihres Lebens sprachlos geblieben sind.

1939 setzten viele deutschsprachigen Südtiroler ihre nationalen Hoffnungen auf Hitler: Sie erwarteten sich, daß er Südtirol an das Deutsche Reich anschließen werde, so wie er es mit Österreich und der Tschechoslowakei getan hatte. Doch die nationalsozialistische Politik verfolgte ihre nationalen Ziele nur dort, wo sie in ihr Eroberungskonzept paßten. Wenn sie jedoch - wie im Fall Südtirols - der langfristigen Vorbereitung von Beutekriegen im Wege standen, wurden sie bedenkenlos ignoriert. Nazideutschland und das faschistische Italien hatten zu viele gemeinsame imperialistische Interessen, als daß sie sich durch ein marginales Problem wie Südtirol hätten stören lassen. Südtirol - so der Hitler-Mussolini-Pakt des Jahres 1939 - sollte bei Italien bleiben. Deutschsprachigen Südtirolern, die ihre deutschsprachige Identität beibehalten wollten, wurde die Auswanderung ins Deutsche Reich erleichtert; wer nicht auswandern wollte, erklärte sich mit seiner völligen Italianisierung einverstanden. An die 170.000 Südtiroler optierten für die Auswanderung. Infolge der Kriegswirren verließen jedoch nur ca. 70.000 die Heimat. Nach dem Krieg kehrten die meisten von ihnen wieder nach Südtirol zurück.

Als sich Italien 1943 vom Faschismus abwandte und die Fronten wechselte, glomm in Südtirol neue Hoffnung auf: Für kurze Zeit wurde das Land Teil des Deutschen Reiches. Doch obwohl nun die deutsche Sprache die einzige offiziell zugelassene Sprache wurde, war die Freude über diese Veränderung nur kurz; denn bald merkten die meisten, daß der Preis dafür zu hoch war: die nationalsozialistische Herrschaft machte nun Ordnung nach ihrem Sinn - damit verloren die Südtiroler noch mehr elementare Freiheitsrechte als unter dem italienischen Faschismus. Und außerdem brachten die Nazis den Krieg ins Land.

Nach dem Zweiten Weltkrieg änderte sich - trotz Österreichs Einspruch - nichts an der Zugehörigkeit Südtirols zum italienischen Staatsverband. Im Gruber-De-Gasperi-Abkommen, einem zwischen Italien und Österreich im Jahre 1946 ausgehandelten Vertrag, wurden Südtirol Autonomierechte eingeräumt, was in Südtirol und in Österreich die Erwartung auf besseren Minderheitenschutz weckte. Doch Italien umging die mit dem Autonomiestatut verbundenen Ansprüche Südtirols auf eine Vergrößerung sprachlicher, kultureller und ökonomischer Rechte weitgehend dadurch, daß es eine neue Region schuf, nämlich Trentino - Alto Adige (= Südtirol), und dieser Region statt der Provinz Bozen die Autonomie verlieh. Innerhalb dieser Region waren die Südtiroler in der Minderheit. Die Privilegien des Autonomiestatus kamen dadurch vor allem den italienischsprachigen Bewohnern der Region zu. Dies führte zu ständig eskalierenden Konflikten zwischen dem italienischen Staat und der deutschsprachigen Minderheit, die sich verprellt und übertölpelt empfand.

Österreich brachte das Südtirolproblem schließlich im Jahre 1960 vor die UNO. Die 15. UNO-Vollversammlung verabschiedete am 31. Oktober 1960 eine Resolution, in der Österreich und Italien aufgefordert wurden, die Südtirolfrage in bilateralen Verhandlungen zu lösen. Sehr bald nach dieser UNO-Resolution wurden in Südtirol terroristische Gewalttaten verübt, die von rechtsradikalen Kreisen aus Österreich gesteuert waren (Norbert Burger, damals Assistent an der Universität Innsbruck, war einer der wichtigsten Drahtzieher im Hintergrund). Die Terroranschläge zielten zunächst auf faschistische Denkmäler, später Masten von Hochspannungsleitungen, schließlich italienische Siedlungsneubauten; im letzten großen Attentat, dem Sprengstoffanschlag auf der Porzescharte, ermordeten die Täter vier italienische Soldaten.

Der italienische Staat wich der Gewalt nicht, sondern sandte einen beträchtlichen Teil seiner Armee nach Südtirol, um den Terror zu bekämpfen und die wichtigsten zivilen und militärischen Objekte Tag und Nacht zu überwachen. Da die Kasernen bei weitem nicht ausreichten, um die in die Provinz Bozen verlegten Soldaten aufzunehmen, wurden zahlreiche Hotels und Pensionen requiriert, in denen sie einquartiert wurden. Sämtliche Straßen, Eisenbahnanlagen, Tunnels, Brücken, öffentliche Bauten wurden von schwerbewaffneten Soldaten mit Maschinenpistolen im Anschlag rund um die Uhr gegen mögliche Attentate verteidigt. Der Straßen- und Bahnverkehr wurde minutiös kontrolliert. Die Grenze nach Österreich wurde besonders genau und streng bewacht. Für Österreicher war es ein Jahr lang äußerst schwierig, nach Italien einzureisen, da sie während des Höhepunktes der Terrorwelle visumspflichtig waren. Alle diese Maßnahmen führten dazu, daß der rechtsradikale Terrorismus nach etwa einem Jahr abflaute, um schließlich Mitte der sechziger Jahre ganz zu verebben.

In neuen Verhandlungen zwischen Österreich und Italien und zwischen der Südtiroler Landesregierung und der römischen Zentralregierung wurde ein Autonomiestatut für die Provinz Bozen ausgehandelt, das schließlich im Jahre 1969 unter dem Namen »Südtirolpaket« von allen Verhandlungspartnern gemeinsam verabschiedet wurde. Dieses Südtirolpaket, das ab 1971 in Kraft trat (bis heute aber noch nicht zur Gänze durchgeführt worden ist), brachte den deutschsprachigen Südtirolern ganz entscheidende Verbesserungen ihrer Lage durch umfangreiche Erweiterung ihrer administrativen, kulturellen und wirtschaftlichen Rechte. Eine der wichtigsten Bestimmungen, die völlig neue Verhältnisse schuf, ist die Bestimmung des ethnischen Proporzes. Sie besagt, daß die Stellen im öffentlichen Dienst nach sprachlicher Zugehörigkeit vergeben werden. Jede der drei Sprachgruppen erhält je nach ihrem Prozentanteil an der Gesamtbevölkerung Stellen reserviert. Jede neu auszuschreibende Stelle wird nach einem genau festgelegten Fahrplan entweder als »italienische«, »deutsche« oder »ladinische« Stelle ausgeschrieben und darf nur von einem Angehörigen der entsprechenden Gruppe besetzt werden. Findet sich keiner, ist es unmöglich, sie durch den Angehörigen einer anderen Gruppe zu besetzen. Sie muß solange offen bleiben, bis sich einer findet. Es gibt allerdings eine Möglichkeit, dieses Gesetz zu unterlaufen: Man kann seine Zugehörigkeit ändern, sich zum Beispiel als Deutschsprachiger deklarieren, auch wenn man in einer italienischen Familie aufgewachsen ist und Deutsch bestenfalls als Zweitsprache spricht. Dies ist jedoch nur für Zuwanderer möglich, denn die Einheimischen mußten sich 1981 offiziell zu einer Gruppe bekennen. Vor allem Italiener, die derzeit auf dem Stellenmarkt größere Schwierigkeiten als Südtiroler haben (als Folge des Proporzgesetzes) und auch mehr Interesse an staatlicher Anstellung zeigen (Südtiroler verdienen mehr im Fremdenverkehr und in anderen Sektoren der privaten Wirtschaft), bekennen sich als Deutschsprachige, um Proporzstellen zu erlangen. Typisch für die Situation ist folgender Zeitungsbericht (aus: Alternative, 4. Jg., Nr. 1, 10. 1. 1985, S. 2):

»Ausgetragen wurde der Wettkampf unter Angehörigen der italienischen Sprachgruppe, um einen Primarposten zu besetzen, der laut Proporz von einem deutschsprachigen Arzt hätte besetzt werden sollen.

1. Akt: eine Primarstelle im Bozner Krankenhaus wird frei.
2. Akt: die Stelle ist laut ethnischem Proporz einem Ladiner vorbehalten. Es gibt aber keinen ladinischen Arzt, der sich um die Stelle bewerben könnte.
3. Akt: die Stelle wird für einen deutschsprachigen Bewerber weitergereicht. Aber auch da meldet sich keiner.
4. Akt: zwei italienischsprachige Ärzte haben die beruflichen Voraussetzungen, aber die falsche Sprachgruppe, um die Stelle zu besetzen. Davon ist der eine beruflich und karrieremäßig deutlich im Vorsprung. Er hat das Pech, bereits 1981 in Südtirol gewohnt zu haben. Damals hat er erklärt, der italienischen Sprachgruppe anzugehören, und daran läßt sich nun nichts mehr ändern.
5. Akt: der andere italienischsprachige Arzt ist zwar jünger und unerfahrener, er hat aber das Glück, bis vor kurzem in der Lombardei gewohnt zu haben. Deshalb hat er als Zugezogener keine Probleme zu erklären, der deutschen Volksgruppe anzugehören, zumal er ein bißchen Deutsch kann. Als deutscher Lombarde hat er nun das Spiel dank des ethnischen Proporzes gewonnen.«

In unserem Zusammenhang geht es um die Schule. Die Autonomiebestimmungen verfügen, daß alle Sprachgruppen eigene Schulen haben, aber jede Schule verpflichtet ist, die Sprache der jeweils anderen Sprachgruppe als Zweitsprache zu lehren. Der Schulunterricht in der Zweitsprache soll für die Zweisprachigkeit in der Gesellschaft qualifizieren. Sie ist für Bewerber um öffentliche Stellen unerläßlich und wird auch von Bewerbern um Stellen in der Privatwirtschaft verlangt. Nachgewiesen wird sie (bei Bewerbungen um Staats- und Landesstellen) durch das Bestehen einer Zweisprachigkeitsprüfung. Nur wer diese Prüfung absolviert hat, kommt als Bewerber in Betracht.

Die Italiener in Südtirol

Die Geschichte der italienischen Bewohner Südtirols ist fast so schwierig rekonstruierbar wie die der deutschsprachigen. Heute sind drei Gruppen unter der italienischen Bevölkerung unterscheidbar: eine alteingesessene, die schon seit vielen Generationen hier lebt, eine seit zwei oder drei Generationen hier lebende und eine erst vor kurzem zugezogene. Die erste Gruppe: Landarbeiter im Unterland, Eisenbahner auf der Brennerstrecke, Kaufleute in Bozen. Sie waren immer in der Bevölkerung integriert, gehörten seit jeher zum »Wir-Begriff« der Einheimischen. Die alte Tiroler Identität war ein regionales, supranationales Selbstverständnis, man war eine Gemeinschaft mit drei Sprachen.

Die zweite Gruppe: Lehrer, Carabinieri, Finanzer, Beamte, Industriearbeiter und industrielles Management. Sie kamen mit dem italienischen Verwaltungs- und Justizsystem, mit der totalen Änderung des Schulsystems und vor allem mit der Schaffung der Bozner Industriezone. Da im faschistischen Italien die Auswanderung verboten war, zogen viele Menschen aus dem Süden nach Norden, in die Provinz Bozen. Bozen wurde eine Art »melting pot« für Italiener verschiedener Regionen. Sie hatten ihre Heimat, die ihnen vertraute Färbung ihrer Sprache, die alltägliche Lebensform verlassen, waren nun Fremde im eigenen Staat, ohne verwandtschaftliche Bande, entwurzelt, isoliert, der vertrauten Kommunikationsformen beraubt. Um sich mit den anderen italienischen Mitbürgern verständigen zu können, mußten sie sich der italienischen Hochsprache bedienen. Die gesellschaftliche Lage dieser Gruppe schwankte ständig zwischen Sicherheit und Bedrohung. 1939, als die Option die endgültige Italianisierung Südtirols besiegeln sollte, fühlten sie ihre ökonomische und soziale Existenz gesichert. 1943, als die Nazis kamen, war ihr Leben bedroht. 1945, nach der Niederlage Nazideutschlands, gewannen sie neue Zuversicht, bis die Südtiroler Volkspartei das »Los von Trient« proklamierte (die Trennung der neugeschaffenen Region Trentino-Alto Adige) und 1961 die Bomben der Terroristen krachten, deren erklärtes Ziel es war, die Italiener aus dem Land zu bomben.

Die dritte Gruppe der Italiener ist relativ klein, fast vernachlässigenswert. Heute geht die Tendenz in die andere Richtung: Ziemlich viele junge Italiener verlassen die Provinz Bozen Richtung Süden, weil sie aufgrund des neuen Autonomiestatus mit dem ethnischen Proporz keine Arbeit in Südtirol finden können.

Für die meisten Italiener gilt, daß sie in Südtirol ein neues Heimatgefühl zu entwickeln begonnen haben. Sie betrachten dieses Land nicht als kolonialen Besitz, den man nur zum Zweck der Ausbeutung aufsucht, um den zusammengerafften Reichtum außer Landes zu transportieren, sondern sie haben zur Landschaft, zur Kultur und zur Geschichte dieses Landes ein positives Verhältnis. Man könnte es als ethnographisches Interesse beschreiben, das die Gegenstände der vorgefundenen Alltagskultur mit aufmerksamer, sympathisierender Wahrnehmung registriert. Allerdings wird den Italienern in Südtirol dieses Heimischwerden durch die Angehörigen der deutschen Sprachgruppe bzw. deren politische Vertreter nicht erleichtert. Die Politik der deutschsprachigen Südtiroler ist bis Ende der achtziger Jahre auf Segregation gegangen. Sie wollte die italienischsprachigen Menschen auf Distanz halten. Es sollte ihnen so schwer wie möglich gemacht werden, für immer in Südtirol zu bleiben. Dank des ungeheuren ökonomischen Aufschwunges, den die deutschsprachigen Südtiroler in den letzten zwanzig Jahren genommen haben (das Land wurde total dem Fremdenverkehr erschlossen; davon profitiert haben die Grund- und Hausbesitzer, vor allem deutschsprachige Südtiroler), befinden sie sich derzeit in einer Stellung materieller Überlegenheit. Sie drehten nun den Spieß um und revanchierten sich bei den Italienern für die während des Faschismus erlittenen nationalen Demütigungen, indem sie sich der italienischsprachigen Bevölkerung gegenüber herrschaftlich verhielten. Die Auswirkung: Die Neofaschisten wurden zur stärksten italienischen Partei. Seit wenigen Jahren jedoch, seit einem Generationswechsel an der Spitze der Südtiroler Volkspartei, scheinen neue Wege der versöhnlichen Annäherung gesucht zu werden.

Die Minderheitensituation in Kärnten

Ähnlich wie die deutschsprachigen Südtiroler, waren die slowenischsprachigen Kärntner die ersten Siedler auf dem Territorium, das heute von zwei Volksgruppen bewohnt wird. Aber in Kärnten geht das Nebeneinander viel weiter zurück als in Südtirol - bis ins frühe Mittelalter.

Ein wesentlicher Unterschied besteht in der sozialen Stellung der beiden Volksgruppen: Während die slowenische in Kärnten jahrhundertelang in Abhängigkeitsverhältnissen lebte, während sich ihre Angehörigen als Kleinbauern, Pächter, landwirtschaftliche Arbeiter und Knechte, heute als Arbeiter und abhängige Angestellte ernähren, war und ist die deutschsprachige Volksgruppe in Südtirol immer relativ unabhängig und frei, waren ihre Angehörigen selbständige Bauern, Gewerbetreibende und Handelsbürger in den Städten. Sie verfügten über Besitz und Bildung, waren daher nicht in ökonomischen und geistigen Abhängigkeitsverhältnissen. Das mag unter anderem auch erklären, warum die slowenische Volksgruppe in Kärnten ein schwaches, die deutschsprachige in Südtirol ein starkes Selbstbewußtsein entwickelt hat.

In beiden Ländern gab es nach dem Ersten Weltkrieg einschneidende politische Ereignisse, welche die Position beider Volksgruppen drastisch veränderten: In Kärnten war dies die Volksabstimmung, bei der sich die Mehrheit der slowenischsprachigen Kärntner für den Verbleib des Landes bei Österreich aussprach. Die Angst der deutschsprachigen Kärntner, Jugoslawien könne jemals wieder Anspruch auf dieses Land erheben, war so groß, daß sich viele vor den Karren der deutschnationalen Politik spannen ließen. Diese zielte darauf, Assimilation der slowenischsprachigen Kärntner mit allen Mitteln zu erzwingen; Assimilation war im Bewußtsein des kleinen Mannes Garantie für sichere Grenzen, in der nationalsozialistischen Expansionspolitik jedoch die strategische Sicherung eines Aufmarschplatzes gegen den Balkan. Die Angst der kleinen Leute wurde für die Eroberungsabsichten des Nationalsozialismus so clever ausgebeutet, daß selbst viele Slowenen sich mit dem Aggressor zu identifizieren begannen: Sie wollten nicht mehr Slowenen sein, sondern »Deutschkärntner«, um mit diesem Loyalitätsbeweis soziale Zugehörigkeit und wirtschaftlichen bzw. beruflichen Aufstieg zu sichern.

In Südtirol entwickelte sich die Lage, wie wir gesehen haben, ganz anders. Dort wurde, wie oben beschrieben, eine noch viel gewalttätigere Vereinnahmungspolitik betrieben, jedoch mit gegenteiligem Erfolg: Je penetranter die Italianisierung, desto vehementer der Widerstand der Südtiroler.

Am gefährlichsten war für beide Minderheiten der Nationalsozialismus. In beiden Ländern wurden Aussiedlungsprogramme verfolgt, allerdings mit unterschiedlichem Ziel: die Südtiroler sollten das eroberte Land im Osten kolonisieren, die Slowenen dagegen wurden in Lager gesteckt. In Südtirol wurde zumindest der Schein von Freiwilligkeit bei der Durchführung des Aussiedlungsprogrammes gewahrt, in Kärnten dagegen herrschte die nackte Gewalt.

Die Minderheitenpolitik, welche Südtirol mit Unterstützung Österreichs nach dem Zweiten Weltkrieg betrieben hat, nämlich das Aushandeln von Autonomiebestimmungen mit klar definiertem Minderheitenschutz, war viel erfolgreicher als die slowenische Minderheitenpolitik, die bescheidener auftrat, weniger forderte, sich auf strikt demokratische Mittel beschränkte, sich aber nie wirklich gegen den ab dem Staatsvertrag immer lautstarker sich zu Wort meldenden Deutschnationalismus durchsetzen konnte. Während Südtirol auch ökonomisch immer stärker wurde, blieb Südkärnten, wirtschaftlich gesehen, ein strukturschwaches Gebiet, blieb der Großteil der slowenischsprachigen Bevölkerung vom wachsenden Wohlstand ausgeschlossen. Während, wie wir gesehen haben, in Südtirol derzeit der Assimilationsdruck von der deutschsprachigen Volksgruppe ausgeht, weil die Zugehörigkeit zu ihr Aufstieg und Wohlstand verspricht, wird die Lage in Kärnten für die Angehörigen der Minderheit nach wie vor von der Mehrheit bestimmt. Zugehörigkeit zu ihr bzw. Assimilation in ihre Richtung macht Leben und Karriere leichter. Dementsprechend nimmt die Zahl derer, die sich zur slowenischen Volksgruppe bekennen, ständig ab, in Südtirol jedoch nimmt zugleich die Zahl derer, die sich zur deutschen Sprache bekennen, ständig zu.

Die Schulpolitik der beiden Minderheiten ist von diesen

unterschiedlichen Entwicklungstendenzen geprägt. Während die slowenische Volksgruppe es für ihr Überleben unabdingbar hält, in der schulischen Sozialisation alle nur denkbaren Gemeinsamkeiten mit der deutschsprachigen Volksgruppe aufrechtzuerhalten, kann es sich die deutschsprachige Volksgruppe in Südtirol im Bewußtsein ihrer Stärke ohne weiteres leisten, sich im Bereich der Schule von der italienischen Volksgruppe zu distanzieren. Die Schulen in den ladinischen Tälern (Gadertal, Gröden) nehmen dabei eine Sonderstellung ein: Sie integrieren alle drei Sprachgruppen und lehren alle drei Sprachen.

Segregierte und integrierte Schule

In Südtirol gibt es also getrennte Schulen. Eine gemeinsame Erziehung der Volksgruppen findet nicht statt. Sie wird von deutschsprachiger Seite weniger gewünscht als von italienischer. Wenn der Vergleich zwischen dem segregierenden Südtiroler und dem integrierenden Südkärntner Schulwesen nun doch nicht ganz zu Ungunsten Südtirols ausfällt, hat dies sehr viel mit den einzelnen Durchführungsbestimmungen zu tun. Ich führe hier wichtige Charakteristika an:

- In Südtirol muß jedes Kind, gleich welcher Muttersprache, die andere Landessprache lernen. Es herrscht das territoriale Prinzip. In Südkärnten jedoch lernen nur jene Kinder die andere Landessprache, die eigens von ihren Eltern dafür angemeldet werden. Es herrscht das Bekenntnisprinzip. Während in Südtirol jeder Bewohner zumindest sechs Jahre lang intensiv die andere Landessprache lernen muß, lernen in Kärnten jene wenigen, die von den Eltern für die Zweitsprache angemeldet werden, diese oft nur vier Volksschuljahre lang.
- In Südtirol kann niemand sein Kind vom Zweitsprachunterricht abmelden, genausowenig wie er es vom Mathematikunterricht abmelden kann. Das Erlernen der zweiten Landessprache ist eine kulturelle Selbstverständlichkeit. Manche Eltern (vorwiegend Italiener) schicken

ihre Kinder in die Schule der anderen Volksgruppe, weil sie der Ansicht sind, daß die Muttersprache ohnehin zu Hause gelernt werde, der Besuch der anderssprachigen Schule jedoch einen besonders erfolgreichen Zweitspracherwerb garantiere.

- Es gibt in Südtirol Fälle, in denen nur eine einzige italienische (oder deutsche) Familie in einem rein deutschsprachigen (bzw. italienischsprachigen) Gebiet lebt. Wenn diese Familie ihr Kind nicht in die Schule der anderen Volksgruppe schicken will, kann sie vom Staat eine eigene Schule für ihr Kind fordern (dies geschieht in der Praxis tatsächlich, wie ich mich selbst überzeugen konnte). In Kärnten wird ein solches Kind in den Klassenverband integriert, erhält aber vom Lehrer (zumindest in den ersten drei Klassen) Slowenischunterricht während der regulären Unterrichtszeit. Die deutschsprachigen Schüler werden während dieser Zeit still beschäftigt. Dies ist weniger ein didaktisches Problem (obwohl dabei didaktische Schwierigkeiten auftreten können) als vielmehr ein psycho-soziales. Das zum Slowenischunterricht angemeldete Kind hat eine Sonderstellung in der Klasse, genießt mehr Lehrerzuwendung als alle anderen, muß sich oft von den anderen absondern. Daraus entwickeln sich manchmal Situationen, die nicht leicht zu bearbeiten sind.
- Interessant ist die ladinische Schule des Gadertals im dreisprachigen Südtirol. Dort gehen auch die Kinder deutscher und italienischer Muttersprache in die ladinische Schule. Es werden also Kinder aller drei Sprachgruppen miteinander erzogen - nicht aus prinzipiellen Erwägungen, sondern weil die Bewohner des Tales damit zufrieden sind, daß ihre Kinder die gemeinsame Schule besuchen. Die Erfahrungen mit dieser integrierenden Schule sind gut. Besser, so behaupte ich, gestützt auf ein Konzept von »Sprache als sozialem Handeln«, als die Erfahrungen mit der getrennten Schule, die, trotz sehr aufwendiger didaktischer Anstrengungen relativ wenig Erfolg zeigt.
- Eine Schule des integrierenden Typs streben jene Südtiroler an, die aus gemischtsprachigen Familien stammen und sich weder ganz als Italiener noch ganz als Deutsche identifizieren wollen, sondern eine bikulturelle Identität

entwickelt haben. Doch eine solche Neuentwicklung wurde bis vor kurzem von den Chefideologen der herrschenden Partei als »Mischkultur« diffamiert. Mischkultur, so die bis Ende der achtziger Jahre gültige Doktrin der Südtiroler Volkspartei, sei schlecht und abträglich für die gesunde Entwicklung der Volksgruppe. Es scheint, daß sich diese Kulturpolitik, der letztlich immer noch die Angst vor der faschistischen Sprachunterdrückung in den Knochen steckt, dem Aggressor, den sie bekämpft, manchmal bedenklich genähert hat. Die Propagandisten der Schultrennung in Kärnten vertreten eine ähnliche Ideologie der Reinheit. Sie halten den gemeinsamen Unterricht von slowenisch- und deutschsprachigen Kindern für einen Nachteil. Während in Kärnten die Novellierung des Minderheitenschulgesetzes im Jahre 1988 Momente von Segregation in das integrierte Schulwesen eingeführt haben, scheint sich in Südtirol nunmehr jedoch eine Tendenz zu etwas mehr Integration anzudeuten.

Die Südtiroler Schule – Vorbild für Südkärnten?

Das Südtiroler Schulwesen wurde in letzter Zeit oft zitiert: entweder als Vorbild oder als Zerrbild zweisprachiger Schule. Meist hörte oder las man aber nur unvollständige Informationen. Vor allem beschränkte sich die Kärntner Diskussion auf den Hinweis, daß die Südtiroler Schule nach Volksgruppen getrennt sei. Das ist richtig. Aber es ist nur eine Seite der Medaille. Um das Südtiroler Schulwesen richtig zu beurteilen, um einzuschätzen, ob es sich als Vorbild für das zweisprachige Südkärntner Schulwesen eignet, sollte man doch ein bißchen mehr wissen. Als Kenner der Südtiroler Schule (seit fünfzehn Jahren betreibe ich dort Lehrerfortbildung, seit sechs Jahren bilde ich im Auftrag der Landesregierung die Zweitsprachlehrer fort) möchte ich einige wichtige zusätzliche Informationen nachliefern, die in den Diskussionen und Polemiken nie genannt werden. Sie sollen den Lesern bei der Überlegung helfen, ob und inwiefern die Kärntner Schule von der Südtiroler Schule Impulse empfangen kann. In Kürze das Wichtigste:

1. In Südtirol muß jedes Kind, gleich welcher Muttersprache, sowohl Deutsch als auch Italienisch lernen.
2. Eine Abmeldung in der zweiten Sprache ist unmöglich.
3. Wer will, kann sein Kind in die Schule der anderen Volksgruppe schicken.
4. Es gibt Fälle, in denen nur eine einzige italienische (bzw. deutsche) Familie in einem deutschsprachigen (bzw. italienischsprachigen) Gebiet lebt. Wenn diese Familie ihr Kind nicht in die Schule der anderen Volksgruppe schicken will, kann sie vom Staat eine eigene Schule für ihr Kind fordern. (Unter den von mir fortzubildenden LehrerInnen kenne ich derzeit zwei, die an einer »Ein-Kind-Schule arbeiten.)
5. In den beiden ladinischsprachigen Tälern (Gadertal und Grödental) ist die Schule zwar dem Recht nach mutter-

sprachlich getrennt, in der Praxis gehen jedoch, zumindest im Gadertal, die Kinder aller drei Volksgruppen in die ladinische Schule. Sie wachsen also mit drei Sprachen auf.

6. Im Unterschied zu Kärnten sind die Angehörigen des Mehrheitsvolkes, also die Italiener, sehr daran interessiert, die Sprache der Minderheit zu erlernen.
7. Die Verhältnisse in Südtirol haben sich in den letzten 60 Jahren drastisch gewandelt. Zuerst fühlten sich die Italiener als Kolonisatoren der deutsch- und ladinischsprachigen Minderheit. Sie wollten mit Gewalt die alleinige Gültigkeit der italienischen Sprache erzwingen. In einer zweiten Phase, nach dem 2. Weltkrieg, wurde der Zwang zur alleinigen Benützung der italienischen Sprache stark gelockert. Die deutsche Sprache wurde in vielen öffentlichen Bereichen akzeptiert. Aber die Italiener als Vertreter des Mehrheitsvolkes verachteten weiterhin alles, was deutsch war, und fühlten sich überlegen. Sie weigerten sich, die Sprache der Minderheit zu lernen. Erst nach massiven politischen Interventionen Österreichs änderte sich sehr vieles in Südtirol. Die Provinz Bozen erhielt das Autonomiestatut. Seit Anfang der siebziger Jahre werden die Bestimmungen dieses Statuts erfüllt. Sie sehen unter anderem vor, daß nur mehr solche Personen eine öffentliche Anstellung erhalten, die nachweislich beide Sprachen in Wort und Schrift beherrschen. Die Italiener begannen nun, fieberhaft Deutsch zu lernen, weil sie um ihre beruflichen und ökonomischen Chancen bangten. Heute ist es so, daß die italienischsprachigen Bewohner Südtirols die zweite Landessprache nicht nur in der Schule, sondern auch in Privatkursen lernen. Sie drängen sich zum Teil in teure private Sprachschulen, um das nachzuholen, was sie früher versäumt hatten. Von offizieller Seite her sorgt das Landesamt für Kultur und Unterricht dafür, daß die Lehrer der zweiten Sprache aufs beste für ihre schwierige und verantwortungsvolle Arbeit vorbereitet und weitergebildet werden. Es veranstaltet jedes Jahr einige mehrtägige Seminare, die von Teams der Universitäten Innsbruck und Klagenfurt durchgeführt werden. Die Bekehrung der ehemals so vorurteilsvollen und

deutschfeindlichen Italiener zur Zweisprachigkeit kommt vielen Kennern der Lage in Südtirol erstaunlich vor; auch dann, wenn es gelegentlich zum Wiederaufleben faschistischer Relikte kommt. Natürlich hängt sie mit der neuen Gesetzeslage zusammen, die nur mehr solchen Menschen Chancen zu beruflichem Fortkommen bietet, die perfekt zweisprachig sind. Aber sie hat auch damit zu tun, daß von seiten der italienischen Schuladministration den italienischsprachigen Kindern die lokale Südtiroler Kultur immer wieder als interessant, wertvoll und liebenswert vorgestellt wird.

8. Besonderer Erwähnung wert ist die Entwicklung der ladinischen Schulen. Wie erwähnt, sind sie dreisprachig, und zwar schon in der Volksschule. Dem Gesetz nach wurden sie für die ladinischsprachige Volksgruppe eingerichtet. In der Praxis werden diese Schulen jedoch (vor allem im Gadertal) von den Angehörigen aller drei Sprachgruppen besucht (im Grödnertal gilt das nur mit Einschränkungen).
9. Was sagen die Südtiroler zur zweisprachigen Schule in Kärnten? Ich zitiere aus der einzigen deutschsprachigen Südtiroler Tageszeitung, den »Dolomiten«, dem inoffiziellen Sprachrohr der regierenden Südtiroler Volkspartei: Unter dem Titel »Zum Schulvolksbegehren in Kärnten« steht dort in der Nr. 207 vom Freitag, dem 7. September 1984: »Man muß sich die besondere Lage der seit Jahrhunderten sich verminderten slowenischen Volksgruppe vor Augen halten: Es ist eine seit der Jahrhundertwende von fast zwanzig Prozent auf knapp drei Prozent der Landesbevölkerung zurückgegangene Volksgruppe ... Infolge der starken Streulage und der Minderheitensituation halten die Kärntner Slowenen zur Aufrechterhaltung ihres Bestehens die traditionelle utraquistische Schule, welche ihnen den Unterricht und die Ausbildung in der deutschen und in ihrer slowenischen Muttersprache sichert - was eine rein slowenische Schule nicht vermochte -, für notwendig ... Man soll keine Vergleiche mit Südtirol anstellen, da die Lage hier ganz anders als in Kärnten ist.« Dieses Zitat beweist, daß die Südtiroler wissen, was in Kärnten los ist, und daß sie sehr genau wissen, daß die

Situation der beiden Minderheiten verschieden ist und daher verschiedener Lösungen bedarf: Was für Südtirol gut ist, ist - wegen der besonderen Umstände hierzulande - für die Kärntner Slowenen schlecht. Wir in Kärnten sollten Südtiroler Verhältnisse nicht kopieren, denn die Lage unserer Minderheit ist anders. Aber wir können trotzdem von Südtirol sehr viel lernen: daß nämlich die Minderheit selbst entscheiden muß, was für sie gut ist. Etwas darf uns optimistisch stimmen: daß durch eine vernünftige, auf die Bedürfnisse der Minderheit abgestimmte Politik auch das Mehrheitsvolk seine ablehnende Einstellung ändern und der Minderheit gegenüber aufgeschlossen, interessiert und lernbereit werden kann. Das Beispiel Südtirol zeigt es.

BILDUNGSARBEIT IN KÄRNTENS ZWEISPRACHIGER REGION

Interkulturelle Bildungsarbeit in Kärntens zweisprachiger Region

Skizze einer interkulturellen Erwachsenendidaktik

Interkulturelle Didaktik im Rahmen der Bildungsarbeit mit autochthonen Volksgruppen, so kann in einem ersten Anlauf formuliert werden, ist der Versuch, die notwendigen Identitätskonflikte, die beim Zusammenleben von Menschen aus verschiedenen Kulturen entstehen müssen, wahrnehmbar, thematisierbar, und bearbeitbar zu machen; und zwar in einer Lernorganisation, die von allen Beteiligten mitgeplant und mitverändert werden kann. Im folgenden soll diese vorläufige Definition am Beispiel von Projekterfahrungen (vgl. Boeckmann/Brunner/Egger/Gombos/Juriç/Larcher 1988) theoretisch und praktisch ausdifferenziert werden.

Die Adressaten

In unserem grundlagentheoretischen Projekt »Zweisprachigkeit und Identität« haben wir anhand einer empirischen Studie der psycho-sozialen Situation zweisprachig sozialisierter Menschen in Südkärnten wichtige Einblicke gewonnen. In der knappest möglichen Fassung, die eine Auseinandersetzung mit dem Projektbericht nicht ersparen kann, sei hier auf folgende Ergebnisse verwiesen (vgl. Boeckmann/Brunner/Egger/Gombos/Juriç/Larcher 1988):

- Die Menschen in der Region haben unterschiedliche Identitätsmuster entwickelt. Wir haben versucht, diese Identitätsmuster idealtypisch zu beschreiben. In unserer Studie zu »Zweisprachigkeit und Identität« bezeichnen wir sie als »Identitätstypen«.

- Diese »Identitätstypen« (wir haben fünf festgestellt) beeinflussen die Beziehung ihrer Mitglieder zur individuellen und kollektiven Geschichte. Sie wirken auch auf die Gegenwartsdefinitionen ein. Sie erschweren das Entwickeln einer Differenzierung zwischen Ich und Gruppe.
- Jede dieser Identitätstypen manifestiert sich vor allem in Sprachregelungen, die Einfluß darauf haben, was zum Diskurs zugelassen und was ausgeschlossen wird. Die Sprachregelungen lassen sich am besten mit Lorenzers Klischeebegriff verdeutlichen (vgl. Lorenzer 1973). Sie enthalten Fremd- und Feindbilder, Stereotype und rituelle Formeln, die vor allem Konfliktgespräche im Identitätsbereich so starr programmieren, daß deren Verlauf für jeden Kenner der Sprachmuster prognostizierbar wird.
- Diese Identitätstypen sind aus historisch-gesellschaftlichen Konstellationen entstanden, die sich voneinander unterscheiden.
- Es gibt einen fatalen Zusammenhang zwischen erlittenen Demütigungen und dem unbewußten Bedürfnis, Demütigung zuzufügen. Dies wirkt sich in der Beziehung zwischen den Angehörigen der verschiedenen Identitätstypen aus, aber auch in der Beziehung zwischen den Geschlechtern. Vor allem Frauen sind die Leidtragenden dieses undurchschauten Mechanismus (vgl. vor allem Juriç in: Boeckmann/Brunner/Egger/Gombos/Juriç/Larcher 1988).
- Vielfache Ängste beherrschen die »Angehörigen« der verschiedenen Identitätstypen. Die größte dieser Ängste ist jene vor der Wiederkehr des Verdrängten - die einem immer dann begegnet, wenn man mit dem »Angehörigen« eines anderen Identitätstyps in ein Konfliktgespräch verwickelt wird.
- Nicht nur die Entwicklung individueller Identität, sondern auch die kollektive Orientierung fällt schwer, da größere historisch-gesellschaftliche Zusammenhänge weitgehend verschüttet sind.
- Die moderne Identitätskonzeption einer Ich-Identität, die in universalistischen Strukturen gebildet wird, läßt sich

nicht so leicht ausmachen. Eher gilt hier jene Identitätsdifferenzierung, in der Gruppenidentität vor allem durch Abgrenzung nach außen und innen hergestellt wird.

Wie im folgenden noch genauer gezeigt wird, sind die Adressaten des hier gemeinten Interkulturellen Lernens vor allem jene Personen, die ihre Identität nach den oben geschilderten Mustern ausbilden.

Die Rolle der Sprache

Zunächst ist festzuhalten, daß es zwei Sprachen gibt. Wir wollen hier begrifflich insoferne darauf Rücksicht nehmen, als wir auf die beiden unterschiedlichen Sprachen, das Deutsche und das Slowenische, mit dem Begriff »Code« Bezug nehmen; Sprache als symbolisches Medium, also den Überbegriff, der den einen und den anderen Code einschließt, wollen wir als »Sprache« bezeichnen. Dadurch wird es möglich, wichtige Unterschiede und Gegensätze herauszuarbeiten.

- »Sprache« hat wenig Bedeutung, »Code« dagegen überragende. Das grundlegende Vertrauen auf »Sprache« als Medium des Aushandelns von Deutungen und Beziehungen scheint gering zu sein. Im Gegenteil, was dem Individuum und der Gruppe wichtig ist, sollte eher ungesagt bleiben. Es gilt als »privat«. Ringels Analyse der »Kärntner Seele« scheint gerade in diesem Punkt falsch zu sein, behauptet er doch, die Kärntner würden im Unterschied zu den übrigen Österreichern ihren Gefühlen sprachlichen Ausdruck geben. Das Gegenteil ist der Fall. Es gibt freilich - und das macht die Analyse schwierig - eine Art verhüllende Sprache, die mit Geschwätzigkeit verdeckt, was zu sagen wäre: in dieser Sprache gibt es eine stereotype Schilderung positiver, heiter-gemütlicher Gefühlslagen. Geschwätzigkeit verbirgt eine fundamentale Sprachlosigkeit. Unter dieser Sprachlosigkeit aber scheinen viele zu leiden.
- Der »Code« dagegen ist der Identitätsaufhänger schlecht-

hin, und zwar unabhängig vom Inhalt, den er ausdrückt. Die Wahl des »Codes« ist der Bekenntnisakt par excellence. Er ist das Banner, unter dem man sich versammelt. Er markiert die Grenzen, er ist das Siegel der Zugehörigkeit. Für den »Code« streitet man, als ginge es ums eigene Leben. Oder man streitet für die Freiheit, nach eigenem Belieben den einen oder anderen »Code« benützen zu dürfen - und zwar in der Öffentlichkeit.

- »Sprache« besteht aus einem Formelvorrat zur Bewältigung standardisierter sozialer Situationen. Wer in einer bestimmten Situation was zu wem sagt, ist prognostizierbar. Die »Sprache« ist zum Ritual geworden, das die Außenwelt und die Innenwelt reguliert. Handke hat in seinem Roman »Wunschloses Unglück« mit großer Präzision beschrieben, wie das Alltagsleben, das Denken und die Gefühle der Menschen von diesen Sprachritualen bestimmt werden. Dies gilt für beide »Codes«.
- Der »Code« wird geliebt. Aber oft ist dies eine unglückliche Liebe zu etwas, das man nicht wirklich kennt, das einem äußerlich bleibt. Vor allem dann, wenn man aus irgendeinem Grund den »Code« gewechselt hat und seinen ursprünglichen »Code«, aus welchen Gründen auch immer, verdrängt. Man findet sich im neuen »Code«, den man unbedingt sprechen will, schlecht zurecht - so schlecht, daß man ihn nur oberflächlich beherrscht, während sich in tieferen Schichten immer wieder Interferenzen aus dem Herkunfts-»Code« durchsetzen und zu strukturellen, semantischen und prosodischen Veränderungen des neuen »Codes« führen. Obwohl man also den »Code« der eigenen sprachlichen Sozialisation verdrängen möchte, kehrt er ständig wieder und verrät, was man verbirgt. Als Assimilierter oder Assimilant gerät man leicht in die Double-bind-Situation, daß man das, was man liebt, meiden muß, um sich nicht ständig zu verraten als jemand, der doch nicht ganz dazugehört.
- »Sprache« dient der Ausgrenzung, »Code« dient der Ausgrenzung. »Sprache« ist wenig erfahrungsdurchlässig, eher hermetisch dicht gegen Neues, Irritierendes, Fremdes. Sie bestätigt mit ihren Formeln immer aufs neue, daß die Welt ist, wie sie ist. »Code« ist die Kennmarke,

in der dieses Alltagswissen formuliert vorliegt. Derselbe Inhalt, auf einer anderen Kennmarke codiert, gilt plötzlich nicht mehr als Zeichen der Zugehörigkeit, sondern des bedrohlichen Andersseins.

In einer solchen sprachlichen Situation ist sozial-kommunikatives Handeln schwierig. Was immer die friedenspädagogisch orientierte Sprachdidaktik anstrebt - sprachliches Probehandeln, spielerischen Umgang mit Sprache, Thematisierung von Gefühlen, Beziehungen, Konflikten; differenziertes sprachliches Wahrnehmen der Innen- und Außenwelt; kurz: Vertrauen zur Sprache als wichtigstes Medium des sozialen Handelns -, all dies trifft hier auf denkbar ungünstige Voraussetzungen. Vor allem Konflikte sollen in diesem Verständnis womöglich nicht sprachlich ausgetragen werden.

Was heißt und wem nützt »Interkulturelles Lernen« unter diesen Bedingungen?

Interkulturelles Lernen, so wollen wir nochmals festhalten, soll in diesem speziellen Zusammenhang als Arbeit an individueller und kollektiver Identität verstanden werden; insbesondere aber als Auseinandersetzung mit jenen Identitätskonflikten, die beim Aufeinanderprallen unterschiedlicher kollektiver Bezugssysteme erwachsen.

In Kärnten gibt es täglich die Konfrontation zwischen Angehörigen unterschiedlicher Identitätstypen. Es ist nicht unser Anliegen, in diese Konfrontation didaktisierend einzugreifen. Uns geht es vielmehr darum, jenseits dieser Konfrontation Schonräume auszumachen, in denen alternative Realitäts- und Identitätsentwürfe probehandelnd durchgespielt werden können. Dies heißt vor allem, daß didaktisch geplante und organisierte Konflikte zwischen Menschen mit unterschiedlichen Identitätsorientierungen ausgetragen werden sollen, und zwar mit dem Ziel, eine Kommunikationskultur zu entwickeln. Lernsituationen und Forschungslaboratorium werden hier eins, denn hier findet soziales Lernen unter Bedingungen statt, die zwar die Komplexität der Realsituation reduzieren, die aber nicht garantieren, daß in einem völlig durchgeplanten Lehrgang im voraus definierte Ziele erreicht werden, sondern die offen für Unerwartetes, Neues, nicht Domestiziertes sind, die Lehrende und Lernende gleichermaßen dazu verpflichten, für Erfahrungen offen zu sein, die nicht geplant waren, sondern sich im Verlauf der Konfliktdiskussion ergeben. Es geht letztlich darum, wie Stumann (1986, S. 219) formuliert, »aus konkreten Erfahrungen mit Menschen einer anderen Kultur in Konfliktdiskussionen Erkenntnisse zu gewinnen«.

Doch wer sind diese anderen? Hier gilt es zu differenzieren. In unseren bisherigen Veranstaltungen handelte es sich meistens um zweisprachig sozialisierte Personen, die aufgrund unterschiedlicher sozio-ökonomischer und sozio-kultureller Bedingungen mit ihrer Zweisprachigkeit unterschiedlich, sei es verdrängend, sei es akzeptierend, sei es militant, umgegangen sind und dadurch unterschiedliche Identitätstypen repräsentieren - also Repräsentanten jener kollektiven Identitäten, die in einem Konfrontationsverhältnis zueinander existieren und ihr Selbstbewußtsein durch die Differenz zu den je anderen erlangen, die also, trotz aller Abneigung, wesentlich aufeinander angewiesen sind, um überhaupt Identität zu haben.

In den von uns gestalteten Seminaren haben wir versucht, sie miteinander ins Gespräch zu bringen, und zwar vermittelt über Vorgaben, die von unserem Forschungsteam kamen. Wir referierten die Ergebnisse unserer Studie zur psychosozialen Lage der Menschen in Südkärnten. Diese Forschungsergebnisse enthielten viele neue und ungewohnte Sichtweisen, was oft zur Folge hatte, daß die alterprobten Klischeereaktionen auf Äußerungen zum Volksgruppenkonflikt unbrauchbar waren, daß also die sprachlichen Rituale als Abwehrmaßnahmen gegenüber Neuem versagten. Es entwickelte sich, wenn auch zögernd und unsicher, ein Ansatz zu neuem Sprechen über das alte Thema. Selbst solche scheinbar kleinen Durchbrüche hatten manchmal erstaunliche Folgen - daß z. B. eine etwa vierzigjährige Frau während ihrer Wortmeldung ins Weinen geriet; daß z. B. eine alte Heimatdienst-Kämpferin am nächsten Tag beim Forschungsteam anrief und fragte, ob wir an ihrem Heimatort auch eine ähnliche Veranstaltung machen könnten. Wir werteten dies als Anzeichen, daß das Gespräch offenbar erstarrte Identitätsdefinitionen ein wenig verflüssigen konnte.

Doch auch mit anderen Gruppen haben wir gearbeitet, vor allem mit Schulklassen und Studenten aus anderen Bundesländern, die im Rahmen von Projektveranstaltungen nach Kärnten kamen, um sich über die Lage der Kärntner Slowenen zu informieren. Solche Seminare, deren längstes fünf Tage dauerte (Berliner Studenten), sind im Grunde relativ problemlos, da sie den Lernenden nicht zumuten, ihre eigene Identität in Frage zu stellen. Sie fordern ihnen »lediglich« das kurzfristige Einlassen auf eine andere Kultur ab. Sie wissen von Anfang an, daß diese Erfahrung begrenzt ist und daß nach ihrer Konfrontation mit dem Anderen, dem Fremden, der Rückzug in das Eigene erfolgen wird. Ihre Identität steht nicht auf dem Spiel. Ihre Erfahrung gehört nicht zu jenem emphatischen Begriff von Interkulturellem Lernen, der hier gemeint ist.

Der eigentliche Konflikt, der bisher zum Motor der identitätsverunsichernden Auseinandersetzung geworden ist, hat sich im Grunde zwischen den Teilnehmern unserer Veranstaltungen, egal welchen Identitätstyps, und dem Team abgespielt. Wir waren jener Andere im Sinne der Psychoanalyse, der die quasi sprachlos funktionierende Verständigung der Menschen miteinander unterbrach und sie zur sprachlichen Auseinandersetzung mit ihrer Geschichte, mit ihrer gegenwärtigen Lage, mit ihren »Feinden« anhielt. Das Team als das andere. Eine andere Welt, die durch das Team repräsentiert wird. Auf jeden Fall eine Gruppe, die keineswegs die kulturellen Selbstverständlichkeiten teilt, die für alle Teilnehmer automatisiertes Routinewissen bedeutet, die aber doch ein Wissen über diese Inhalte besitzt, ein Wissen freilich, das sich durchaus vom eigenen und von dem der jeweils anderen unterscheidet; ein Wissen, das offenbar irritiert, dem man nicht mit der üblichen Abwehrformel gegenüber Wissenschaft - Theorie sei grau - begegnen kann, weil es tiefsitzende Punkte der eigenen Identitätsorganisation trifft. Das Team aber auch als Gruppe, die eine andere Beziehungskultur anregt. Es dürfte wohl kein Zufall sein, daß alle sechs Mitglieder des Teams zwar einerseits eine gemeinsame Sprachkultur repräsentieren, nämlich das Diskursmodell der Universität, aber trotzdem unterschiedlicher Herkunft sind (eine slowenischsprachige Kärntnerin, ein deutschsprachiger Kärntner, eine in Kärnten lebende Polin, ein ungarischsprachiger Wiener mit Wohnsitz in Kärnten, ein in Wien lebender Berliner mit nördlichem Akzent und österreichischer Staatsbürgerschaft und ein Tiroler, der seine Identität in den USA gefunden hat, aber auch in Kärnten lebt). Diesem Team gegenüber funktionieren die Abwehrmechanismen nicht, nicht einmal die Standardformel, daß nur gebürtige Kärntner zum Thema Volksgruppenkonflikt sprechen dürfen. Im Gegenteil, man scheint sich einzulassen: sowohl auf die neue Sicht des Konflikts als auch auf den neuen Stil der Auseinandersetzung.

Verallgemeinernd: Es dürfte wichtig sein, damit Interkulturelles Lernen als fruchtbarer Konflikt zwischen den Identitätsgruppen in Südkärnten erfolgen kann, daß es eine Instanz gibt, die jenseits der eingeschliffenen regionalen Sprach- und Konfliktrituale steht, aber zugleich von allen Beteiligten als »relevant other« anerkannt wird. Zum »relevant other« wird man, wie sich aufgrund unserer Erfahrungen vermuten läßt,

a) durch ein Wissen, das traditionelle Identität verunsichert, ohne zu verletzen,
b) durch einen Beziehungsstil, der traditionelle Sprachregelungen und Beziehungsregelungen kreativ durchbricht.

Und wem nützt dies? Auf keinen Fall nur einer Gruppe, etwa den bewußten Slowenen. Dieser Typ von Lernen ist eher so angelegt, daß alle Gruppierungen miteinander ins Gespräch kommen können, ohne sofort in die alten Positionen zu verfallen, die im Grunde nur camouflierte Sprachlosigkeit sind. Günstigstenfalls sind sie imstande, verhärtete und bösartig ausgrenzende Identitätsdefinitionen ein wenig zu lokkern und zu öffnen, vielleicht sogar so weit, daß das Fremde im Eigenen anerkannt wird; auf jeden Fall aber tragen sie zur Entwicklung einer »Konfliktkultur« bei, von der der Friedensforscher Galtung meint, sie sei »eine der stärksten Antriebskräfte unserer Existenz ... Ursache, Begleiterscheinung und Folge von Wandel, als ein Element, das für das gesellschaftliche Leben ebenso notwendig ist wie für das menschliche Leben die Luft« (Galtung 1975, S. 115). Galtung beruft sich auf Ghandi, dessen Überzeugung es war, daß ein Konflikt zwei Parteien keineswegs voneinander trennen sollte, sondern sie einen, weil sie ein Gemeinsames haben, nämlich die Inkompatibilität. Diese Inkompatibilität sollte jenes Band sein, das sie zusammenhält, weil ihre Schicksale durch diese Inkompatibilität verbunden sind. Ähnlich Heintel, der vom »notwendigen gegenseitigen Mißverstehen« (Heintel 1982, S. 310) in Mehrheits-Minderheitenkonflikten spricht, das es demokratisch zu organisieren gelte. Ein Zustand der Konfliktlosigkeit, darin scheint es weitgehend Konsens unter den Theoretikern zu geben, scheint überhaupt nicht erreichbar zu sein, weil er den menschlichen und gesellschaftlichen Grundbedürfnissen widerspricht (vgl. Galtung 1975, S. 116).

Didaktik im engeren Sinn

Nach dieser Auseinandersetzung mit dem sozialen, psychosozialen und kommunikativen Bedingungsgefüge der von uns favorisierten Didaktik soll nun auf didaktische Probleme im engeren Sinn Bezug genommen werden. Es geht also im folgenden darum, Leitvorstellungen, Perspektiven, Ziele, Inhalte, Verfahren von Lernprozessen zu präzisieren, die jenem Konzept von interkultureller Pädagogik mit friedenspädagogischer Intention entsprechen, von dem wir glauben, daß es für die Menschen der zweisprachigen Region Südkärntens Bedeutung hat.

Es dürfte nach den Ausführungen zum Bildungsbegriff und den Adressaten klar sein, daß für das von uns angesteuerte Lernen die subjektneutralen Konzepte der zweckrationalen Didaktik nicht in Frage kommen. Da hier Lernprozesse im Identitätsbereich angestrebt werden, muß sich die didaktische Planung an Modellen des offenen Lernens, des Projektlernens und der Handlungsforschung orientieren. Denn nur in diesen Entwürfen ist sichergestellt, daß die Teilnehmer mit ihren Erfahrungen im Mittelpunkt der didaktischen Arbeit stehen. Wie im folgenden noch genauer ausgeführt werden soll, geht es nicht um den Erwerb von Kompetenzen im Sinne von reproduktivem Verhalten, sondern um kritische Solidarität als kommunikatives Handeln und um Emanzipation als mündiges Subjektsein (vgl. dazu die Didaktik der kritischen Erziehungswissenschaft, vor allem Hoffmann 1978, S. 125 ff.). Diese in den vorhergehenden Abschnitten begründete Leitvorstellung kann sich nicht an einem didaktisch-technischen Effizienzdenken orientieren, das Qualifikationen für bestimmte Lebenssituationen erzeugt, sondern muß eine alternative Lernkultur entwickeln. Dauber hat in einer Auseinandersetzung mit Rogers, Illich, Freire und anderen Autoren Grundzüge einer solchen Lernkultur dem verschulten Lernen gegenübergestellt. Diese Opposition ist es wert, zitiert zu werden:

»Verschultes Lernen zeichnet sich durch folgende Merkmale aus:

a) Lernen wird verstanden als Speicherung intellektuellen Wissens.
b) Die institutionellen Bedingungen des Lernens schreiben eine zwangsweise verabreichte Belehrung in dafür geschaffenen Arrangements vor.
c) Die sozialen Bedingungen des Lernens führen zu gegenseitiger Konkurrenz und Unterwerfung unter fremde Autoritäten.
d) Der Einsatz von Lernverfahren dient der optimalen Steuerung des Lernverhaltens auf vorgegebene Ziele hin.

Die Merkmale entschulten Lernens können folgendermaßen bestimmt werden:

a) Lernen wird verstanden als umfassende persönliche Erfahrung
b) Lernen findet in der Eigenverantwortung der Lernenden statt, die freien Zugang und Verfügung über alle institutionellen, materiellen und personellen Hilfsmittel haben, derer sie zum Lernen bedürfen.
c) Lernen zeigt sich als dialogische Befreiung von Lehrer und Schüler und als gemeinsame Veränderung der Wirklichkeit.
d) Lernverfahren sind Hilfen zur selbständigen Definition und Lösung der Lernaufgaben durch die Lernenden, mit

dem Ziel, ein höheres Maß an Einsicht und Selbstbestimmung im eigenen Lernprozeß zu gewinnen« (Dauber 1976, S. 90).

Dauber weist aber darauf hin, daß bestimmte Bedingungen im Bereich der Inhalte, der Verfahren und der Lernorganisation vorliegen müssen, damit solche alternative Lernkulturen entstehen können. Er betont vor allem folgendes:

- daß die Lerninhalte integriert mit den persönlichen Relevanzstrukturen der Lernenden sein müssen;
- daß die lebensgeschichtlichen Erfahrungen der Teilnehmer in den Lernprozeß integriert werden müssen;
- daß nicht nur private Lerninteressen, sondern gemeinsame und öffentliche Erfahrungen bearbeitet und zu kollektiven Handlungsperspektiven und Veränderungsstrategien entwickelt werden müssen;
- daß die Rollenverteilung zwischen Lehrenden und Lernenden prinzipiell austauschbar und ständig miteinander verschränkt sein muß und daß es keine hierarchisch festgeschriebenen Statusunterschiede zwischen den Lernenden geben darf;
- daß die organisatorischen Bedingungen des Lernens nicht von einer Institution diktiert, sondern von den Lernenden selbst geregelt werden;
- daß alle zum Lernen notwendigen Ressourcen frei zugänglich und jedem Lernenden verfügbar sind (nach Dauber 1976, S. 91).

Diesen didaktischen Prinzipien alternativer Lernkultur ist zuzustimmen. Welche didaktischen Konsequenzen sind daraus für die von uns angestrebten interkulturellen Lernprozesse mit friedenspädagogischer Intention zu ziehen? Im wesentlichen folgende:

- Alles Planen, Organisieren, Intervenieren, Evaluieren muß von allen Beteiligten nach Möglichkeit gemeinsam vorgenommen werden. Wer immer die Initiative ergreift - in der Regel wird dieses wohl das Projektteam sein -, ist verpflichtet, sich tendenziell zurückzunehmen, sobald der Prozeß ins Laufen gekommen ist.
- Dies gilt auch für Ziele, Inhalte und Lernverfahren. Zwar ist es notwendig und legitim, Vorentwürfe zu entwickeln, mit denen erste Schritte des gemeinsamen Lernens vor-

bereitet und durchgeführt werden. Je weiter sich jedoch der Lernprozeß entwickelt, desto mehr wird es Angelegenheit aller Beteiligten, sich einzumischen und mitzubestimmen.

- Die Autorität der Lehrerrolle, die jenen anvertraut wird, die Inititativen ergreifen, um den Stein ins Rollen zu bringen, ist zunächst an eine Personengruppe gebunden, muß aber im Verlauf der gemeinsamen Arbeit an alle Beteiligten verteilt werden. Von einer personenbezogenen Autorität zu wechseln, sodaß Autorität zwar nicht verschwindet, sondern daß die wichtigen Autoritätsfunktionen (= kognitive Strukturierung des Lernprozesses, emotionaler Schutz für alle Beteiligten, Entwicklung eines sozial-kommunikativen Netzes, Aufbau einer dauerhaften Organisationsstruktur) von wenigen auf möglichst viele, wenn möglich alle Beteiligten verteilt werden.

Es handelt sich also um eine dialektische Didaktik, die etwas ist, was sie zugleich nicht ist; die mit Widersprüchen lebt, um sie für produktive Weiterentwicklung zu nützen.

Wenn im folgenden von Leitvorstellungen und Perspektiven, von Inhalten und Verfahren, von Planung und Organisationsstruktur die Rede ist, dann handelt es sich um Vorentwürfe, die notwendig zum Scheitern im Verlauf des gemeinsamen Lernprozesses verurteilt sind, die aber nichtsdestoweniger als revidierbarer Vorentwurf vorliegen müssen, damit der angestrebte Lernprozeß in Gang kommt.

Leitvorstellungen / Perspektiven / Ziele

Angestrebt wird die Liquidation des Ethnozentrismus im weitesten Sinn. Das heißt, die Überwindung des gruppenspezifischen Denkens, Fühlens, Verhaltens, das in anderen Gruppen abzuwehrende Feindlichkeit wähnt, ohne sich intensiv mit deren Kultur auseinanderzusetzen.

Positiv formuliert ist damit die Empathiefähigkeit mit dem Alltagsbewußtsein und der Alltagskultur anderer kultureller/sprachlicher Gruppierungen gemeint, also die Fähigkeit, sich in die psycho-soziale und sozio-kulturelle Lage der Angehörigen anderer kultureller/sprachlicher Gruppierungen einzufühlen.

Angestrebt wird aber auch eine Konfliktkultur. Damit ist die Fähigkeit gemeint, Konflikte nicht zu verdrängen, sondern zu akzeptieren, Konflikte nicht mit physischer, struktureller oder verbaler Gewalt, sondern durch kommunikatives Handeln zu bearbeiten; Konflikte nicht durch Kompromißbildung (à la Kuhhandel) oder durch rituelle bzw. institutionalisierte Lösungsmechanismen aus der Welt zu schaffen (vgl. dazu die kritischen Bemerkungen von Galtung 1975, S. 126 ff.), sondern dadurch zu bearbeiten, daß man Kontakt zum Gegner hält, anstatt ihm auszuweichen; daß man versucht, in einen Dialog mit ihm zu treten, anstatt sich von ihm zu isolieren oder ihn zu bekämpfen: daß man aus dem Schwarz-Weiß-Denken ausbricht, anstatt dem klischeehaften Konfliktdenken in Feindbildern nachzugeben; daß man die Koexistenz zweier widerstreitender Wirklichkeitsbilder im Bewußtsein zuläßt, daß man Ambivalenz zu ertragen lernt (vgl. Galtung 1975 S. 129 f.).

Zu diesen großen Perspektiven gehören aber auch Ziele im sprachlichen Bereich. Sie lassen sich als Abrücken von ritueller, dichotomisierender, klischeehafter Sprache negativ bezeichnen. Positiv formuliert, geht es darum, Sprache erfahrungshaltig, offen für äußere und innere Wahrnehmungen, spielerisch-probehandelnd und experimentierend anwenden zu lernen, auch das Vorläufige, Nicht-Approbierte, Ungewohnte zur Sprache kommen zu lassen, »laut zu denken«, sich stammelnd einer Erkenntnis anzunähern.

Was die Arbeit an Identität betrifft, so ist das wichtigste Ziel, die starr festgeschriebenen Selbstbilder der eigenen Gruppe zu verflüssigen, der Verhandlung und der Öffnung zugänglich zu machen, aber auch die Stereotype über die jeweils anderen, von denen man sich abgrenzt, um selbst Konturen zu gewinnen, in Frage zu stellen; das Fremde/Andere in sich selbst wahrzunehmen, ohne es gleich der Verdrängung anheim fallen zu lassen, gemeinsame historische Wurzeln der fremden und der eigenen Identität zu erkennen, aber auch das Trennende zu akzeptieren, ohne es zu verurteilen.

Inhalte

Die wichtigsten Inhalte, um die sich dieses Lernen dreht, lassen sich als Schlüsselbegriffe mit thematischer Ausstrahlung auflisten:

- Heimat
- Muttersprache
- Zweisprachigkeit
- Grenze, Fremdes, Feind
- Nation, Volk, Staat
- Identität
- kollektives Gedächtnis, Geschichtsbilder, Weltdeutungen
- Sozialer Wandel
- Assimilation
- Slowenisch - Windisch - Deutsch
- Minderheitenschutz
- Mehrheitsrechte und -pflichten.

Diese Liste ist offen für Ergänzungen. Es handelt sich um die in abstrakte Begrifflichkeit übersetzten Themen des Alltagsgespräches, der Alltagslektüre, der regionalen Politik.

Als Texte über diese Inhalte, die für das Interkulturelle Lernen in Südkärnten besonders geeignet sind, kommen vor allem in Betracht:

- Authentische Texte aus Tiefeninterviews mit Angehörigen der unterschiedlichen Identitätsgruppierungen.
- Literarische Texte, in denen die psycho-soziale Lage der Menschen in der Region beschrieben werden (z. B. Handke: Wunschloses Unglück; Voranc: Wildwüchslinge).
- Historische und sozialhistorische Studien, die neue Perspektiven auf die Landesgeschichte eröffnen (z. B. der sozialgeschichtliche Abschnitt des Projektberichtes »Zweisprachigkeit und Identität« - Boeckmann/Brunner/Egger/Gombos/Juriç/Larcher 1988).
- Sozialwissenschaftliche Analysen zur Volksgruppenproblematik in Kärnten und vergleichbaren Regionen (z. B. Burgenland, Südtirol).

Diese Inhalte lassen sich aber auch über Bilder, Filme, Musik ansprechen. Wichtig ist, daß die Inhalte zwar die Thematik des konflikthaften Kärntner Klimas aufgreifen, aber von den klischeehaften Wirklichkeitsdeutungen abweichen. Sie müssen neue, ungewohnte Sichtweisen auf das Altvertraute eröffnen.

Verfahrensweisen

Oberstes Prinzip muß sein, daß der »eigene Text« zur kritischen Sondierung kommt. Das bedeutet zunächst, daß alle Teilnehmer ihre Sicht der Thematik zur Sprache bringen, daß die den Inhalt vermittelnden Texte, Bilder, Referate etc. lediglich Katalysatoren für den im Diskurs selbst zu produzierenden Inhalt sind.

Das zweite Prinzip steht zum ersten in einem scheinbaren Widerspruch: Die Verfremdung ist die via regia zu den angestrebten Zielen. Nicht das direkte Ansprechen der eigentlichen interkulturellen Problematik führt zum Infragestellen der Identität, sondern das Beschreiben von Umwegen, das Spiel mit Masken, mit doppelten Böden, mit Janusköpfigkeit, der Verzicht auf Authentizität, der fremde Blick auf das Vertraute.

Das direkte und unvermittelte Ansprechen der konflikthaften Themen flößt Angst ein, nötigt Bekenntnisse und Loyalitätsbezeugungen ab, ruft die Abwehrmechanismen auf den Plan, behindert den Ausbruch aus den eingeschliffenen Sprachmustern. Es gilt das Paradoxon: Je unverbindlicher und spielerischer der Kontext, je größer die Selbstdistanz, desto größer die Chance, daß im verfremdenden Spiel neue Verbindlichkeiten erprobt werden - neue Konfliktformen, neue Lösungsversuche, neue Kommunikationsmodi, neue Selbst- und Fremddefinitionen.

Erst in einer fortgeschrittenen Phase des Lernprozesses ist es ratsam, vorsichtige Verknüpfungen zwischen dem Verfremdeten und dem »factum brutum«, der eigenen psychosozialen Lage zu thematisieren. Aber dies muß behutsam geschehen, damit nicht sofort wieder die alten Klischees der Wahrnehmung, Deutung, Sprache einrasten. Wie die Erfahrungen aus sozialwissenschaftlichem Unterricht lehren, ist gerade im Bereich besonders heikler interkultureller Problematik der frontale Zugriff auf die heißen Konfliktthemen und das Ansprechen der Betroffenheit der Teilnehmer lähmend und kann Lernprozesse verhindern (vgl. Lipitt 1969; aber auch die Erfahrungen der Autoren gehen in diese Richtung: Kärntner StudentInnen an der Universität Klagenfurt für den Kärntner Volksgruppenkonflikt durch direkte Konfrontation mit der Problematik zu sensibilisieren, ist unmöglich. Dies wird vehement abgewehrt außer von jenen, die ohnehin schon sensibilisiert sind. Kärntner StudentInnen an der Universität Klagenfurt für den Kärntner Volksgruppenkonflikt durch Feldforschung im Burgenland oder in Südtirol oder in Berlin/Kreuzberg zu sensibilisieren, ist möglich. Ähnliche Erfahrungen haben wir im übrigen, mutatis mutandis, mit Südtiroler LehrerInnen gemacht).

Auch das dritte Prinzip nimmt sich paradox aus: Das neue Sprechen (= das Ausbrechen aus den sprachlichen Klischees, aus der standardisierten, ritualisierten Gruppensprache), dieses neue Sprechen lernt man, indem man vergißt, daß man spricht. Damit ist gemeint, daß die durch alle möglichen Formen der individuellen und kollektiven Abwehr eingeschnürte Sprache wie von selbst zu sprudeln beginnt, wenn man

a) etwas Wichtiges zu sagen hat,
b) wenn man interessierte Zuhörer hat,
c) wenn man nicht das Damoklesschwert gruppenspezifischer Sprachformen über seinem Haupte hängen hat (vgl. dazu den sprachpsychologisch höchst aufschlußreichen Abschnitt in Thomas Manns »Zauberberg«, als Hans Castorp alle ihm ansozialisierten Normen und die von diesen Normen geprägte, die Normen verkörpernde deutsche Sprache vergißt und mit der schönen Russin französisch spricht: »C'est parler sans parler«, sagt er und erlaubt einem sonst immer unterdrückten Teil seines Ich zu Wort zu kommen; aber dazu braucht er eine Partnerin aus einer ganz anderen Kultur, eine Sprache aus einer ganz anderen Kultur und - Sekt),
d) wenn man nicht den sozialen Ausschluß aus der eigenen Gruppe fürchten muß.

Für die Planung Interkulturellen Lernens bedeutet dies, Situationen und Szenen vorzusehen, in denen Kommunikations- und Sprachregulierungen so verändert werden, daß dieses »Parler sans parler« seinen Raum hat - daß ein Klima entsteht, in dem man laut denken darf, »dumme« Fragen stellen darf, auch einmal probeweise das Gegenteil der eigenen Meinung sagen darf, ohne gleich dafür zur Verantwortung gezogen zu werden.

Folgende Verfahren haben sich in interkulturellen Lernprozessen bewährt:

- Rollenspiele
- Simulationsspiele
- Planspiele
- Imaginationsspiele
- Theatralische Mittel (vgl. z. B. Boal 1980, Theater der Unterdrückten).

Erst in späteren Phasen, erst wenn eine offene Kommunikationskultur entstanden ist, sollte mit Konfliktanalysen begonnen werden. Doch für diese systematische Konfliktanalyse empfiehlt sich nicht der Konflikt vor der Haustüre, im eigenen Haus oder im eigenen Inneren, sondern eher der Konflikt in anderen Regionen.

Empfehlenswerte Hilfen sind z. B. die Handlungsmatrix zur Konfliktlösung (vgl. Becker 1981, S. 36 ff.), die Anleitung zum Konfliktgespräch in Gruppen (vgl. Schwäbisch/Siems 1974, S. 134 ff.), ein entsprechend adaptiertes Analyse-Schema (vgl. Herz 1982, S. 53 ff.) Der interessanteste und letztlich zielführendste Schritt, der allerdings sehr arbeitsaufwendig ist, besteht in der Durchführung eines Erkundungsprojekts durch alle Teilnehmer, mit dessen Hilfe offene Fragen aus dem Gruppengespräch unter Benützung von Methoden des »soft research« zu klären versucht werden. Wie man ein Projekt macht, ist in zahlreichen pädagogischen Texten beschrieben worden (vgl. z. B. Frey 1982).

Mögliche Szenarien eines interkulturellen Lernprozesses

(Jeweils dreitägiges Seminar mit Teilnehmern unterschiedlicher Identitätsgruppen)

Szenario 1: »Filmwerkstatt«

- Kennenlernen mit fiktiven Namen und fiktiven Berufen. Ziel ist das Aufheben eines starren Realitätsprinzips.
- Erwartungsklärung in gemischten Kleingruppen, dann im Plenum. Vor allem ausführliche Diskussion der Befürchtungen.
- Formulierung eines Arbeitsvertrages, der regelt, wer welche Arbeit, wieviel an Arbeit sich selbst, den anderen, der Seminarleitung zumutet.
- Anschauen des jugoslawischen Films »Schönheit der Sünde«. Ein junges Ehepaar verläßt die archaische Welt seines Bergdorfes, um an der Küste sein Glück zu suchen. Dort gerät es in die Tourismusindustrie mit ihrer doppelbödigen Kultur. Die Flucht zurück in die Berge mißlingt.
- Aufarbeiten des Filmthemas (»Kulturschock«) mithilfe von

a) Imaginationsspiel im Plenum. (Schließe die Augen. Stell dir vor, die Heldin des Films kommt zur Tür herein und geht auf dich zu ...)
b) Besprechung und Analyse der Imaginationserlebnisse
c) Analogiebildung im theatralischen Medium (Boals Figurentheater ...) - Plenum
d) Konfliktanalyse der inneren Konflikte, der interpersonellen und interkulturellen Konflikte der Personen des Films - Kleingruppen und Plenum.

- »Parallelverschiebung« - Versuch, ein Drehbuch à la »Schönheit der Sünde« für Südkärntner Verhältnisse zu produzieren:

a) Klärung wichtiger Fragen in Kleingruppen:
   - Um welchen zentralen Kulturkonflikt sollte es gehen?
   - Welche Personen in welchen Rollen, mit welcher kulturellen Identität, sollen Träger des Konflikts sein?

- In welcher Gegend, zu welcher historischen Zeit soll das Geschehen angesiedelt werden?

b) Diskussionen und Kritik der Erstergebnisse im Plenum
c) Entwicklung eines Exposés in Kleingruppen
d) Ausarbeitung der Schlüsselszene, eventuell mit Video
e) Plenum: Theatersession mit anschließender Diskussion.

Szenario 2: Planspiel »Reicher Amerikaner«

- Kennenlernen, Erwartungsklärung, Arbeitsvertrag wie in Szenario 1
- Referat »Die Geschichte der österreichischen Volksgruppen - Parallelen, Unterschiede, Perspektiven«
- Kleingruppenarbeit mit Aufgabenstellung
  - Inwieferne ist die Lage der Kärntner Slowenen genauso wie/ganz anders als die der burgenländischen Kroaten.
  - Hypothesen für die unterschiedliche Entwicklungstendenz der deutschsprachigen Volksgruppe in Südtirol entwickeln.
  - Maßnahmen für einen wirksamen Schutz für die Minderheit der Roma und Sinti entwerfen.
- Simulationsspiel »Minderheiten im Europaparlament«. Eskimos, Basken und schleswig-holsteinsche Dänen wurden vom Plenum beauftragt, für die in anderthalb Stunden stattfindende Sitzung eine gemeinsame Resolution vorzubereiten, die wesentliche Vorstellungen für eine Charta der Minderheitenrechte vorsieht.
- Planspiel. Ein steinreicher amerikanischer Millionär, Ausgewanderter Slowene, will sein gesamtes Vermögen (ca. 250 Mio. öS) seinem ehemaligen Heimatort, einer zweisprachigen Kleingemeinde in Südkärnten, vermachen, wenn der Gemeinderat eine einstimmige Regelung für die Verwendung des Geldes im Sinne des Friedens beschließt.
  - Folgende Rollen könnten darin vorkommen:
  - Bürgermeister = SPÖ, Schuldirektor.
  - Vizebürgermeister = ÖVP, Bauer und Gastwirt.
  - 1. Gemeinderat, Wirtschaftsreferent = SPÖ, Bauer und Gastwirt.
  - 2. Gemeinderat, Sozialreferent = SPÖ, Eisenbahner.

- 3. Gemeinderat, Kulturreferent = SPÖ, LKH-Bediensteter, Feuerwehrhauptmann.
- 4. Gemeinderat, Fremdenverkehrsreferent = ÖVP, Gutsherr aus ehemaligem Kleinadel.
- 5. Gemeinderat = KEL, bewußter Slowene, nebenbei Mitglied des Pfarrkirchenrates.
- 6. Gemeinderat = FPÖ, Obmann der Ortssektion des Abwehrkämpferbundes.
- 7. Gemeinderat = VGÖ, Obfrau der »Bänderhutfrauen« im Ort.

Eine Jury aus 5 bis 7 Personen, die vom amerikanischen Millionär kärntner-slowenischer Herkunft eingesetzt wurde, stellt Richtlinien auf, denen der Beschluß entsprechen muß, und prüft schließlich anhand dieser Richtlinien, ob die Gemeinde das Geld bekommt. Sie muß ihre Entscheidung öffentlich begründen.

Erweiterungsmöglichkeiten falls sonst viele Teilnehmer unbeschäftigt bleiben:

Der Bürgermeister der Nachbargemeinde hat vom bevorstehenden Millionengeschenk gehört. In seiner Gemeinde wird ein großer Schulversuch geplant, der im Alpe-Adria-Raum völkerverbindend wirken soll. Er und sein Gemeinderat wollen dem Millionär bzw. seiner Jury ein Schulprojekt vorlegen, das so finanziert ist, daß er sich's noch einmal überlegt, wem er das Geld wirklich geben soll ...

- Arbeit an einem Text: Die Empfehlung der Österreichischen Rektorenkonferenz zur Lage der Volksgruppen in Österreich wird in Kleingruppen gelesen, kritisiert, ergänzt, verändert ... (Kleingruppe)

  Zusatzaufgabe: Es sind Empfehlungen zur Verbesserung der Lage und der Beziehung beider Volksgruppen (Minderheit und Mehrheit) dazu zu formulieren.

  Plenum
- Ausschnitte aus einer Club-2-Diskussion zur Änderung des zweisprachigen Schulwesens in Kärnten
- Anschauen im Plenum (2 x)
- Auswählen von Personen aus dem Plenum, die die Rollen der Club-2-Teilnehmer hier und jetzt weiterspielen sollen. Pro Akteur des Originals je zwei Spieler!

- Die Diskussion ist nun dort fortzusetzen, wo der Videoausschnitt aufhört
- Nach ca. einer Viertelstunde ist Rollentausch. Die Pro- und Anti-Slowenen tauschen
- Plenum: Einschätzung der eigenen Diskussion - Vergleich mit dem wirklichen Fortgang am Video.

Szenario 3: Erkundungsprojekt (mit Diskussion)

Projektaufgabe:

Es ist die Beziehung der beiden Volksgruppen in einem kleinen zweisprachigen burgenländischen (Südtiroler) Ort zu untersuchen.

Folgende Fragen sollten beantwortet werden:

1. Welche zweisprachigen Einrichtungen gibt es?
2. Wo und mit wem darf man/soll man/muß man/darf man nicht deutsch/italienisch sprechen?
   - Wo und mit wem darf man/soll man/muß man/ darf man nicht kroatisch/deutsch sprechen?
3. Welche sichtbaren Zeugnisse der zweiten Sprache findet man:
   - relativ leicht
   - nach genauem Suchen
   - überhaupt nicht, obwohl man sie erwarten würde?
4. Was denkt der Mann/die Frau von der Straße über die Zweisprachigkeit, und zwar über die eigene und die anderen Volksgruppe?
5. Was denken die Gemeindepolitiker, die Kulturträger und der Pfarrer über die Zweisprachigkeit? Welche Ziele verfolgen sie?

   Angestrebtes Produkt:

   Porträt eines zweisprachigen Ortes

- z. B. ein Diavortrag
- eine Tonbandcollage
- eine Tonbildschau
- ein Referat mit Anschauungsmaterial
- einige typische Szenen - als Theater nachgespielt, etc.

Abschlußdiskussion: Was ist in Kärnten genauso?

Vorbereitung: Referat übers Burgenland (oder Südtirol) von einem Experten
- Probehandelndes Interviewen (gegenseitig, zum Thema:
- Wie, von wem hast du als Kind deine Sprache gelernt?)
- Anlegen eines Arbeitsplanes:
- Wer interviewt wen?
- Wie werden die Kontakte hergestellt?

Erweiterungsmöglichkeiten: Besuch eines Südkärntner Ortes unter ähnlichen Erkenntnisinteressen.

Selbstverständlich lassen sich noch eine Reihe anderer Szenarios entwickeln. Unsere Absicht ist es, die didaktische Phantasie der Leser anzuregen, ihnen Anstöße für eigene Planungsarbeit zu geben - wobei freilich immer mitgedacht werden muß, daß jede Planung, jedes Szenario angesichts der realen didaktischen Situationen von den Teilnehmern verändert wird. Das ist keine Panne, sondern notwendige Folge teilnehmerorientierter Didaktik.

Selbstorganisation

Wie aus didaktischer Literatur hervorgeht (vgl. z. B. Dauber 1976 S. 101 ff.), wie aber auch die eigene Erfahrung nahelegt, empfiehlt sich für selbstorganisierte Seminare eine organisatorische Grobgliederung, die wie folgt aussieht:

Planungs- und Eingangsphase

Sie ist dem Kennenlernen gewidmet. In dieser Phase sind alle Teilnehmer stark auf die Autorität des/der Leiter(s) fixiert. Diese Abhängigkeit muß zunächst akzeptiert werden. Doch es ist wichtig, daß die Leiter sofort Schritte einleiten, die im weiteren Verlauf eine Delegation der Autoritätsfunktionen auf möglichst viele Teilnehmer ermöglichen.

Solche Schritte können z. B. darin bestehen, daß die Seminarleitung ihre thematischen Vorstellungen und ihre Ziele sowie ihre organisatorischen Vorschläge bekanntgibt; daß sie alle auf die Verantwortung für den gemeinsamen Lernprozeß hinweist und die projizierten Abhängigkeitswünsche zurückweist. Das Ziel dieser ersten Phase ist vor allem der Abbau von Kommunikationsbarrieren, das Klären von Erwartungen und Befürchtungen, das Entwickeln eines offenen und repressionsfreien Arbeitsklimas, aber auch das Vermitteln einer kognitiven Orientierung.

Workshopphase

Sie ist der Einarbeitung in einzelne Probleme gewidmet. Die Teilnehmer sollen sich nun in Arbeitszusammenhängen besser kennenlernen und sich gemeinsam in die Seminarthematik vertiefen. Dabei sollen sie eigene Interessensschwerpunkte entdecken und formulieren, die Aufgabenstellung des Seminars so abändern, daß ihre Interessen und Bedürfnisse zum Zug kommen.

Autonome Phase

Damit ist die Zeit nach dem Seminar gemeint. Die Problematik des Interkulturellen Lernens kann unmöglich auf einem dreitägigen Seminar umfassend behandelt werden. Damit die Impulse dieses Dreitagesseminars nicht verpuffen, sollen die Teilnehmer in Kleingruppen oder Paaren weitere eigenständige Aktivitäten planen und ein organisatorisches Netzwerk entwickeln, das ihnen ermöglicht, selbständig Bildungsarbeit in diesem Bereich zu leisten.

Erste Erfahrungen der Projektgruppe

In einer Reihe von Bildungsveranstaltungen hat das Team Boeckmann/Brunner/Egger/Gombos/Juriç/Larcher erste Gehversuche im Bereich einer interkulturellen Didaktik in friedenspädagogischer Absicht unternommen, um probehandelnd zu erkunden, wie Lernprozesse aussehen könnten, in denen Angehörige aller Subkulturen ihre persönliche und ihre Gruppenidentität zu thematisieren und in Richtung auf größere Universalisierbarkeit weiterzuentwickeln bereit sind. Es wurden dabei von uns jene institutionellen und situativen Bedingungen und Inhalte berücksichtigt, die eine Veränderung des erstarrten, zum Klischee geronnenen Sprachspiels in Konfliktsituationen erleichterten. Aufgrund dieser Erfahrungen läßt sich vorläufig sagen, daß folgende Bedingungen imstande waren, Empathiefähigkeit, Ambiguitätstoleranz, Erfahrungshaltigkeit der Sprache, Überwindung von Ethnozentrismus zu fördern:

- Entschulung des Lernens - d. h. weitgehender Verzicht auf die Selbstverständlichkeit schulischen Lernens wie z. B. Zwang, Einteilung in homogene Gruppen, starre Festlegung von Inhalten und Vermittlungsformen durch die Lehrenden, Zensur, Aufdrängen von Sichtweisen und Wertungen, Monopol der frontalen Belehrung. Statt dessen beruht die Teilnahme auf Freiwilligkeit. Die Lernenden bilden Interessensgruppen, die von den Teilnehmern aus gesehen heterogen zusammengesetzt sind. Die Lerninhalte stammen aus dem - zumeist verdrängten - Erfahrungszusammenhang der Teilnehmer und werden gerade deshalb als relevant erlebt, sobald man sich einmal auf die Auseinandersetzung eingelassen hat.
- Sinnliche Erfahrungen einer anderen Kommunikationskultur. Wir orientieren uns an Hartmut von Hentigs Versuch, den politischen Diskurs wiederzubeleben (vgl. Hentig 1980, S. 189 ff.); d. h., daß man in einem Bereich, in dem es keine Wahrheitsinstanz gibt - hier im psychosozialen Bereich kollektiver und individueller Identität -, im Gespräch vernünftige Übereinkunft sucht, also auf Willkür, Widersprüchlichkeit, Betrug, Gewalt etc. verzichtet. Dem Konsens, den man anstrebt, geht eine gemeinsame Prüfung voraus. In dieser Prüfung sind die Partner prinzipiell gleich. Das Mittel der Prüfung ist der Einwand, der Widerspruch. Der Einwand muß vom anderen berücksichtigt werden, und man muß selber wissen, daß der andere bereit ist, sich zu öffnen. Man simuliert also Herrschaftsfreiheit.
  Allerdings: Das Fingieren von Freiheit bringt keine Freiheit hervor. Unsere internalisierte Unfreiheit, die gesellschaftlich bedingte Ungleichheit kommunikativer Kom-

petenz lassen bestenfalls schwierige und nur halbwegs durchschaubare Annäherungen an die Utopie zu. In der Praxis - und das unterscheidet uns von Habermasschen Diskurstheoretikern - läuft der Diskurs häufig auf einen Dissens hinaus. Diesen nicht aus Herrschafts- oder Harmoniebedürfnis zuzuschütten, sondern offenzuhalten, ist wesentliches Moment der von uns angeregten Kommunikationskultur. Dazu gehört aber auch als konstitutives Moment die Arbeit mit Verfahren, die die Einbeziehung der Subjektivität in den Diskurs der Gruppe erleichtern. Das beginnt mit der Sitzordnung und reicht bis zu Verfremdungstechniken. Hier stehen wir freilich mit unseren Erfahrungen erst am Anfang.

- Erweiterung der Erfahrungsfähigkeit - d. h. Durchlässigmachen der individuellen und gruppenspezifischen Abwehrmechanismen, die den Kontakt zwischen dem Bewußten und dem Unbewußten, zwischen dem Ort kognitiver Operationen und dem Speicher gefühlsbeladener Erinnerung verhindern. Dieses Lockern der Barriere ist gerade im Bereich der Auseinandersetzung mit Identität wichtig. Denn nur, wenn das lebensgeschichtlich Verschüttete, die intensiven schmerzhafen Erfahrungen, wieder Zugang zum Bewußtsein und zur kommunikativen Verhandlung erhalten, wird Identität als reflektierte Auseinandersetzung mit individueller und kollektiver Geschichte, mit Selbst- und Fremdbildern erst entwickelbar. Dieses Durchlässigmachen der Abwehr, vermutlich schwierigstes Moment jedes Lernprozesses im psychosozialen Bereich, ergab sich bei unseren bisherigen Veranstaltungen eher beiläufig und zufällig denn absichtsvoll und geplant; und zwar in Situationen, die durch das Zitieren biographischer Interviews offenbar atmosphärisch geprägt waren. Es entstanden neue Perspektiven auf ein scheinbar altvertrautes Problem. Sie waren zu verblüffend, als daß man sie sofort in das alte Sprachspiel hätte integrieren und damit »unschädlich« machen können. Man mußte sich mit ihnen auseinandersetzen, und zwar in einer Sprache, die nicht schon bis ins letzte Detail auf Abruf im Speicher bereitlag. Sondern man mußte sich vorsichtig sondierend nähern, etwas von der eigenen Erfahrung preisgeben, auf die gewohnten Feindbilder verzichten - kurz, man sah sich in ein Sprachspiel verwickelt, dessen Regeln man nicht beherrschte. Nun galt es, sich entlangzutasten, immer mit der Hoffnung, es würde bald vertrauter Grund erreicht. Wann immer sich Gelegenheit bot, in vertrautere Sprachspiele auszuweichen, wurde diese auch weidlich genützt: die Sprachspiele der Heimatdienstler, der Klerikalen, der Militanten, der Assimilanten, der Bildungsbürger, der Alternativen, der Linken überlagerten oft genug den sich eben entwickelnden neuen Diskurs. Doch in den besten Momenten unserer Veranstaltungen gab es Durchbrüche, obsiegte das tastende, probierende, auf Verständigung hin orientierte Gespräch über die ausgrenzende Schutzmauer der Gruppensprachen.

LITERATURVERZEICHNIS

APEL, K.-O. (Hg.): Sprachpragmatik und Philosophie. Frankfurt/M.: Suhrkamp 1976.

AUERNHEIMER, G.: Der sogenannte Kulturkonflikt. Orientierungsprobleme ausländischer Jugendlicher. Frankfurt/M.-New York: Campus 1988.

AUERNHEIMER, G.: Kulturelle Identität - ein gegenaufklärerischer Mythos? In: Das Argument 175/1989, S. 381-394.

AUERNHEIMER, G.: Einführung in die interkulturelle Erziehung. Darmstadt: Wissenschaftliche Buchgesellschaft 1990.

ÄSOP: Fabeln. Zusammengestellt und übertragen von A. Hausrath. München: Heimeran 1940.

BAKER, D./LENHARDT, G.: Ausländerintegration, Schule und Staat. In: Kölner Zeitschrift für Soziologie und Sozialkpsychologie 1, 1988, S. 40-61.

BALBO, L./MANCONI, L.: I razzismi possibili. Con testi di Marina Forti e Bruno Nascimbene. Milano: Feltrinelli 1990.

BALDRIDGE, J. V.: Sociology. A Critical Approach to Power, Conflict and Change. New York: Wiley 1975.

BALIBAR, E.: Gibt es einen »neuen Rassismus«? In: Das Argument 175/1989, S. 369-380.

BARKER, Th. M.: The Slovene Minority of Carinthia. New York: Columbia University Press 1984.

BECKER: Lehrer lösen Konflikte. Ein Studien- und Übungsbuch. München-Wien-Baltimore: Urban & Schwarzenberg 1981.

BENNINGHOFF-LÜHL, S.: Die Ausstellung der Kolonisierten: Völkerschauen von 1874-1932. In: Harms, V. (Hg.): Andenken an den Kolonialismus. Tübingen 1984, S. 52-65.

BERNFELD, S.: Sisyphos oder die Grenzen der Erziehung. (1925) Frankfurt/M.: Suhrkamp 1967.

BERTAUX, D./BERTAUX-WIAME, I.: Autobiographische Erinnerungen und kollektives Gedächtnis. In: Niethammer, L. (Hg.): Lebenserfahrung und kollektives Gedächtnis. Die Praxis der »Oral History«. Frankfurt/M.: Suhrkamp 1985.

BOAL: Theater der Unterdrückten. Frankfurt/M.: Suhrkamp 1980.

BOECKMANN/BRUNNER/EGGER/GOMBOS/JURIČ/LARCHER: Projekt »Interkulturelles Lernen und zweisprachige Erziehung« - Endbericht, redigiert von Boeckmann und Brunner. Klagenfurt/Celovec 1989.

BOECKMANN, K. B./BRUNNER, K.-M./EGGER, M./GOMBOS G./ JURIČ, M./LARCHER, D.: Zweisprachigkeit und Identität. Klagenfurt/Celovec: Drava 1988.

BROEK, Linda van den: Am Ende der Weißheit. Vorurteile überwinden. Berlin: Orlanda Frauenverlag 1988.

BUKOW, W.-D./LLARYORA, R.: Mitbürger aus der Fremde. Soziogenese ethnischer Minoritäten. Opladen: Westdeutscher Verlag 1988.

CALVET, L.-J.: Die Sprachenfresser. Ein Versuch über Linguistik und Kolonialismus. Berlin: Verlag Das Arsenal 1978.

CHESNAIS, J. C.: Explosion und Implosion. In: Der Standard - Sonderdruck, Jänner 1991, S. 28.

CUMMINS, J.: The Influence of Bilingualism on Cognitive Growth: A Synthesis of Research Findings and Explanatory Hypothesis. In: Working Papers on Bilingualism 9/1976, S. 1-43.

CUMMINS, J.: The Cross-Lingual Dimensions of Language Proficiency: Implications for Bilingual Education and the Optimal Age Issue. TESOL Quarterly 14/1980, S. 175-187.

CUMMINS, J.: Theory and Policy in Bilingual Education. In: Institut za narodnostna vprašanja/Institute for Ethnic Studies (Hg.): Razprave in gradivo/Treatises and Documents 18. Ljubljana 1986, S. 281-308.

DAUBER: Entschultes Lernen an der Hochschule? Ansatzpunkte in der Lehrerbildung. In: Dauber, H./Verne, E. (Hg.): Freiheit zum Lernen. Alternativen zur lebenslänglichen Verschulung. Reinbek: Rowohlt 1976.

DEGENHARDT, F.-J.: Im Jahr der Schweine. 27 Lieder mit Noten. Hamburg: Hoffmann und Campe 1970.

EGGER, K.: Zweisprachige Familien in Südtirol: Sprachgebrauch und Spracherziehung. Innsbruck: AZB Verlag 1985.

ENZENSBERGER, C.: Größerer Versuch über den Schmutz. Berlin: Ullstein 1980.

ESSINGER, H.: Integration und Segregation von Ausländern in der Gesellschaft. In: Die Grundschulzeitschrift 23/1989, S. 42-44.

FERGUSON, CH. A.: Diglossia. In: HYMES, D. (Hg.): Language and Culture in Society. New York: Harper and Row 1964, S. 429-439.

FISCHER, K. G.: Die Gesänge sind verstummt. In: Nitzschke, V. (Hg.): Multikulturelle Gesellschaft - multikulturelle Erziehung? Stuttgart: Metzler 1982, S. 83-91.

FLASCHBERGER, L./REITERER, A. F.: Der tägliche Abwehrkampf. Wien: Braumüller 1980.

FORTUNATO, M./METHNANI, S.: Immigrato. Roma-Napoli: Edizioni Theoria 1990.

FOUCAULT, M.: Überwachen und Strafen. Frankfurt/M.: Suhrkamp (3) 1979.

FREUD, S.: Das Interesse an der Psychoanalyse. 1913. In: Gesamtausgabe Bd. VIII, S. 389-420.
Ders.: Totem und Tabu. 1913. In: Gesamtausgabe Bd. IX, hier zitiert nach der Lizenzausgabe Frankfurt/M.: Fischer 1956.
Ders.: Die Zukunft einer Illusion. 1927. In: Gesamtausgabe Bd. XIV, S. 323-380.
Ders.: Das Unbehagen in der Kultur. 1930. In: Gesamtausgabe Bd. XIV, hier zitiert nach der Lizenzausgabe. Frankfurt/M.: Fischer 1972.

FREY: Die Projektmethode. Weinheim-Basel: Beltz 1982.

FRIESENHAHN, G. J.: Zur Entwicklung interkultureller Pädagogik. Berlin: Express Edition 1988.

FTHENAKIS, W. E./SONNER, A./THRUL, A./WALBINER, W.: Bilingual - bikulturelle Entwicklung des Kindes. München: Hueber 1985.

GALTUNG: Strukturelle Gewalt. Beiträge zur Friedens- und Konfliktforschung. Reinbek: Rowohlt 1975.

GATTERER, C.: Schöne Welt - böse Leut. Kindheit in Südtirol. Wien: Molden 1969.

GIDION, H.: Kleinerer Versuch über den Schmutz. In: Becker, G. u. a. (Hg.): Ordnung und Unordnung. Hartmut von Hentig zum 23. September 1985. Weinheim und Basel: Beltz 1985, S. 35-43.

GREUSSING, K.: Die Bestimmung des Fremden - Hundert Jahre »Gastarbeit« in Vorarlberg. In: Bauböck, R./Baumgartner, G./Perchinig, P. Pinter, K. (Hg.): ... und raus bist du! Ethnische Minderheiten in der Politik. Wien: Verlag für Gesellschaftskritik 1988, S. 185-197.

GREVERUS, I. M.: Plädoyer für eine multikulturelle Gesellschaft. In: Nitzschke, V.: Multikulturelle Gesellschaft - multikulturelle Erziehung? Stuttgart: Metzler 1982, S. 23-27.

GSTETTNER, P./LARCHER, D.: Zwei Kulturen, zwei Sprachen, eine Schule. Klagenfurt/Celovec: Drava 1985.

GSTETTNER, P.: Zwanghaft Deutsch? Über falschen Abwehrkampf und verkehrten Heimatdienst. Klagenfurt/Celovec: Drava 1988.

HABERMAS, J.: Erkenntnis und Interesse. Frankfurt/M.: Suhrkamp (2) 1973.

HAAS, H./STUHLPFARRER, K.: Österreich und seine Slowenen. Wien: Löcker 1977.

HALBWACHS, M.: Das kollektive Gedächtnis. Stuttgart: Enke 1967.

HANDKE, P.: Wunschloses Unglück. Frankfurt/M.: Suhrkamp 1972.

HANSEGARD, N. E.: Tvasprakighet eller halvsprakigket? Stockholm: Aldus series 253, 1968.

HANSEGARD, N. E.: Tvasprakighet eller halvsprakighet? (Bilingualism or Semilingualism?) Stockholm 1968.

HARTIG, M./KURZ, U.: Sprache als soziale Kontrolle. Neue Ansätze zur Soziolinguistik. Frankfurt/M.: Suhrkamp 1971.

HEGELE, I./POMMERIN, G.: Gemeinsam Deutsch lernen. Interkulturelle Spracharbeit mit ausländischen und deutschen Schülern. Heidelberg: Quelle & Meyer 1983.

HEINTEL, P.: Zur Sozialpsychologie der Mehrheiten- Minderheitenprobleme. In: AG Volksgruppenfrage (Hg.): Kein einig Volk von Brüdern. Studien zum Mehrheiten- Minderheitenproblem am Beispiel Kärntens. Wien: Verlag für Gesellschaftskritik 1982, S. 301-328.

HENTIG, H. von: Die Wiederherstellung der Politik. Cuernavaca revisited. Stuttgart: Klett/Kösel 1973.

HENTIG: Die entmutigte Republik. München-Wien: Hanser 1980.

HERZ, O.: Schulkonflikte lösbar machen. Kooperation von Schülern, Eltern, Lehrern. Reinbek: Rowohlt 1982.

HOFFMANN, L./EVEN, H.: Soziologie der Ausländerfeindlichkeit. Zwischen nationaler Identität und multikultureller Gesellschaft. Weinheim und Basel: Beltz 1984.

HOFFMANN: Kritische Erziehungswissenschaft. Stuttgart-Berlin-Köln-Mainz: Kohlhammer 1978.

HORKHEIMER, M./ADORNO, Th. W.: Sociologica. Frankfurt/M.: Syndikat/EVA 1984 (Original 1962).

HORN, K.: Politische Psychologie: Erkenntnisinteresse, Themen, Materialien. In: Kress, G./Senghaas, D. (Hg.): Politikwissenschaft. Eine Einführung in ihre Probleme Frankfurt/M.: Fischer 1972, S. 185-229.

HURST, M.:Integration und Entfremdung. Ich- und Identitätsentwicklung des Gastarbeiterkindes. In: betrifft erziehung 6/1973, S. 35-38.

ILLICH, I.: Vom Recht auf Gemeinheit. Reinbek: Rohwolt 1982.

JÖRGENSEN, G.: Die Fremden und die Überbevölkerung der Erde. In: Italiaander, R. (Hg.): »Fremde raus«? Fremdenangst und Ausländerfeindlichkeit. Frankfurt/M. 1983, S. 242-250.

KIELHÖFER, B./JONEKEIT, S.: Zweisprachige Kindererziehung. Tübingen: Narr-Verlag 1983.

KRAPPMANN, L.: Soziologische Dimensionen der Identität. Stuttgart: Klett 1971.

KREUTZER, L.: Mein Gott Goethe. Reinbek: Rowohlt 1980.

KRIPP, S.: Lächeln im Schatten. Das Abenteuer eines Jugendhauses. Düsseldorf: Patmos 1976.

LACAN, J.: Ecrits. Paris: Edition du Seuil 1966.

LACAN, J.: Freuds technische Schriften. Olten: Walter 1978.

LAMBECK, K.: Kritische Anmerkungen zur Bilingualismusforschung. Tübingen: Narr-Verlag 1984.

LAMBERT, W. W.: The Effects of Bilingualism on the Individual: Cognitive and Sociocultural Consequences. In: HORNBY, P. A. (Hg.): Bilingualism: Psychological, Social and Educational Implications. New York: Academic Press 1977, S. 15-27.

LARCHER, D.: »Traudi«. Praktische und theoretische Grundlagen des Forschungsunterrichts der zweiten Sprache - Deutsch an italienischen Grundschulen. Bozen 1982.

LARCHER, D.: Soziogenese der Urangst. In: Boeckmann, K.-B./Brunner, K.-M./Egger, M./Gombos, G./Juriç, M. /Larcher, D.: Zweisprachigkeit und Identität. Klagenfurt/Celovec: Drava 1988, S. 13-62.

LARCHER, D.: Im Garten der Lüste. Der Kärntner Volksgruppenkonflikt als heiterer Totentanz. In: Texte zur Theorie und Praxis der Psychoanalyse 1/1988a, S. 27-51.

LEGGEWIE, C.: Multikulti. Spielregeln für die Vielvölkerrepublik. Berlin: Rotbuchverlag 1990.

LENAU, N.: Bd. 1 der sämtlichen Werke in 4 Bänden. Berlin: Verlag A. Weichert o. J.

LEOPOLD, W. F.: Speech Development of a Bilingual Child: A Lingusitic Record. Chicago 1940. 4 Bde.

LÉVI-STRAUSS, C.: Strukturale Anthropologie. Frankfurt/M.: Suhrkamp 1967.

LORENZER: Sprachzerstörung und Rekonstruktion. Frankfurt/M.: Suhrkamp 1973.

MAAS, H.: Wörter erzählen Geschichten. Eine exemplarische Etymologie. München: dtv 1966.

MENZ, F./LALOUSCHEK, J./DRESSLER, W.: »Der Kampf geht weiter«. Der publizistische Abwehrkampf in Kärntner Zeitungen seit 1918. Klagenfurt/Celovec: Drava 1989.

MILES, R.: Bedeutungskonstitution und der Begriff des Rassismus. In: Das Argument 175/1989, S. 353-379.

MOSSE, G. L.: Die Geschichte des Rassismus in Europa. Vom Autor durchgesehene und erweiterte Auflage. Frankfurt/M.: Fischer 1990.

NEWEKLOWSKY, G.: Slowenische Elemente im Kärntner Deutsch. In: Die Brücke 11/3/1985, S. 33-38.

NIRENSTEIN, F.: Il razzista democratico. Milano: Arnoldo Mondadori 1990.

OSWALD, I.: Ein Großreich im Ausreisefieber. In: Der Standard - Sonderdruck, Jänner 1991, S. 29.

OTTOMEYER, K.: Ein Brief an Sieglinde Tschabuschnig. Kriegsfolgen, Vergangenheitsbewältigung und Minderheitenkonflikt am Beispiel Kärnten. Klagenfurt/Celovec: Drava 1988.

PASOLINI, P. P.: Freibeuterschriften. Die Zerstörung der Kultur des Einzelnen durch die Konsumgesellschaft. Berlin: Wagenbach 1978.

POMMERIN, G.: »Und im Ausland sind die Deutschen auch Fremde«. Interkulturelles Lernen in der Grundschule. Frankfurt/M.: Arbeitskreis Grundschule 1988.

PREŽIHOV, V.: Wildwüchslinge. Aus dem Slowenischen von Janko Messner. Klagenfurt/Celovec: Drava 1983.

RADTKE, F.-O.: Institutionalisierte Diskriminierung - Zur Verstaatlichung der Fremdenfeindlichkeit. In: Bauböck, R./Baumgartner, G./ Perchinig, B. (Hg.): ... und raus bist du! Ethnische Minderheiten in der Politik. Wien: Verlag für Gesellschaftskritik, 1988, S. 107-128.

REITERER, A. F.: Doktor und Bauer. Ethnischer Konflikt und sozialer Wandel. Die Sozialstruktur der slowenischen Minderheit in Kärnten. Klagenfurt/Celovec: Drava 1986.

REKTORENKONFERENZ: Bericht der Arbeitsgruppe »Lage und Perspektiven der österreichischen Volksgruppen«. Wien: Böhlau 1989.

RENGGLI, F.: Angst und Geborgenheit. Soziokulturelle Folgen der Mutter-Kind-Beziehung im ersten Lebensjahr. Ergebnisse aus Verhaltensforschung, Psychoanalyse und Ethnologie. Reinbek: Rowohlt 1974.

RICHTER, H.-E.: Eltern, Kind und Neurose. Die Rolle des Kindes in der Familie. Reinbek: Rowohlt 1972.

RONJAT, J.: Le developpement du langage observé chez un enfant bilingue. Paris 1913.

RÖHR-SENDLMEIER, U. M.: Lernbedingungen ausländischer Kinder für Deutsch als Zweitsprache. In: Zeitschrift für Entwicklungspsychologie und Pädagogische Psychologie 2/1986, S. 176-187.

SCHMITT, R.: Kinder und Ausländer. Einstellungsänderung durch Rollenspiel - Eine empirische Untersuchung. Braunschweig: Westermann 1979.

SCHWÄBISCH/SIEMS: Anleitung zum sozialen Lernen für Paare, Gruppen und Erzieher. Reinbek: Rowohlt 1974.

SEIDLER, H.: Rassismus - Überlegungen eines Anthropolgen. In: Seidler, H./Soritsch, A. 1983, S. 53-70.

SEIDLER, H./SORITSCH, A. (Hg.): Rassen und Minderheiten. Wien: Literas-Verlag 1983.

SICHROVSKY, P.: Wir wissen nicht, was morgen wird, wir wissen wohl, was gestern war. Köln: Kiepenheuer & Witsch 1985.

SICHROVSKY, P.: Schuldig geboren. Kinder aus Nazifamilien. Köln: Kiepenheuer & Witsch 1987.

SKUTNABB-KANGAS, T.: Bilingualism or Not; The Education of Minorities. Clevedon: Multilingual Matters Ltd 1981.

SONNER, A. C.: Bilinguale, bilingual-bikulturelle und multikulturelle Erziehungsmodelle. In: Staatsinstitut für Frühpädagogik (Hg.): Zweisprachigkeit im Kindergarten. Gemeinsame Förderung ausländischer und deutscher Kinder. Donauwörth: Auer 1985, S. 21-27.

STEINLECHNER, M.: Bildungsprozeß und Krisenbewußtsein. Pädagogische Motive der Moderne zur Begründung einer kritischen Theorie diskursiver Friedenserziehung. Innsbruck 1987. Vervielfältigte Habilitationsschrift, erscheint demnächst im Druck.

STIERLIN, H.: Eltern und Kinder im Prozeß der Ablösung. Frankfurt/M.: Suhrkamp 1975.

STRECK, B: Die »Bekämpfung des Zigeunerunwesens«. Ein Stück moderner Rechtsgeschichte. In: Zülch, T. (Hg.): In Auschwitz vergast, bis heute verfolgt. Reinbek: Rowohlt 1979, S. 64-88.

STUMANN: »Kulturanthropologie und interkulturelle Pädagogik« - Zwischen Distanz und Engagement. In: Borelli, M. (Hg.): Interkulturelle Pädagogik. Baltmannsweiler: Pädagogischer Verlag Burgbücherei Schneider 1986.

SUPPAN, A.: Die österreichischen Volksgruppen. Tendenzen ihrer gesellschaftlichen Entwicklung im 20. Jahrhundert. München: R. Oldenbourg Verlag 1983.

WEINREICH, U.: Languages in Contact. Findings and Problems. New York: Linguistic Circle of New York 1966.

WEISS, V. A.: Hauptprobleme der Zweisprachigkeit. Heidelberg 1959.

WUTTE, M.: Deutsch - Windisch - Slowenisch. In: Gedenkbuch »Kampf um Kärnten«, hrsgg. vom Kärntner Heimatbund. Klagenfurt 1930.

ZIMMER, J.: Die Solidarität in der einen Welt beginnt vor unserer Haustür. Über Erfahrungen mit interkultureller Erziehung. In: ENGHOLM, B. (Hg.): Die Wiederherstellung der Bildungspolitik. Frankfurt/M.: Eichborn 1985.

QUELLENVERZEICHNIS

DAS BEDÜRFNIS NACH BEDROHUNG.
Zu Entstehung, Erscheinungsformen und Funktion von Fremdenfeindlichkeit.
Originalbeitrag für dieses Buch.

INDIVIDUELLE UND STRUKTURELLE DISKRIMINIERUNG.
Modernisierte Strategien der Fremdenfeindlichkeit.
Originalbeitrag für dieses Buch.

MULTIKULTURELLE GESELLSCHAFT UND INTERKULTURELLES LERNEN.
Zukunft zwischen politisch organisiertem Rassismus und demokratischer Vielvölkerrepublik.
Originalbeitrag für dieses Buch.

INTERKULTURELLES LERNEN ALS NEUE TEILDISZIPLIN DER PÄDAGOGIK.
Überarbeitete Fassung des Beitrags in A. Carli/A. Destro/ D. Larcher (Hg.): Zweitsprachdidaktik/Didattica della lingua seconda. Bozen 1992.

SPIELARTEN DES INTERKULTURELLEN LERNENS.
Notwendige Präzisierung eines Modebegriffs.
Erstmals erschienen in ZV-Lehrerzeitung 1/1991, S. 2–6.

RECHTE, PFLICHTEN UND MÖGLICHKEITEN VON MINDERHEITEN.
Überarbeitete Fassung eines Referates für den burgenländisch-ungarischen Kulturverein im September 1989.

SOLL MAN MINDERHEITEN IN IHRER KULTUR BILDEN?
Erstmals erschienen in M. Schratz (Hg.): Gehen, Bildung, Ausbildung und Wissenschaft an der Lebenswelt vorbei? München: Profil 1988, S. 198–209.

DER KÄRNTNER SPRICHT DEUTSCH.
Bemerkungen zum Sterben einer zweisprachigen Kultur.
Erstmals erschienen im Duden Sprachreport 4/1988, S. 8–10.

DIE SOZIOLINGUISTISCHE SITUATION DER KÄRNTNER SLOWENEN.
Überarbeitete Fassung eines Gutachtens für den Bericht der am Bundesministerium für Unterricht und Kunst eingerichteten Kommission für die Angelegenheiten des Minderheiten-Schulwesens in Kärnten. Wien 1991.

SPRACHLICHE UND PSYCHO-SOZIALE SITUATION ZWEISPRACHIGER KINDER IN KLAGENFURT.
Gutachten zum Antrag an den Verfassungsgerichtshof auf Einrichtung einer öffentlichen zweisprachigen Volksschule in Klagenfurt/ Celovec aus dem Jahre 1989.

DIE MIKROPHYSIK DES ABWEHRKAMPFS.
Unkosten verdrängter Zweisprachigkeit in Südkärnten.
Erstmals erschienen in Aldouri-Lauber (Hg.): Leben in zwei Kulturen. Beiträge zum Internationalen Volksgruppensymposium Schlaining. Salzburg: Verlag Grauwerte im Institut für Alltagskultur 1987, S. 101–106.

ASSIMILATIONSPOLITIK ALS PYRRHUSSIEG DER MEHRHEITSKULTUR.
Originalbeitrag für dieses Buch.

FERN VON DEN KARAWANKEN - CARINZIA IN NICARAGUA?
Erstmals erschienen in Unisono Nr. 3, 3. Jg., Dezember 1989, S. 20..

EINSCHÄTZUNG DER LAGE UND DER ENTWICKLUNGSMÖGLICHKEITEN DER SLOWENISCHEN VOLKSGRUPPE IN KÄRNTEN.
Leicht überarbeitete Fassung eines im Jahr 1988 für die Arbeitsgruppe der Österreichischen Rektorenkonferenz »Lage und Perspektiven der österreichischen Volksgruppen« verfaßten Gutachtens.

DIE GRILLE UND DIE AMEISE.
Notizen zum widersprüchlichen Verhältnis zwischen Bürgern und »Zigeunern«.
Erstmals erschienen in: e. h. (erziehung heute) 6/1986, S. 28–40.

IM TAL DER KÖNIGE.
Beobachtungen zur Lage der Ladiner in Südtirol.
Erstmals erschienen in mladje 56, 1984, S. 42–50.

AUSFLUG IN DIE DREISPRACHIGKEIT.
Zu Gast in ladinischen Schulen.
Originalbeitrag für dieses Buch.

SCHULE UND GESELLSCHAFT IN SÜDTIROL - EIN VERGLEICH MIT SÜDKÄRNTEN.
Erstmals erschienen in Fortschrittliche Wissenschaft, Sondernummer November 1985, S. 55–68.

DIE SÜDTIROLER SCHULE - VORBILD FÜR SÜDKÄRNTEN?
Erstmals erschienen in Kladivo, Zeitschrift für Kärntner Verhältnisse, Jg. XVII, Nr. 1/86, S. 25–26.

INTERKULTURELLE BILDUNGSARBEIT IN KÄRNTENS ZWEISPRACHIGER REGION.
Skizze einer interkulturellen Erwachsenendidaktik.
Erstmals erschienen im Endbericht des Projektes »Interkulturelles Lernen und zweisprachige Erziehung«, Typoskript, Klagenfurt/Celovec 1989.

Dietmar Larcher: geboren 1940 in Innsbruck, Studium der Anglistik und Germanistik in Innsbruck und London.
Dr. phil., O. Univ.-Prof. für Lehrerfortbildung an der Universität für Bildungswissenschaften Klagenfurt, Institut für Weiterbildung.
Nach der Promotion 1964 sieben Jahre Lehrer, Mitbegründer und erster Leiter des Schigymnasiums Stams, Gastprofessor an der Stetson University in DeLand, Florida, USA, 1971–1980 Bundeslehrer im Hochschuldienst am Institut für Erziehungswissenschaft der Universität Innsbruck.
Arbeitsschwerpunkte: Interkulturelle Erziehung, Zweisprachigkeit, Minderheitenforschung, Curriculumentwicklung im Bereich der (Lehrer-)Weiterbildung.
Leiter zahlreicher Weiterbildungslehrgänge für LehrerInnen der zweisprachigen Schulen in Südtirol, Kärnten und Burgenland.
Forschungsaufenthalt in Nicaragua im Herbst 1989.
Wichtigste Buchveröffentlichungen: Sprache als Symbolgebrauch, Wien (Österreichischer Bundesverlag) 1979, Aspekte von Zweitsprachlernen und Lehrerfortbildung (gem. mit P. Gstettner), Bozen (Landesamt für Unterricht und Kultur in italienischer Sprache) 1983, Zwei Sprachen, zwei Kulturen, eine Schule (gem. mit P. Gstettner) Klagenfurt/Celovec (Drava) 1985, Zweisprachigkeit und Identität (gem. mit B. Boeckmann u. a.) Klagenfurt/Celovec (Drava) 1988.

Engagement für Zweisprachigkeit aus staatspolizeilicher Sicht

REPUBLIK ÖSTERREICH
Bundesministerium für Inneres
1014 Wien, Postfach 100

Wien, den 11. Juni 1990

Herrn
Dr. Dietmar Larcher
Pischeldorf 35
9064 Pischeldorf

Reg. Nr.: 15840 DS

... Soferne Ihre Anfrage auch als Auskunftsbegehren im Sinne des Auskunftspflichtgesetzes, BGBl. Nr. 287/1987, zu verstehen ist, teilt Ihnen das Bundesministerium für Inneres mit, daß die Aufzeichnungen in den Evidenzen der Sicherheitsdirektion, die für die von Ihnen angegebene Postanschrift zuständig ist, nachstehende staatspolizeiliche Vormerkungen betreffen:

Aus dem Jahre 1983:
Sie hätten am 19. 2. 1983 im Rahmen der Veranstaltung des »SPD Radiše« zum Thema »Notwendigkeit und Wert der Muttersprache für die Entwicklung des Menschen« einen Vortrag gehalten.

Aus dem Jahre 1988:
Sie wären am 10. 1. 1988 anläßlich der Podiumsdiskussion zum Thema »Zweisprachige Schule im Widerstreit« als Diskutant in Erscheinung getreten. Weiters Hätten Sie sich an einer Flugblattaktion der Kooperative »Longo Mai« beteiligt. Zum Thema »Zweisprachigkeit und Identität an der UBW Klagenfurt« hätten Sie einen Vortrag gehalten.

Aus dem Jahre 1989:
Sie hätten eine Unterschriftenaktion gegen das FPÖ-Grenzlandjahrbuch 1989 unterzeichnet.

Infolge der Vielzahl der eingelangten Auskunftsbegehren möge die verspätete Erledigung entschuldigt werden. ...

Der Autor legt wert auf die Feststellung, daß er weit mehr als die von der Kärntner STAPO observierten Referate zum Thema der Zweisprachigkeit gehalten hat. Besondere Mängel weist das Observierungsnetz zwischen 1983 und 1988 auf ...

Gaismair Kalender 1992

Format 16 x 30 cm, 200 Seiten, öS 118,–, DM 17,–

Essays, Sachartikel, Prosa, Gedichte, Fotos und Bilder zu Vergangenheit, Gegenwart und Zukunft und ein Register mit wichtigen Informationen, Jahresübersicht und Notizkalender.

ERSCHEINT IM OKTOBER 1991

Mit Beiträgen von: H. Barta, T. Bell, E. Berger, M. Brand, G. Brock, M. Chobot, A. Christian, J. Dahl, A. Egger, G. Eller, A. Elsayed, L. Fleischer, H. P. Gansner, H. Gschnitzer, H. Haid, E. Holling, G. Jatzek, H. Kern, W. Kreidl, H. Kröpfl, D. Larcher, M. Madlung, M. Mangalik, S. Marinell, E. Medicus, R. Mungenast, M. Nicolussi, A. Pelinka, W. Pfaller, E. Pfeifer, J. Pfleiderer, G. Rauscher, Ch. Regensburger, G. Rettenbacher, E. Reyer, S. Riccabona, M. Salchner, L. Scharf, W. Schlorhaufer, E. Schmid, A. Schöpf, M. Schratz, B. Schratz-Hadwich, J. A. Schülein, G. Sensenig, N. Silberbauer, D. Vuga, K. Weber, P. Wechner, J. Willnauer.

Zu beziehen über
MICHAEL-GAISMAIR-GESELLSCHAFT
Postfach 66, 6026 Innsbruck

Dissertationen und Abhandlungen
Disertacije in razprave

1 Vida Obid:
Die slowenische Literatur in Kärnten seit 1945
1979, 64 Seiten/strani (dt.), vergriffen/razprodano

2 Fran Zwitter:
Die Kärntner Frage
1979, 64 Seiten/strani (dt.), öS 60.–

3 Avguštin Malle:
Die slowenische Presse in Kärnten 1848–1900
1979, 240 Seiten/strani (dt.), öS 140.–

4 Mirko Messner: **Prežihov Voranc und die Bauern**
1980, 224 Seiten/strani (dt.), öS 140.–

5 Janko Pleterski: **Elemente und Charakter der plebiszitären Entscheidung 1920 in Kärnten**
1980, 92 Seiten/strani (dt.), öS 90.–

6 Rudolf Vouk:
Popis koroških utrakvističnih šol do leta 1918 / Bestandsaufnahme der Kärntner utraquistischen Schulen bis 1918
1980, 88 Seiten/strani (slow./dt.), öS 90.–

7 Franc Merkač / Marija Jurič: **O vaškem vsakdanu – Dob**
1984, 112 Seiten/strani (slow. mit dt. Zusammenfassung), öS 85.–
ISBN 3-85435-022-8

8 Urban Jarnik:
Andeutungen über Kärntens Germanisierung / Pripombe o germanizaciji Koroške
1984, 156 Seiten/strani (dt./slow.), öS 120.–, ISBN 3-85435-035-X

9 P. Gstettner / D. Larcher:
Zwei Kulturen, zwei Sprachen, eine Schule
1985, 168 Seiten/strani (dt.), öS 130.–, 2. Auflage,
ISBN 3-85435-060-0

10 **Die zweisprachige Schule in Kärnten / Dvojezična šola na Koroškem**
(in Vorbereitung) (dt./slow.), ISBN 3-85435-038-0

11 Albert F. Reiterer: **Doktor und Bauer**
1986, 184 Seiten/strani (dt.), öS 198.–, ISBN 3-85435-063-5

12 Peter Gstettner: **Zwanghaft Deutsch?**
1988, 240 Seiten/strani, (dt.) öS 195.–, 2. Auflage, ISBN 3-85435-104-6

13 Helge Stromberger:
Die Ärzte, die Schwestern, die SS und der Tod
1988, 120 Seiten/strani (dt.), öS 168.–, 2. Auflage 1989,
ISBN 3-85435-106-2

14 Klaus Ottomeyer:
Ein Brief an Sieglinde Tschabuschnig
1988, 152 Seiten/strani (dt.), öS 178.–, ISBN 3-85435-108-9

15 Albert F. Reiterer: **Wohnen und Bauen in Südkärnten**
1988, 352 Seiten/strani (dt.), öS 268.–, ISBN 3-85435-109-7

16 Klaus Börge-Boeckmann / Karl-Michael Brunner / Mariola Egger / Georg Gombos / Marija Jurič / Dietmar Larcher:
Zweisprachigkeit und Identität
1988, 248 Seiten/strani (dt.), öS 198.–, ISBN 3-85435-111-9

17 Avguštin Malle:
Stets und nur in deutscher Sprache.
Die utraquistische Schule in Kärnten
(in Vorbereitung), (dt./slow.), ISBN 3-85435-107-0

18 Vekoslav Grmič: **Christentum und Sozialismus**
1988, 188 Seiten/strani (dt.), öS 198.–, ISBN 3-85435-110-0

19 Avguštin Malle / Valentin Sima (Hrsg./Izd.):
Der »Anschluß« und die Minderheiten
in Österreich / »Anšlus« in manjšine v Avstriji
Referateband / Zbornik predavanj, 1989, 304 Seiten/strani (slow./dt.), öS 195.–, ISBN 3-85435-113-5

20 Florian Menz / Johanna Lalouschek / Wolfgang U. Dressler: **»Der Kampf geht weiter«.** Der publizistische Abwehrkampf in Kärntner Zeitungen seit 1918
1989, 240 Seiten/strani (dt.), öS 218,–, ISBN 3-85435-116-X

21 Bernhard Perchinig:
»Wir sind Kärntner und damit hat sich's ...«
Deutschnationalismus und politische Kultur in Kärnten
1989, 312 Seiten/strani (dt.), öS 195,–, ISBN 3-85435-114-3

22 Martin Fritzl: **Der Kärntner Heimatdienst.**
Ideologie, Ziele und Strategien
einer nationalistischen Organisation
1990, 160 Seiten/strani (dt.), öS 178,–, ISBN 3-85435-117-8

23 Reinhold W. Oblak: **Machtpolitik macht Schule.**
Ausgrenzung und Ghettoisierung der slowenischen Volksgruppe am Beispiel der zweisprachigen Volksschule in Kärnten (1984–1988)
1990, 336 Seiten/strani (dt.), öS 218,–, ISBN 3-85435-118-6

24 Ruth Wodak / Florian Menz (Hg.):
Sprache in der Politik – Politik in der Sprache
Analysen zum öffentlichen Sprachgebrauch
1990, 248 Seiten/strani (dt.), öS 248,–, ISBN 3-85435-121-6

25 Albert F. Reiterer / Kurt Traar / Ernst Gehmacher / Franz Wedenig: **Ein gemeinsames Haus**
Die ARGE Alpen-Adria: Entwicklungen und Perspektiven
1991, 144 Seiten/strani (dt.), öS 168,–, ISBN 3-85435-137-2

26 Hannes Krall:
Das Automobil oder »Die Rache des kleinen Mannes«
Verborgene Bedeutungen des Internationalen Golf-GTI-Treffens in Maria Wörth / Kärnten
1991, 176 Seiten/strani (dt.), öS 178,–, ISBN 3-85435-138-0

Erhältlich im Buchhandel
oder direkt beim DRAVA Verlag:
9020 Klagenfurt/Celovec,
Paulitschgasse 5–7, Tel. 0463/55464